신학의 주제로서의 무신론

IMPRIMATUR

Suvonen, Die 1 mensis Augusti, 2024
+ Matthias I. H. RI
Episcopus Suvonensis

신학의 주제로서의 무신론

교회인가 : 2024년 8월 1일 수원교구
인　　쇄 : 2024년 8월 16일
발　　행 : 2024년 9월 1일

지 은 이 : 배 영 호
펴 낸 이 : 박 찬 호
펴 낸 곳 : ⓒ수원가톨릭대학교 출판부
등　　록 : 1990년 1월 13일 제90-1호
주　　소 : 경기도 화성시 봉담읍 왕림1길 67
전　　화 : 031-290-8814

인　　쇄 : 하상출판사
　주소 · 수원시 장안구 천천로 210번길 21-1
　등록 · 제10-51-96-1-3호
　전화 · 031-243-1880 / 팩스 · 031-248-4842

ISBN : 978-89-7396-080-4 93230
값 : 20,000원

성경 ⓒ 한국천주교중앙협의회, 2024.

※ 이 책의 판권은 수원가톨릭대학교출판부가 소유합니다.
※ 이 책은 저작권법에 의하여 한국 내에서 보호를 받는 저작물이므로 무단 전재와 복제를 금합니다.

신학의 주제로서의 무신론

배영호 지음

수원가톨릭대학교 출판부

머리말

오랜 세월 서구인의 다양한 생각과 경험을 다듬고 보듬어 정신의 통일을 이끌어 온 가장 좋은 예는 그리스도교일 것이다. 그리스도교는 갖가지 부침을 겪으면서도 썰물이 밀려나면 다시 드러나는 바위처럼 의연하게 자기 자리를 지킴으로써 많은 이의 의지처가 되어왔다. 인류는 그리스도교가 가리키는 방향을 바라보고, 그 격려를 들으면서 이만큼 고양되어왔다. 그런데 그토록 오랜 기간 견고하게 사상적 학문적 체계를 이루어낸 그리스도교가 근대의 의문과 비판, 그리고 극단의 세속화를 겪고 나서는 급기야 근력이 달리는 지경에 이르고 말았다. 근대는 중세인의 정신을 점검하고 다시 확실성을 기하던 시기였다. 그런 끝에 그리스도교에 대한 회자는 구설로 바뀌고, 소수의 사람 사이에 이야기되던 무신론이 일반현상이 되기에 이르렀다. 이제 그리스도교는 일부의 사람만을 만족시킬 뿐 자신의 생명력마저 감당하기 어려워한다는 지적이 없지 않다. 수천 겹 주름살을 두른 교회는 대중에게 발휘할 결정적인 힘도 권위도 상실하고 말았다는 것이다. 사람들은 묻는다. 종교 없이도 윤리와 덕은 성하지 않을까? 세분되고 전문화된 세상의 학문은 각기의 방법과 논리로 제 갈 길을 가고 있지 않은가? 무신론은 당연한 결론이고 그리스도교의 시대는 저물어 가고 있지 않은가?

도대체 무슨 일이 있었던 걸까? 전통적 유신론과 종교를 극단적으로 비판하는 근대의 무신론은 포이어바흐, 마르크스, 니체, 프로이트에게서 절정에 달하였다. 이들의 의견과 영향은 각기 고유한 생각의 줄기를 이룩해냈다. 이들은 저마다 환호와 우려, 흥분과 걱정을 자아내는 가운데 거대한 흐름을 만들고 인류 공통의 상식과 사상을 확장하였다. 그리스도교가 비판받을만한 이유와 근거 대부분은 이때 제시되었다. 물론 오늘날에도 상세한 자료를 동원하여 종교를 비판하고 예리한 필치로 신을 부정하는 이들이 있다. 그러나 그 내용과 방향은 19세기 종교비판의 분석을 벗어나지 못한다. 대부분이 그 반복이고 재생이거나 첨언 정도에 그치는 것이다. 그만큼 당대의 무신론과 연관된 토론의 강도와 범위는 탄탄하고 분명한 것이었다. 본서는 이미 해박하고 탁월하게 분석한 학자들의 안내를 참조하면서 근대 말의 종교비판에 이르기까지의 혼란스럽던 서구 사유과정을 요점에 따라 정리하고, 무신론이 신학 내부의 주제요 과제로 다루어져 왔음을 볼 것이다.

본서는 세 개의 부로 나뉘어 전개된다. 제1부는 한걸음에 100년을 가는 괴인의 발걸음으로 주요 사상가들을 만나서 종교를 이성(계몽주의), 윤리(칸트), 철학(헤겔), 인간학(포이어바흐), 사회경제(마르크스), 인본주의(니체), 심층 심리(프로이트)로 환원하려는 사정과 주장을 청취할 것이다. 제2부는 그간의 종교비판과 무신론에 대한 현대 신학계의 논의와 적응을 소개한다. 신학자들은 각기 종파의 전통과 특성에 따라 무신론 현상을 분석하고 정리하고 전망해왔다. 이를 통해 결과적으로 무신론이 신앙을 건강하고 풍요롭게 하였음을 볼 것이다. 교회는 급소를 타격당하는 경험을 통해 도리어 근력을 강화하고 넓게 그늘을 드리우는 나무처럼 자라고 있었다. 제3부는 논리적 추론보다는 체험을 통해 닿게 되는 무신론을 다룬다. 무신론의 든든한 언덕으로 작용하는 고통과 악의 현실, 절대자에 대한 인간의 인식과 언어의 한계를 숙고하는 부정신학의 전통을 소개하고 평가하고자 한다. 다만 자연과학과 신학의 방법론적 차이로 인한 알력과 대화의 여정에 관해서는 독립된 기회에 소개하고자 한다.

본서는 신학에 입문하는 독자들을 염두에 두고 작성되었다. 물론 한 권의 얇은 책이나 한 학기의 짧은 강의를 통해 그 많은 이의 생각과 사정이 지닌 광대한 외연과 끝없는 깊이가 온전하게 파악될 리는 없다. 소수 선택된 무신론자들의 다양한 주장과 전망을 (제한적으로) 둘러보는 사이에 한 명의 독자라도 나름의 신관(神觀)을 형성하게 된다면, 본서는 소명을 다한 것이다. 시대의 풍조나 경향을 무시할 수는 없지만, 그에 따라 이리저리 흔들리기보다는 다시 한번 자기 신앙을 주체적으로 의식하고 소중히 여기는 것, 새삼 제기되는 의문을 통해 도리어 단단히 다져 일어서는 것, 본격적으로 신학을 공부하기에 앞서 필수적인 관련 상식과 교양을 준비하는 것, 그것이 본서의 의도이고 목표라 하겠다.

차 례

머리말 … 4

제1부 _ 종교비판의 확대와 심화

제1장 | 근대의 출범(데카르트)   16

1. 확실성의 추구 …………………………………………………… 17
2. 확실성의 확립 …………………………………………………… 19
3. 검토와 성찰 ……………………………………………………… 23
    1) 방법적 회의 ………………………………………………… 23
    2) 파스칼(Blaise Pascal 1623-1662) ………………………… 25

제2장 | 종교 - 윤리(계몽주의)   30

1. 계몽주의의 개념과 표지 ……………………………………… 31
    1) 계몽의 철학사 ……………………………………………… 31
    2) 근대의 계몽사조 …………………………………………… 34
    3) 계몽주의의 표지 …………………………………………… 36
2. 계몽주의와 신학의 갈등 ……………………………………… 42
    1) 계시 - 자연종교 …………………………………………… 43
    2) 성경 - 역사 비평적 연구 ………………………………… 45
    3) 유신론(有神論) - 이신론(理神論) ………………………… 49
3. 계몽주의의 완성 ………………………………………………… 52
4. 요청되는 하느님(칸트) ………………………………………… 58
5. 윤리의 보루로서의 하느님 …………………………………… 63

6. 검토와 성찰 · 66
　　1) 계몽의 계몽? · 66
　　2) 실재의 단일성과 차원의 다양성 · 69

제3장 | 종교 - 철학(헤겔)　72

1. 이원론에 관한 고심 · 73
2. 세계 안의 하느님 · 76
3. 역사 안의 하느님 · 79
4. 만유재신론(萬有在神論) · 82
5. 검토와 성찰 · 85
　　1) 근대의 완성? · 85
　　2) 헤겔 우파 · 88
　　3) 실존주의와 역사주의 · 92
　　4) 키르케고르 · 95
　　5) 헤겔 좌파(청년 헤겔파) · 100

제4장 | 종교 - 인간학(포이어바흐)　106

1. 관념론을 버리고 감각 현실로 · 108
2. 인간의 해방 · 111
3. 신앙의 원리와 속성 · 114
4. 인간신론 · 116

제5장 | 종교 - 사회·정치(마르크스)　119

1. 관념론에서 물질주의로 · 120
2. 종교적 소외의 발생 · 125

3. 종교적 소외의 극복 ··· 126
4. 세계관이 된 마르크스주의(엥겔스, 레닌, 스탈린) ············ 129
5. 검토와 성찰 ··· 133
    1) 과학적인 분석? ·· 133
    2) 완성된 자연주의? ·· 135
    3) 종교의 소멸? ·· 138
    4) 예리하고 올바른 관찰? ·· 140
    5) 마르크스즈의와 무신론 ·· 143
    6) 평화적 경쟁 ·· 146

제6장 | 종교 – 인본주의(니체) 149

1. 반 형이상학 ·· 151
2. 반 도덕 ··· 157
3. 반 그리스도교 ··· 164
4. 니체의 반전 ·· 171
5. 검토와 성찰 ··· 177
    1) 의문부호? ··· 177
    2) 신의 죽음? ··· 182
    3) 휴머니즘? ··· 185
    4) 양자택일? ··· 190

제7장 | 종교 – 심리학(프로이트) 197

1. 무의식과 꿈 ·· 198
2. 종교의 기원 ·· 201
3. 종교의 정체 ·· 205
4. 검토와 성찰 ·· 207

       1) 투사? ·· 207
       2) 성경의 실상 ·· 212
       3) 종교의 기원? ·· 220
       4) 유아기의 성욕? ·· 221
       5) 심리학과 신학 ·· 223

제8장 | 제1부의 요약　　　　　　　　　　　226

제2부 _ 신학계의 대응

제1장 | 개신교 신학　　　　　　　　　　　235

1. 일반 흐름 ·· 235
2. 성서적 신앙 ·· 238
3. 사신신학 ··· 242
4. 딜레마 ··· 246

제2장 | 가톨릭 신학　　　　　　　　　　　249

1. 일반 흐름 ·· 249
2. 부정신학 ··· 253
3. 인간학적 전환 ·· 256
       1) 신학의 장으로서의 인간학 ······································ 257
       2) 무신론자들의 함축적 유신론 ·································· 261
       3) 탓 없는 무신론 ·· 267

제3장 | 제2부의 요약　　　　　　　　　　　269

제3부 _ 무신론의 온상인 고통, 그리고 하느님의 은폐성

제1장 | 세상의 고통, '무신론의 바위'   274

1. 변신론 ·· 276
2. 범죄사화의 진의 ··· 279
3. 그리스도연의 고백 ··· 281

제2장 | 부정신학, '하느님의 은폐성'   285

1. 부정신학의 전통 ··· 287
    1) 부정신학의 발원과 전개 ·· 287
    2) 동양의 '개오'(開悟) ··· 294
2. 계시의 실상 ··· 297
3. 현대신학의 이해 ··· 301
    1) 카를 바르트(1886-1968) ·· 301
    2) 칼 라너(1904-1984) ··· 304
4. 종언 ·· 307

맺음말 ··· 312
참고 문헌 ··· 316

제1부

종교비판의
확대와
심화

고대와 중세의 학문은 일반적으로 우주의 최고 존재, 혹은 초월적인 존재를 상정하고 그로부터 세계를 설명하는 방식으로 전개되었다. 절대자의 존재에 대한 철저한 믿음이 중세 천 년을 버티고 있었고, 그를 근거로 중세전성기의 유럽은 숱한 어려움과 갈등을 겪으면서도 하나의 종교적 문화적 사회적 질서체계를 만드는 데 성공하였다. 사람들은 우주와 세계를 위계적으로 설정하고 자신을 그 어느 중간의 자리에 위치시켰다. 위로는 안전한 천구(天球), 발밑에는 확고한 땅이 있었다. 신과 천사들을 머리 위에 둔 인간은 자신의 자리가 전체 창조세계의 중간에 있다고 믿었고, 이 믿음은 탄탄하고 든든했다.[1] 통일성의 최종 정점에 신을 앉힌 이 세계관이 흔들리지 않도록, 세계와 우주의 근간을 굳혀 평안을 구가하도록 이끌 과제가 신학에 맡겨졌다. 중세의 도덕, 정치, 문예는 모두 이 임무를 띤 신학의 연역에 지나지 않았다. 이에 따라 진리와 도리, 사리와 진위에 관한 판단은 계시의 가르침과 그 전승을 검토하고 보존한 교의와 대전(Summa)에 의존하게 되었다. 여기서 철학이 신학의 하녀인 건 너무도 당연하였다.

그러나 이러한 공간적 이해는 안일한 착각과도 같은 것이었다. 질서정연하다고 여겨온 우주 구조는 코페르니쿠스, 브라헤, 케플러, 그리고 갈릴레이를 통해 허물어지고 말았다. 천문에 관한 지식은 설사 세세히 증명되지는 않을지라도 멈출 줄 모르는 승리의 행진을 계속한 끝에 바야흐로 과

---

1) 참조: Emerich Coreth, H. Schöndorf, *Philosophie des 17. und 18. Jahrhunderts*, Stuttgart/Berlin/Köln/Mainz, 1983, 13-20; A.N. 화이트헤드, 『과학과 근대세계』, 오영환 역, 서광사, 1989. "중세는 서구의 지성인들에게 질서의 관념을 마련해 준 기나긴 훈련의 시대였다."(29)

학의 시대를 열어놓았다. 이로 말미암은 지구 중심적 우주관의 붕괴는 전통에 대한 신뢰뿐만 아니라 도대체 인간의 앎과 확신에 대한 신뢰마저도 떨어뜨리게 했다. 나아가 유럽의 정신과 문화는 외적으로만 흔들린 게 아니라 내부로부터도 허물어지고 있었다. 신대륙의 발견과 그리스도교의 분열이 전통질서에 대한 의구심을 강화하고 새로운 생각과 삶의 방식을 염원하게 하였다. 그때까지만 해도 서구인은 밖으로는 다만 이슬람과 관계하고 있었다. 이슬람 세계는 적어도 그리스도교와 함께 구약성경과 희랍철학을 공유하고 있었다. 그러나 이제는 알지 못하던 종교와 세계관을 갖춘 신대륙과 고도의 덕을 함양하던 아시아 문명을 대면함으로써 그리스도교의 상대성이 여지없이 드러나고 말았다. 여기에 그리스도교의 분열은 교회의 단일성을 깨트리는 결정적인 계기가 되었다. 이제는 다양한 교파 중 어디에 소속될 것인지가 개인 혹은 영주의 판단에 맡겨지게 되었다. 이 흐름은 종교와 도덕을 사적인 차원으로 인식하게 하였다. 생각하는 이들은 물었다. 그토록 그고하던 신학과 도덕론은 부실한 토대 위에 지어진 가건물이었단 말인가?

이렇게 각 분야 모든 구석이 낯설고 혼란스러워진 상황에서 사람들의 삶은 불안하고 민심은 흉흉하였다. 정신적 위기와 공황에 빠진 사람들은 한때 화려했던 과거로 돌아가 르네상스를 꿈꾸기도 했지만, 곧 이후의 상황은 너무나 달리 전개되었다. 어차피 코페르니쿠스 이전의 천문학, 마키아벨리 이전의 정치학, 셰익스피어 이전의 문학, 종교분열 이전의 교회로 돌아가기는 어렵게 되었다. 어딘가 구습과 전통을 고집하는 이들이 있기도 했겠지만, 변화를 의식하는 대다수 사람은 과거를 비판하고 미래를 새롭게 구상하는 일이 필연적이라고 인식하게 되었다.

제1장

근대의 출범

데카르트

"나는 생각한다. 그러므로 존재한다."

중세기 말 이미 진리는 경험의 검증과 과학적인 탐구를 통해 드러난다는 견해가 팽배하고 있었다. 어수선한 분위기에서 철학도 진리를 선명하게 다시 정립하지 않을 수 없게 되었다. 이는 인간 자신의 이성 능력을 새삼 검토하는 것을 의미했다. 사람은 무엇을 알고 있었기에 이다지도 혼란을 겪는 것이며, 지금은 어떠한 근거로 안다고 하고, 그렇게 해서 얻어진 앎의 확실성은 보증되는 것인지를 따져봐야 했다. 그리하여 근대의 철학은 인식론의 경향을 띠고 펼쳐졌다. 중세기의 전통 철학에서는 진리란 무엇인가라는 물음이 주도적이었다면, 근대가 시작될 즈음에는 진리 확정의 길, 즉 방법에 관한 물음이 중시되었다. 끊임없이 정당성에 대한 물음을 제기하고 확실성을 추구하는 것, 이것이 근대 초기의 특징이었다. 물론 인간의 이성 능력에 대한 논의는 고대에서부터 줄기차게 벌어져 왔다. 그러나 근대에 이르러 그것은 전면적으로, 그리고 제대로 성찰의 주제가 되었다.

이같이 진리의 본질에 관한 물음이 진리의 기초와 조건에 관한 물음으로 변화되고, 인간 자신에 대한 사유가 새롭게 개시되는 것을 반기고 기리는 이들은 새로운 시대(Neuzeit), 이른바 근대(Modern Period)가 도래한 것으로 여겼다.[2]

근대 철학의 효시로 불리는 데카르트(René Descartes 1596-1650)의 "나는 생각한다. 그러므로 나는 존재한다."라는 명제가 그 출발선이 되었다. 이후 사람들은 우주의 본질을 꿰뚫어 볼 수 있는 능력을 지니고 있다고 장담하고, 자신을 사고의 중심, 우주의 중심에 두어 갔다. 사람들은 진리의 기준과 근거를 신과 계시에 두지 않고 자신의 이성을 동원하여 직접 구축하는 데까지 나아갔다.

1. 확실성의 추구

인간은 어떻게 확실성에 도달하는가? 그 위에 모든 것을 건설해도 좋은 바위처럼 견고하고 흔들림 없는 확신을 어떻게 구할 것인가? 인간 이성을 사고의 대상으로 삼아 근대 철학의 기초를 확립한 이는 데카르트였다. "명명백백하게!"(Clare et distincte)라는 말은 바야흐로 전 유럽에 걸쳐 자

---

[2] '근대'에 대한 시대구분의 기준이 무엇인지에 대해서는 관점에 따라 의견이 분분하다. 자본주의의 부상(칼 마르크스, 막스 베버), 개인주의의 만연(야콥 부르카르트), 다원 세계의 발견(십자군 운동)이 꼽히고 있다. 그러나 철학사에서 근대는 대개 데카르트의 주체로의 전환과 함께 시작하여 칸트의 계몽철학을 거쳐 헤겔에게서 마무리된 것으로 이해되고 있다.

연과학에서만이 아니라 정신적 삶에서도 표어와 구호가 되고 있었다. 관건이 되는 것은 변덕이 심한 감각이나 전승된 권위에 기반을 둔 인식이 아니라 의혹과 오류 없이 확실하고 명백하게 인정되는 인식이었다. 데카르트는 의심 및 그 극복을 주제로 삼고 적법한 인식을 획득하기 위해 애쓰던 사상가들의 향도로서 철학자 대열 맨 앞에 섰다. 그는 일체의 전통적 인식의 자명성을 밀어두고 확신의 과정을 제로(0) 지점에서 시작하기로 작정하고, 이제까지 진리로 인정되어 오던 모든 것(감각적, 수학적, 형이상학적 진리)을 하나씩 떠올려 의심의 실험대에 올렸다(방법적 회의). 과연 모든 것이 의심스러웠다. 그런데 경이롭게도 바로 그 의심 관계가 한 가지 확실성을 낳고 있음을 알게 되었다. 그는 그 사실을 지식의 건물 전체를 들어 올릴 아르키메데스 점으로 삼았다. "그러나 내게는 떠올랐다. 내가 이같이 모든 것은 거짓이라 생각하고 있는 동안에도 그렇게 생각하고 있는 나는 필연적으로 어떤 자로서 있지 않으면 안 된다는 것이. 그리고 '나는 생각한다. 그러므로 나는 존재한다.'라는 이 진리는 회의론자의 어떠한 과감한 상정에 의해서도 흔들릴 수 없을 만큼 견고하고 확실히 다른 점을 인정했기 때문에, 나는 이 진리를 내가 구하고 있던 철학의 제1 원리로 이젠 안심하고 받아들일 수가 있다고 판단했다."[3] 그의 말에서 주목해야 할 것은 'cogito ergo sum'이 그저 임의의 의견이나 표상에 관한 명제가 아니라, 형이상학에 대한 제1의 그리고 가장 확실한 명제라는 점이다. 그의 명상의 축이 되는 명

---

3) René Descartes, *Discours* IV, 1 =AT VI, 32. '나는 생각한다. 그러므로 나는 존재한다.'라는 명제는 삼단논법의 귀결이 아니다. 그것은 추론이 아니라 직관을 통한 것이다. 그것은 생각이라는 동작과 함께 직접 주어진 바의 것이다. 내가 의심하는 한, 나는 생각하는 것이고 의심하는 자, 생각하는 자로서의 나는 실존하는 것이다.

제 "(Ego) Cogito (ergo) sum"은 근대사상에 이르게 하는 문지방이 되었다. 이 명제가 "나는 생각한다."라고 시작되고 있으며, 그 안에서 일인칭, 즉 주체('subiectum')가 강조되고 있음을 갈파한 자는 근대사상의 요체를 파악한 사람이다.

2. 확실성의 확립

고대와 중세의 사람에게는 생각하는 주체, 혹은 사고 자체는 그다지 중요치 않았다. 관심은 거의 객체에, 존재에 집중되어 있었다. 있고 나서 생각할 일인 것이다. '인식론'에 비하여 늘 '존재론'이 앞서 있었다. 그것은 안셀무스(1033-1109)가 진리에 관하여 말하는 방식에서 잘 드러난다. 그에게서 인간의 의도와 행동의 진실성은 객관 존재질서와 가치에 일치되어 있느냐에 따라 결정된다. 진리는 지성의 사물에로의 일치(adaequatio intellectus ad rem)에 달려있다. 그것은 의식에만이 아니라 사물이나 과정에도 적용된다. 어느 사물도 있어야 할 바대로 있다면 참된 것이다. 불은 타올라 따뜻하게 만들 때 진리를 행하는 것이다. 그것이 그래야 할 자신의 존재 규정이기 때문이다. 그로써 그것은 존재의 질서 안에서 자기에게 맡겨진 역할을 채운다. 인간의 사고와 행동은 그에게 존재와 함께 맡겨진 당위성을 채울 때 참이 된다. 이 당위성은 창조주가 존재와 함께 설정한 가치 질서에서 온다.[4] 안셀무스의 생각을 짧게나마 언급한 이유는 데카르트에게서 시대

---

4) 물론 인간의 사고와 행위가 존재가치와 온전히 맞아떨어지는 것이 아니라 근사한 정도

가 얼마나 변하고 있는가를 말하기 위해서이다. 안셀무스는 아직 세계에 마주 선 상대방으로서의 (데카르트의) 자아, 곧 자립적인 나를 표준으로 생각할 수 없었다. 이러한 자아란 여타의 존재자 중의 한 존재이고, 그러기에 모든 존재 형태에 해당하는 요청에, 즉 창조된 우주의 조직에 순응하고 이 질서에서 벗어나거나 맞서지 않음으로써 자기의 진리를 실현할 뿐이었다. 중세기의 사람들에게 자기인식이란 신과 관계된 인식이었다. 인간은 신에 의해 존재하게 되었고, 죄 탓으로 시련을 겪고 있지만, 곧 구원될 피조물이다. 이 사실을 간과해서는 인간이 올바로 규정될 수 없었다. 인간은 신과의 역사를 가진 그 누구이고, 이 역사가 인간의 현실이고, 그게 실존이다. 여기서 인간은 자신이 누구인가를 스스로 말할 수가 없다. 인간은 신이 누구인지를 알 때라야만 자신이 누구인지를 알 수 있는 것이다.[5]

이제 근대의 발기인으로서의 데카르트에게 있어 관심은 객관적 존재에서 떨어져 나와 그 존재에 맞서 있는 주체로 옮겨졌다. 주체는 여기서 객체에 매몰되거나 포괄되어 있지 않다. 데카르트에게 중요한 것은 그저 '인간이 생각한다.'라는 것이 아니라 '내가 생각하고, 내가 존재한다.'라는 사실이다(일인칭 단수, 현재형). 내가 있다는 사실을, 내가 누구이며 어떻게 인식

에 머물기에, 그에 따라 진리가 차등적으로 인식된다. '진리 아니면 허위'가 아니라 참의 정도가 있는 것이다. 인간의 사고와 행위가 창조주가 부여한 바에 얼마만큼 가까이 혹은 멀리 있느냐에 따라 진리의 급수가 달라지는 것이다.

5) 중세인은 자신의 본질을 계시를 통해서 깨닫는다고 보았고, 이러한 의미에서 당대 인간학은 신학의 한 부분일 수밖에 없었다. 아우구스티누스의 고백은 중세 인간학의 고전적 표현이었다. 그것이 기도로서 작성되었다는 데서도 드러난다. 스콜라학자들도 자신들이 거인의 목마를 탄 난쟁이들이라고 자부하며 지난 시대 선배들이 이룩해 놓은 결과들을 토대로 작업하는 것을 자랑스럽게 여겼다. 그러나 근대인의 생각은 달랐다.

하는지를 확고히 한 후에야 비로소 나는 내 밖의 것을, 예컨대 세계와 신을 인식할 수 있는지, 그리고 있다면 어떻게 인식하는지 하는 물음을 추적할 수 있다. 이러한 전환을 극적으로 나타내보자. 중세기의 사고는 다음과 같은 명제를 통해 규정되고 있었다. '나는 내가 누구인지를 알기 위해서는 신이 누구인지를 먼저 알아야 한다.' 신에 대한 확실성이 나에 대한 확실성 앞에 있다. 그러나 근대의 사람들은 데카르트가 다음과 같이 생각하였다고 여겼다. '신이 누구이며 무엇인지를 알려면 먼저 내가 있다는 사실과 누구인지를 알아야 한다.' 데카르트에게서는 자기 확실성이 신(神) 확실성에 앞서 있는 것이다. 그러기에 그의 첫 문장은 '하느님이 계시다.'(Deus est)거나 '하느님이 말씀하셨다.'(Deus dixit)가 아니라 '나는 생각한다.'(Cogito)인 것이었다. 만일 인식 주체인 '내'가 분명하게 정해 있지 않으면 불확실하기만 한 형이상학적 주장들에, 소위 계시 또는 미신에 또다시 힘없이 희생되고 말 것이며, 참을 그릇된 것들에서 가려낼 능력도 없게 될 것이다.[3]

서구인의 의식은 데카르트와 함께 일대 획기적 전환을 맞이하였다. 확실성의 원천이 신으로부터 인간에게로 옮겨진 것이다. 사람들은 중세기식으로 신 확실성으로부터 출발하여 자기 확실성에 이르지 않고 자기 확실성으로부터 출발하여 신 확실성에 이르고자 하였다! 이 전환은 코페르니쿠스가 말한 태양과 지구 관계의 전환에 못지않은 것이었다. 신중심주의 대신 이제는 인간중심주의가 역사를 짊어지게 되었다.[7] 중앙에 선 자는 인

---

6) 참조: H. Thielicke, *Glauben und Denken in der Neuzeit - Die großen Systeme der Theologie und Religionsphilosophie*, Tübingen, 1983, 57-60.

7) 참조: H. Küng, *Existiert Gott?*, Piper, 1978, 36-39; M. 하이데거,『니체와 니힐리즘』, 박찬국 역, 지성의 샘, 1996, 212-292.

간이다. 데카르트는 그의 기점을 그의 이성과 확신으로부터, 인간으로부터, 주체로부터 끌어내었고, 나아가 거기서 학문적 자율성을 보았다. 사람들은 그의 철학과 함께 시작되는 새로운 정신적 기류를, 이성의 석권을 내다보았고, 그것이 새 시대에 가장 적합한 철학이라는 데에 동의하였다. 여기서 그는 '근세철학의 아버지', '근대 사고의 아버지'라고 불리게 되었다. 그와 함께, 근대의 특징으로 지적되거니와, 객체가 아니라 주체가, 존재가 아니라 의식이, 우주의 질서가 아니라 인격의 자유가, 초월적 의문 제기가 아니라 내재적 의문 제기가 앞서게 된 때문이었다. 이러한 맥락에서 광포한 바다 위에서의 오랜 항해 끝에 신대륙을 발견한 뱃사람들처럼 인류는 새로운 철학과 사고를 만나게 되었다고 200년 후의 헤겔이 철학사 강의에서 추켜세운 것이었다.[8]

요컨대 데카르트는 인식 확실성의 근거를 외부에서 내부로, 초월에서 내재로 전환한 것이었고, 이 내재원리(principium immanentiae)가 근대인의 생각을 몰아가는 추진원리가 되었다. 데카르트의 사고방식은 많은 저항에도 불구하고 학파와 운동을 일으켰고, 그가 지른 불은 철학사에서 계속 타올랐다. 여러 형태의 합리주의, 영국의 경험 현상론, 칸트의 초월 철학, 헤겔의 관념 철학, 포이어바흐의 인간학, 마르크스주의, 실존주의, 실용주의, 신실증주의 등 현대의 철학 사조에 이르기까지 그 발전의 근저에는 이 내재원리가 흐르고 있었다.[9] 이 원리가 극단적으로 가동되면서 사람의 생각

---

8) 참조: G.F. Hegel, *Vorlesungen zur Geschichte der Philosophie*, Werke, (Jubileumsausgabe von Glockner) Bd. XIX, 328.
9) 참조: 정의채, 『존재의 근거문제』, 성바오로출판사, 1981, 230 이하; 박봉랑, 『신의 세속화』, 대한기독교출판사, 1988, 652-657.

은 신 존재에 대한 불가지, 무관심, 나아가 무신론에까지 달한 것이었다. 이 점에서 "유럽 철학이 플라톤에 대한 각주라면 근대 유럽 철학은 데카르트에 대한 각주다."라고 한 화이트헤드의 말은 과장이 아니었다.

3. 검토와 성찰

1) 방법적 회의

데카르트가 보여준 의심은 여러 의미를 지닌 것이었다. 중세철학이 믿음에서 출발한 데 비해 근세철학은 의심에서 시작하였다. 중세기에 있어 의심은 그 자체로 시련이요 유혹일 뿐 그 어떤 덕망은 못되었다. 의혹, 불안 그리고 불손의 형태를 띤 의심은 죄의 한 표지였다. 그것은 피해야 할 일이었다. 중세의 교부들은 믿음이 지식의 근본이라 생각하였다. 그들은 "알기 위해서는 먼저 믿으라."라고까지 충고하였다. 믿음과 신뢰가 지식의 출발점인 때문이었다. 처음부터 의심한다면 어떤 지식이 가능하겠는가? 그러나 데카르트의 인식에 있어서 창조적 역할을 맡는 것은 의심이다. 의심은 인식의 적극적 수단이라는 점에서 불경이 아니라 앎을 위한 필수의 길이다. 인식에 이르게 하는 것은 주님에 대한 두려움(욥 28,28. 잠언 1,7)이 아니라 의심이요, 그런 뜻에서 의심은 지혜의 시작이다. "회의는 철학적 사고에 있어서 불가결한 길"[10]이고, 성숙을 알리는 시작점이다. 정작 데카르트의 의심도 애초부터 진리 자체를 파괴할 의도로 회의론적, 부정적으로

---

10) K. 야스퍼스, 『철학에 직면한 계시신앙』, 구옥희, 변선환 역, 분도출판사. 1989, 144.

제기된 게 아니라, 하느님에 관한 새로운 확실성에 도달하려 의도적으로 제기된 것이었다.

그러나 우리는 확실성을 얻기 위해 데카르트가 제기한 의심의 진정성을 의심하지 않을 수 없다. 그의 의심은 '실존적'으로가 아니라 '방법적'으로 제기되었기 때문이다. 데카르트는 의심의 결과를 이미 알고 있는 가운데 장난처럼 의심했다는 비난을 피할 수가 없다. 그의 의심은 인식론적으로 짜 맞추어진 의심이었다. 그것은 빈틈없기는 하지만 그저 실험적으로 적용된 의심이었다.[11] 그는 애초부터 이성의 이성다움을 미리 전제하지 않았던가. 모든 의심에 앞서 그리고 의심하는 도중에도 그는 이미, 방법적 의심을 통해 바라마지 않던, 진리와 확실성을 확신하지 않았던가? 데카르트는 의심하기 이전 이미 그의 존재를 받아들이고 있지 않았던가? 그는 신의 존재를 증명하기 이전 이미 신앙하고 있지 않았던가? 그의 모든 의심과 추리에는 이미 어떤 선험적인 것(a priori)에 대한 신뢰가 전제되지 않았던가? 그 자신도 애초 펼쳤던 의심이 사실은 과장된 것이었다고 『성찰』에서 밝히기도 하였다.

데카르트의 실제 삶은 그의 이론과 일치하지 않았다. 그의 일상과 행동은 그리 명석 판명하지도 않았고, 확실하지도 않았다. 그는 두 모습의 철학자였다. 그는 권위에 적대적인 자유인이면서도 동시에 다른 권위에는 친밀하였고, 회의론자이면서도 동시에 신앙인이었으며, 프로테스탄트 철학자이면서도 동시에 가톨릭 신앙인이었고, 합리적이면서도 동시에 전적

---

11) 참조: H. Thielicke, *Glauben und Denken in der Neuzeit - Die großen Systeme der Theologie und Religionsphilosophie*, Tübingen, 1983, 63.

으로 합리적이지는 않은 사람이었다.[12] 그 때문에 "데카르트는 근대의 문을 열어놓았지만, 그 자신은 근대를 지나 한 발짝도 나아가지 않았다."[13]는 평가마저 받았다.

2) 파스칼(Blaise Pascal 1623-1662)

데카르트의 방법적 의심의 한계는 파스칼의 생각과 비교할 때 선명하게 드러난다는 것을 한스 큉이 적절하게 제시하였다.[14] 파스칼(1623-1662)은 데카르트(1596-1650)의 고향 앵드르 에 루아르 주에서 그리 멀지 않은 곳 오베르뉴 주에서 태어났다. 그러니까 둘은 동시대인이자 동향 사람이라고 해도 틀리지 않는다. 그러나 둘의 생각은 많이도 달랐다. 아니 반대였다.

데카르트가 근대 초기의 불확실성과 불안을 이성 및 수학에 의존하여 극복하고자 하였다면, 파스칼은 비상한 신앙심에 의존하여 아우성치는 세상을 넘어서고자 했다. 파스칼은 이성이나 경석한 사고로는 실존의 확

---

12) 데카르트 본인은 학문에 대한 이성적 관점과 신앙적 실제 사이에서 별다른 모순을 느끼지 않았다. 이는 그가 정신과 물질을 철저히 구분한 대문이었던 것으로 보인다. 그는 이성과 은총, 자연과 신앙, 지식과 계시의 영역을 뒤섞거나 상반시키지 않고 평행적으로 구분하고 나란히 나열하였다. 그에게서 신앙은 명료성의 일반 규칙에서 벗어나 있다. 신앙은 지성이나 오성의 행위가 아니라 의지의 행위이고, 의지는 신의 계시에 의지하는 것이기에 명료성이 꼭 전제되는 것은 아니라는 것이다. 데카르트 이후 신체와 영혼, 주체와 객체를 분리한 근대인은 정신계의 간섭 없는 자연어 관한 연구 활동, 수학과 물리학의 정립을 통해 삶을 실용적으로 개선하는 데 대성공을 거두었다. 다른 한편 과도하게 이원론적으로 파열된 실재 이해, 또 그로 인한 기계론적 세계관이 현대의 환경 위기를 불러온 배경이라고 오늘날 부정적으로도 평가되고 있는 편이다.
13) 로이드 기링, 『기로에 선 그리스도교 신앙』, 이세형 역, 한국기독교연구소, 2005, 91.
14) 참조: H. Küng, *Existiert Gott?*, Piper, 1978, 71-143; 발터 옌스, 한스 큉, 『문학과 종교』, 김주연 역, 문학과 지성사, 2019, 11-51.

신이 보장되지 않는다고 보았다. 그에게 관건은 확실한 인식이 아니라 불안정하고 모순된 삶 곧 현실에 대한 직시였다.[15] 그는 사실 데카르트보다도 더 비판적인 인물이었다. 파스칼도 데카르트 이전으로는 돌아가고 싶지 않았다. 이성, 자유, 확실성은 그에게도 마찬가지로 중요하였다. 그러나 그는 동시대의 누구보다도 데카르트의 한계를 꿰뚫어 보고 있었다. 비판적이었기에 인간 주체의 합리성 위에 확실성을 구축하려는 태도에 동의하지 않았다. 그는 인식의 확실성을 추구하던 데카르트가 쓸데없이 에너지를 낭비한다고 보았다. "데카르트는 무용하고 불확실하다."[16] 하긴 인간이 겪는 끝도 없는 불안 앞에서 'Cogito'가 무슨 소용이 되겠는가? 파스칼에게는 데카르트처럼 방법적인 의심을 진지하게 숙고할 마음이 생기질 않았다. 모든 게 확실하다는 사실도, 또 모든 것이 불확실하다는 사실도 불확실하기는 마찬가지다. 인간 실존 전체가 통째로 모순에 처해 있는 마당이 아닌가? 누가 그리고 어떻게 이 엉켜버린 혼돈을 거두어낼 것인가? 철학은 이미 두 손을 들지 않았는가? 파스칼은 여기서 놀라운 전회, 도약, 모험을 감행한다. 인간의 모순은 인간을 초월하는 존재에게서만 해소될 수 있다. 파스칼은 고백하고 호소하였다. 신앙에 의해서만 인간의 위대함과 비참함이 해명될 수 있다! 모순으로 가득 찬 인간의 수수께끼에 답을 주는 것은 철학이 아니라 그리스도교 메시지다. 파스칼은 여기서 확실성의 최종 바탕, 곧 누구도 의심할 수 없고 그 위에 다른 모든 확실성을 구축할 수 있는 바탕을 찾아냈다고 여겼다. 그것은 임의적 자기의식도 아니고, 그 어떤 철

---

15) 키르케고르, 하이데거 그리고 사르트르는 이러한 인간 조건, 즉 무상함, 지루함, 초조함, 그리고 죽음을 좀 더 심도 있게 분석한 이들이었다.

16) pensées, 8.

학자나 배운 자들의 관념도 아니었다. 그것은 실제적이고 살아 계신 성경의 하느님이었다. 그의 「메모리얼」은 그의 '확신'과 '기쁨'을 거듭 새겨 다짐하고 있다.[17] 확실성은 사고로부터가 아니라 신앙으로부터 오는 것이다 (Credo, ergo sum). "이성의 최종 걸음은 이성을 뛰어넘는 것들이 무한히 있다는 사실을 인정하는 것이다."[18] 파스칼은 인간이 비참하면서도 위대한 까닭은 그 자신이 비참한 자라는 사실을 아는 데에, 생각하는 갈대라는 데에

---

17) pensées, 18-19.
"기념

은총의 해 1654년 11월 23일 월요일, 클레멘스 1세 교황 순교자 기념일, 로마의 순교자 축일표에 따르면 또 다른 성인 기념일 성 크리소고노스 순교자 기념일 전야, 그리고 또 다른 순교자들의 기념일, 대략 밤 10시 30분부터 12시 30분 무렵까지.
불

아브라함의 하느님, 이사악의 하느님, 야곱의 하느님. 철학자와 지식인들의 하느님이 아니다. 확신, 확신, 인식, 기쁨, 평화. 예수 그리스도의 하느님, '내 하느님이시며 너희의 하느님이신 분'(요한 20 17) '너의 하느님은 나의 하느님이시어야 한다'(룻 1,16 참조). 하느님 외에는, 세상과 모든 것을 잊음. 그분은 다만 복음에서 가르친 길들에서만 발견되신다. 인간 영혼의 위대함 '의로우신 아버지, 세상은 아버지를 알지 못하였지만 저는 아버지를 알고 있었습니다.'(요한 17,25) 기쁨, 기쁨, 기쁨, 기쁨의 눈물. 나는 그분에게서 떠나 있었습니다. 생수의 근원이 되는 하느님을 버렸습니다. '저의 하느님, 저의 하느님, 어찌하여 저를 버리셨습니까?'(마태 27,46) 하느님으로부터 영원히 떠나지 않게 하옵소서.' '영원한 생명이란 홀로 참하느님이신 아버지를 알고 아버지께서 보내신 예수 그리스도를 아는 것입니다.'(요한 17,3)
예수 그리스도
예수 그리스도

나는 그분에게서 떠나 있었습니다. 도망치고 거부하고 십자가에 못을 박았습니다. 이제 더는 나를 당신에게서 떠나지 않게 하옵소서. 오직 당신만이 복음의 길로 나를 인도할 수 있습니다. 달콤하고 완전한 버림. 예수 그리스도와 나의 영적 지도자들에 대한 완전한 순종. 이 땅에서 잠시 고난을 받고 누리는 영원한 기쁨, 주의 말씀을 잊지 않으리다. 아멘."

18) pensées 267.

있다고 보았다.

파스칼은 확실성은 주어지는 것이 아니고 결단하는 것이며, 이 결단은 늘 불확실성에 예속되어 있다고 역설하였다. 신의 존재 혹은 부재에 관한 물음에서도 파스칼에게 관건은 이성적 판단이 아니라 결단이었다.[19] 신앙의 결단은 합리적 증명이나 반증의 차원에서가 아니라 인간의 심층에서, 마음에서, 충동과 감정, 애착과 혐오가 함께 얽혀 작용하고 열정이 이성에게 영향을 주고 심지어는 이성을 봉쇄할 수도 있는 그런 가운데서 내려진다. 파스칼은 인간의 근본적인 모순과 불안정으로 인해 확실성의 기반으로서의 자기의식에 대하여 동조할 수 없었다. 그에게 중요한 것은 사유의 확실성으로부터 신(神)에 이르는 길이 아니라, 신(神)으로부터 자기 확실성에 이르는 길이었다. 인간의 참된 자기인식은 신앙적 신(神)인식으로부터만 가능하다. 파스칼에게 있어 회의주의를 방어할 투철한 수단은 교회가 보증하는 신앙이었다. 파스칼의 이러한 입장은 플라톤에서 바오로, 아우

---

19) 많이도 논란되고 있는 『도박』(le pari)에 관한 단편에서 파스칼은 확률계산을 신의 존재에 적용한다. 동전 놀이에서와 마찬가지로 두 가지 선택 가능성이 있다. 신이 있든가 없든가. 두 가지 가능성은 모두 불확실하다. "당신은 어느 쪽에 걸겠는가? 이성에 의하면 당신은 어느 쪽에도 걸 수가 없다. 이성에 의하면 두 개 중 어느 것도 지지할 수 없다. 일방을 선택한 자를 가리켜 잘못했다고 책할 수도 없다. 당신은 그것에 관하여 아무것도 모르니까." 이것이 결정적 사항이다. 사람은 선택해야 한다. 선택하지 않는 것도 일종의 선택이다. "Il faut parier, 인간은 내기해야 한다. 사람은 그 점에 있어서 자유롭지 못하다. 당신들은 같은 배에 함께 있는 것이다." 승리할 확률? 확률계산의 규칙에 따라 파스칼은 가능한 실과 득을 따진다. 상호 대비되는(행복하고 무한한 삶과 아무것도 아닌) 것 중에서 신 존재를 결단하는 쪽이 불신하는 쪽보다 결과적으로 훨씬 낫다. 숙고해 볼 때 불신과 신앙의 손실 관계는 "아무것도 없는 것과 무한대의 것"의 관계와 같다. 신을 믿는 경우 우리가 잃을 것은 없다. 신이 없는 경우 밑져야 본전인 데 반해, 신이 있는 경우 우리는 모든 것을 얻게 된다.

구스티누스, 보나벤뚜라, 단테, 아빌라의 데레사, 그리고 프랑스 오라토리오회에 이르는 '마음의 학문'(philosophia, theologia cordis)을 잇는 것이었고, 나아가 루터와 키르케고르, 그리고 현대의 카를 바르트에게서 다시 확인될 것이었다.[20] 이 입장은 데카르트 이후 서구 사상을 압도하던 합리주의 전통을 경계하고 견제하는 역할을 다하게 된다.

---

20) 참조: R. Guardini, *Christliches Bewußtsein Versuche über Pascal*, München, 1956³, 185-196. 다른 한편 파스칼의 신앙 일변도의 태도는 세상과 삶으로부터의 도피로 해석되고, 그의 종교 생활 전체는 미몽처럼 협소하게 이해됨으로써 도리어 사람들이 종교에서 거리를 두게 할 수도 있었다. 참조: H. Küng, *Existiert Gott?*, Piper, 1978, 105-118. 니체에게도 파스칼은 "자발적으로 퇴화와 쇠퇴의 길"을 간 사람일 뿐이었다. 참조: 프리드리히 니체, 『선악의 저편』, 박찬국 역, 아카넷, 2018, 147.

제2장

종교 - 윤리

계몽주의

"자기 자신의 탓으로 인한 미성숙에서 벗어나라."

중세기에 '신앙과 이성', '신과 인간'의 관계는 선후 상하로 일치하고 협력하는 사이로 비교적 안정적으로 정립되어 있었다. 그 균형과 질서는 여타 세상과 삶의 지표가 되고 있었다. 그러나 데카르트 이후 근대의 이성 추구는 계몽주의를 낳았고, 이와 함께 이성이 날카로워진 그만큼 신앙과의 사이에는 마찰이 일어났다. 계몽주의는 자주 세속화와 무신론을 배양한 온상처럼 인식되었다. 경험론과 합리론의 양극단이 모두 무신론에 닿아 있기 때문이었다. 적어도 그것은 교회 편으로부터는 "의문과 파도를 일으키는 운동"(Herder), 음모를 배태한 어두운 세력으로 생각되었다. 계몽주의란 무엇이며 과연 그러했던가? 이성과 신앙, 계몽과 계시 사이의 대결과 갈등, 화해와 수용은 어떻게 전개되었는가?

1. 계몽주의의 개념과 표지

1) 계몽의 철학사

인류 역사상 거의 모든 정신 운동이 그러했듯이 계몽주의도 역사 속에서 형성되고 복합적으로 전개되었다. 그 뿌리는 상당히 깊다. 그것은 이미 고대 희랍 문명에서부터 주목되어온 관심거리요 운동이었다.[21] 합리성에 근거하여 민중을 몽매함으로부터 깨워 일으키려는 '계몽'은 인류 정신사에서 늘 견지되고 지향되고 있었다. 철학이 애초부터, 즉 그 역사적 원천으로부터 이미 '계몽' 해방'이라고 부르는 과정의 모태로 임해온 것이다.[22] 이미 소크라테스 이전 사람들도 근원의 통일성에서 출발하여 현상세계의 변화무상함을 극복하고자 하였다.[23] 이들은 실재의 원리로서 그 어떤 신화적 본질이 아니라, 세계 내의 요소를 말해야 한다고 보았다. 이러한 통찰을 통한 '신화로부터의 사색의 석방'이야말로 희랍철학의 관건이요 진수였다.[24] 그것은 물론 만물의 원리로 물을 꼽았던 탈레스와 공기를 말하던

---

21) 참조: J. Mittelstrass, *Neuzeit und Aufklärung. Studien zur Entstehung der neuzeitlichen Wissenschaft und Philosophie*, Berlin/New York, 1970, Teil 1. 독일어 "Aufklärung" 'aufklären' 은 이미 계몽주의 이전에도 '들추어내다' '밝게 하다' '명료화하다' 등과 뒤섞여서 사용되고 있었다. 예컨대 Lessing은 "Erleuchtung", "erleuchtete Zeit"을 선호했다. 1720년 이래 "aufklären"이, 18세기 중반 이래로부터는 "Aufklärung"이 점증적으로 사용되다가 급기야는 시대의 용어로 유행되기에 이르렀다.

22) 참조: H.M. Baumgartner, "'Aufklärung' - ein Wesensmoment der Philosophie?" W. Kern(ed), *Aufklärung und Gottesglaube*, Düsseldorf, Patmos, 1981, 25-50; 배영호, 『신학의 주제로서의 마르크스주의』, 가톨릭대학교출판부, 2000, 33-42.

23) 참조: H.M. Baumgartner, 같은 책, 25-50.

24) W. Nestle, *Vom Mythos zum Logos*, Stuttgart, 1940.

아낙시마네스에서 뿐만이 아니었다. 그것은 감각적 경험을 넘어 순수 사고, 내지 이성으로서의 로고스(Logos)에 닿으려던 아낙시만더에도 마찬가지였다. '무한자' '로고스', 그리고 마침내 '존재'는 인간 이성이 불러낸 실재에 관한 개념들이었다. 바로 그 때문에 철학이 애초 계몽이었다고, 신화에서 이성이 석방되는 과정의 모체였다고 말하는 것이다. 계몽은, 그 원리에 입각할 때, 철학의 본질적인 걸음이며 필연의 소명이다. 그에 힘입어 인간은 신들과 자연으로부터 독립해 왔으며, 나아가 신들과 자연을 따로 떼어 대상화, 객관화하기에 이른 것이었다. 그러나 인류가 소크라테스 이전, 즉 철학의 초기에만 그 길에 들어선 것은 아니었다. 철학의 두 번째 국면이던 소피스트들의 활동 역시 그 형태와 내용에 있어 계몽으로서 기술될 만하다. 소피스트들의 활동은 희랍의 정치 정황을 통해 야기된 비판적 운동이요, 일체 고정된 전통과 척도를 무력화하는 운동으로서, 그 안에는 옛 자연 철학에서와는 달리 훨씬 인간 세계가 철학의 중심 주제로 고양되고 있었다. 개인주의와 회의주의 정신을 배양하던 소피스트들과 함께 기원전 5-4세기의 희랍에서는 거대한 지성적 변혁이 도래하였다. 이제는 개인이 이성 능력을 갖추고서, 그리하여 자신을 내세우는 자립 주체로서 세상 가운데를 활보하게 되었다. 소피스트들은 참된 인식의 가능성에 대해서 뿐 아니라 자연과 제신에 대한 신앙 가능성에 대해서도 부정적으로 임하였다. 적어도 프로타고라스(Protagoras)와 고르기아스(Gorgias)의 주장은 인식에 대한 회의와 종교에 대한 비판 속에 전개되었다. 히피아스(Hippias), 칼리클레스(Kallikles), 트라시마코스(Thrasymachos) 그리고 크리티아스(Kritias) 등 후기 소피스트들은 도시국가 내에 생동하던 전통 미풍양속을 반대하고, 도덕과 법률을 이지적으로 해체하여 폴리스를 위태롭게 하였다. 소피스트들을 이렇게 이해하면, 그들의 생각은 과학과 철학발전에도 주요기능을 발휘했던 인본 정신으로 나타난다. 소피스트들의 노력은 다름 아닌 신화에서 벗어나려는 의지와 맞물려 있었고, 그로써 독립된 인간 정신이 자연에 대해서도 거리를 두고 관찰하게 한 것이었다. 이러한 소피스트들의 계몽 취지를 간과하면 우리는 소크라테스와 플라톤 그리고 아리스토텔레스의 철학이 지니고 있던 긴장과 생동감을 제대로 느끼지 못하게 될 것이다.[25]

이밖에도 소크라테스와 플라톤 이후의 회의주의, 그리스도교 문명의 도래[26], 중세기 아리스토텔레스의 새로운 수용, 유명론의 등장을 두드러진 계몽의 전기로 해석할 수 있을 것이다. 이러한 사실은 철학의 일반 흐름의 원칙을 알게 한다. 계몽과 철학은 내적으로 엮여 있다. 계몽을 일컬어 곧 철학이라고 할 수는 없지만, 적어도 그것은 인간의 자립과 자기의식 획득 과정의 필수 부분에 속한다고 하겠다. 신과 세계, 그리고 인간을 분해하고 종합하는 계몽적 성찰이 없었다면 세계에 대한 인식으로서의 철학, 그리고 인간의 자기인식으로서의 철학은 가능하지 못했을 것이다. 계몽은 학문이요, 지식인가 하면 판단력의 신장(伸張)이었고, 그리고 하나의 과정이

---

25) 참조: G.W.F. Hegel, *Vorlesungen über die Geschichte der Philosophie*, ed. Glockner, Bd. 18. 소피스트의 계몽에 대한 이러한 긍정적 평가는 헤겔에게서도 발견되고 있다. 헤겔은 소피스트들을 깎아내리지 않은 드문 철학자였다. 그는 소피스트에게서 사고의 자립성을 보았다. "소피스트들은[…] 이제 도대체 세계적 대상에 적용하고, 그렇게 자신의 힘, 자신의 절대적이고 유일한 본질을 의식하는 가운데 모든 인간적 관계들을 관철한 이들이다."(8)

26) 참조: Hans-Georg Gadamer, *Mythos und Vernunft*(1954), Gesammelte Werke, Bd.8, 1993, 163-167; Kurt Lüthi, "Emanzipatorische Theologie als Alternative zu atheistischen Lebensentwürfen", *Weltphänomen Atheismus*, A.K. Wucherer, J. Figl, S. Mühlberger(Hg.), Wien, 1979, 135-156.

었는가 하면 이 과정을 통해 이룩한 개인과 사회의 개선된 처지를 일컫는 포괄적인 개념이었다. 그러나 철학사에서는 16세기 말에서 18세기 말에 이르기까지 사상과 문화 전반에 걸쳐 전개되던 특별한 운동과 흐름을 일컬어 '계몽주의'라 부른다. '계몽'이 하나의 분명한 모습을 갖추고 시대를 몰아가는 정신적 힘이요 배경으로서 모든 영역에 걸쳐 의욕적으로 추진되기는 유럽의 근대에 와서인 것이다.

2) 근대의 계몽사조

알려진 바와 같이 '인식'에 관한 논의는 근대에 와서 비약하였다. 근대야말로 명실상부 이성과 사고의 시대였다. 사람들은 이성의 힘과 역할을 사회 전반에 적용하기 시작하였고, 이 흐름이 '계몽주의'라는 명칭을 얻게 되었다. 주체에의 집중, 인식의 가능성과 한계에 관한 탐구, 자립과 자율, 구습과 전통으로부터의 해방이 두드러지게 강조되었다.[27] 이 시기에 활발하게 의견을 발표하던 이들의 이름만이라도 열거하지 않을 수 없다. 영국과 스코틀랜드의 Locke, Berkeley, Shaftesbury, Hutcheson, Toland, Thomas Reid, Hume, 프랑스의 Bayle, Voltaire, Lamettrie, von Holbach, Montesquieu, Diderot, Rousseau, Condorcet, 독일의 Leibniz, Thomasius, Wolff, Reimarus, Mendelssohn, Lessing 등을 꼽을 수 있겠다.

---

27) 참조: W. Windelband, H. Heimsoeth, *Lehrbuch der Gechichte der Philosophie*, Tübingen, 1957[15], 375; H. Stuke, "Aufklärung", Geschichtliche Grundbegriffe. Historisches Lexikon zur politisch-sozialen Sprache in Deutschland I, O. Brunner, W. Conze, R. Koselleck(Hg.), Stuttgart, 1972, 243-342.

"계몽주의란 도대체 무엇인가?" 대놓고 이 물음을 제기한 자는 베를린의 신학자 쬘너(J. F. Zöllner)였다. 그리고 1783년「베를린 월보」에 제기된 그 물음에 대하여 두루 인정될만한 답변을 내린 자는 칸트였다. 칸트는 계몽을 사상적으로 정점에 달하게 한 인물로 평가된다. 그 때문에 계몽주의에 대하여 그가 1784년에 내린 다음과 같은 정의는 두고두고 권위 있게 인용되고 있다.[28] "계몽이란 인간의 자기 자신의 탓으로 인한 미성숙에서 벗어나는 것이다. 미성숙이란 타인의 지도 없이는 자신의 지성을 사용하지 못하는 무능력이다. 그리고 그 무능의 원인이 지성의 결여에 있는 것이 아니라 타자의 지도 없이 자신의 지성을 사용하고자 하는 결의와 용기가 부족해서라면 그 무능은 자신의 탓이다. 그러므로 계몽의 표어는 '과감히 분별하라!' '너 자신의 지성을 사용할 용기를 가져라!'이다."[29] 사람들은 계몽의 요구를 '자기성찰'을 향한 외침이라고 이해했다. 그 목표는 인간의 성숙이었다. 여기서 인류가 도모하는 성숙은 인간의 이성에게 통찰되고 수용되는 것만을 존속시키고, 종교와 교회, 국가와 사회, 그리고 철학과 과학 안에 서려 있는 전통을 포괄적으로 비판해야만 달성될 것으로 인식되었다. 사람들은 이해되지 않는 전통의 옷을 벗고 이성적인 미래를 향해 발진할 수밖에 없다고 여겼다. 계몽주의자들은 이러한 과업이 특히 교육을 통해 성취되리라 확신하였다.

---

28) 참조: Wolfgang Klausnitzer, *Glaube und Wissen*, Regensburg, Verlag Friedrich Pustet, 1999, 156-161.

29) I. Kant, "Beantwortung der Frage: Was ist Aufklärung?" Kants Werke, Königlich Preußischen Akademie der Wissenschaften(Hg.),, Bd. VIII, Berlin, 1912-1913(Nachdruck: Berlin, 1968), 32-42, 3쪽(A 481).

계몽운동은 처음에는 그 윤곽을 알 수 없는 흐름처럼 보였지만, 서서히 그 고유한 성격과 특징을 갖춘 객체 현상이 되어갔다. 철학적인 시각에서 계몽주의를 조망할 때면 그것이 지닌 기본 성격과 구조들이 눈에 띄게 되는데, 이를테면 진리를 향한 진지함, 철저한 도덕 관념, 열렬한 자연애, 무조건적 자율 등이 그러하다. 그 이전과 이후의 시대 분위기를 비교할 때 그것은 하나의 과도가 아니라 명실상부 격변이라 할 것이다. 이전에는 하나의 원리로 통합되어 있던 영역과 분야가 분화되고 전문화되어 갔다. 정치, 경제, 문화, 종교, 윤리, 예술이 독자적인 원리에 의해 운영되는 독립적이고 자율적인 영역이 되었다. 계몽주의를 통해 '신앙'은 '종교'로, '성경'은 하나의 '고전'으로, '하느님'은 '신'으로 대체되는 등 많은 분야가 변했다. 엄격한 의미에서 하느님을 향한 무조건적 귀의를 뜻하는 '신앙'이 이제는 '종교'라는 다소 인간의 문제를 객관적으로 다루는 주제가 되었다. 이에 따라 한때 폐기되었던 고대의 인본주의가 다시 받아들여져 부흥되었으며, 이전 그리스도교에는 없던 '종교철학'이 생겨나 독립하게 되었다. 나아가 중세기에서와는 달리 신학과 철학의 관계도 새로 정립되었다. 이제는 도리어 철학이 신학 위에 군림하는 것을 당연시하게 되었다. 역사 문제를 첨예하게 제기한 계몽주의는 그리스도교 초기의 사정과 발전과정을 다시 살펴보게 하였다. 그것은 이른바 교회사뿐 아니라 도대체 성경 자체의 형성과정을 분석하도록 작용하였다. 계몽주의가 가하는 힘은 가히 폭발적이고 혁명적이었다. 이로써 신학 내에도 전대미문의 회오리가 불기 시작하였다.

3) 계몽주의의 표지

계몽주의는 하나의 철학 분파나 주제가 아니라 정신과 문화, 사회와 정치, 그리고 경제 전반에 걸쳐 전개된 사조였다.[30] 그 파급효과는 자연법칙과 역사에 관한 탐구, 상식의 확장, 판단력의 신장, 도덕의 성숙, 인류애의 강화에 이르기까지 광범위하였다. 계몽주의는 주체성의 확립과 책임감을 환기하는 데서 더 나아가 국가의 통치와 교육제도를 개혁하는 전 방위적 운동이 되었다. 계몽 정신이 불어나고 서민이 이전에는 군주나 소유했던 자유에 대한 권리를 주장하기에 이르자 전래의 국가형태는 허물어져 갔다. 비교적 순진할 뿐 계몽되지는 못했던 프랑스에서 그 혁명이 거세게 일어났다. 프랑스 혁명이야말로 자유·평등·형제애라는 계몽주의의 표어 밑에 일어난 것이었다.

계몽은 '비판적 이성의 빛'으로 사물을 객관적으로 인식하는 것뿐만 아니라 '자유와 책임의 빛' 안에서 주관을 정립하는 것도 포함하였다. 그 목표는 인간성, 곧 휴머니즘의 촉진(Herder)이었다. 이제 계몽은 시대의 변화와 쇄신의 방향을 이끌어 가는 과정으로서, 그리고 세상을 어둠과 몽매로부터 진보의 길로 들어서게 하는 과정으로서 인식되고 추진되었다. '계몽'은 시대를 가름하는 기준개념이 되었고, 지역과 종교에 따라 그리고 방식에 있어서 차이를 보이기는 했지만 전 유럽의 "문화혁명"[31]으로 자리를 잡았다. 계몽주의의 일반적 표지로서 우리는 이성, 비판, 자유, 개인, 내재를 꼽을 수 있을 것이다. 물론 이들은 분리하여 설명하기가 힘들 정도로 상호 내적으로 연계되어 있지만, 편의상 그에 따라 계몽주의의 양상을 그리고자 한다.

---

30) 참조: E. Coreth, H. Schöndorf, op. cit., 80-85.
31) 한스 큉, 『그리스도교 본질과 역사』, 이종한 역, 분도출판사, 2002, 841.

① 이성

이성과 관련하여 계몽주의는 두 가지의 대전제를 품고 있었다. 첫째, 인간은 누구나 날 때부터 이성을 지니고 있으며, 그것을 자주적으로 사용할 소명과 능력을 지니고 있다. 둘째, 이성은 최고의 권위를 지니며 객관적이고 불변적이다. 종교의 분열 이후 가장 강력한 유럽 정신 운동이 된 계몽주의는 전승된 모든 권위를 거슬러 이성의 자립을 전제하고 강조하였다.[32] 계몽주의는 이성에 기준을 둔 해방운동이었다. 그것은 인간 외의 권위에 예속되어 있던 모든 사유를 풀어내고, 자신의 바탕을 이성에 내재하는 고유한 원칙에 두고자 하였다. 근거를 요구하는 시대에 이성은 최고요 최종 심급이었다. "지구를 지혜와 자유, 힘과 기쁨 그리고 아름다움의 거주지로 만들어야 할 이러한 철학 시대에는 본능적이고 역사적으로 되어 온 것 대신에 이제 이성에 의해 인식된 것과 형성된 것들이, 우연적이고 불합리한 것들 대신에 법칙과 이성에 입각한 것들이, 무상하고 시간적이며 특별한 것들 대신에 지속적이고 영원하며 두루 통용되는 것이 도래해야 했다."[33] 근대의 유례없는 역동성은 이렇듯 인간 이성에 대한 지극한 신뢰에 바탕을 둔 것이었다.

② 비판

계몽주의는 미신과 편견으로 인해 어두워진 이 세상에 이성의 빛을 널리 비추고자 했다. 이성이 재발견되면서부터는 지난 시절 높이 평가되

---

32) 참조: 로이드 기링, 『기로에 선 그리스도교 신앙』, 이세형 역, 한국기독교연구소, 106.
33) J.P. Steffes, "Aufklärung", Staatslexikon I, (Hg.), H.Sacher, 1926⁵, 423-430, 424.

던 질서, 위계, 권위, 교회, 도그마, 신앙이 달리 이해되기 시작하였다. 광명을 구가해야 할 이 시대에 중세의 종교, 교육, 학문, 삶의 방식은 참기 어려운 것이 되어버렸다. 계몽주의자들에게 전통은 지혜의 보고가 아니라 오히려 오류와 퇴보의 잔재인 것으로 보였고, 역사의 진보를 저지하는 이러한 장애물을 제거하는 활동은 비판으로 이어졌다. 그리하여 이들은 남이 옳다고 하는 내용이 아니라 스스로 탐구한 후 얻은 결론을 중시하였다. 스스로 생각하고 스스로 실행해 확인함으로써 참된 것을 알고 실천할 수 있다는 확신을 얻었다. 유클리드와 아르키메데스가 쓴 것이 아무리 옳다고 해도 내가 직접 보고 판단해서 얻은 것이 아니라면 안다고 할 수 없다고 여겼다. 진리의 시금석은 국가의 권력이나 종교 전통이 아니라 생각하는 이성이다. 이 같은 태도는 보쉬에와 볼테르를 비롯한 스스로 깨우쳤다고 생각하던 이들의 전형적인 태도였다.[34] 이제 신, 섭리, 권위, 윤리에 대한 분석 작업이, 그리스도교 신앙과 종교에 관한 검토 작업이, 전통 신학과 철학에 대한 조율 작업이 시작되었다. 전 방위 비판이 시작되었다. 사정이 달라진 이제는 '비판' 자체가 의로운 의미를 띠게 되었다. 그리하여 책이나 글의 제목 끝에 '비판'이라는 말을 붙이는 유행이 생겨났다.

---

34) 참조: 『마르크스 엥겔스 저작선』, 김재기 편역, 서울, 거름신서, 33, 1988. 엥겔스는 다음과 같이 묘사하고 있다. "과거의 모든 사회와 국가의 형태, 온갖 전통적 관념은 불합리한 것으로 인정되어 헌 쓰레기처럼 버려졌다. 세계는 지금까지 편견에 의존해 왔으며, 과거의 모든 것들은 동정받고 멸시당할 만한 것에 지나지 않는다. 이제야 비로소 해가 솟았고, 이성의 왕국이 닥쳐왔다. 이제부터 미신, 부정, 특권, 압박은 영원한 진리, 영원한 정의, 자연 자체에서 나오는 평등, 박탈할 수 없는 인권에 자리를 내주지 않으면 안 된다."(204)

③ 자유

계몽주의자들은 사상의 자유를 위해 싸웠다. 그들은 학문과 교육의 진보를 요구하였고, 이것은 다시 이성의 자유를 촉구하였으며, 전래의 사회질서를 의문시하게 하였다. 계몽주의는 일체 속박을 참아내지 못했다. 말의 가치는 말하는 이의 지위가 아니라, 말해진 내용의 가치 때문에 인정되어야 한다. 어떤 믿음도, 심지어 이성을 사용해서 얻은 믿음조차도 사람들에게 강제적으로 부과되어서는 안 된다. 진리는 강요될 수 없다. 교리를 강요하는 시대는 끝났다.

이성의 능력에 대한 신뢰와 자율성을 향한 촉구야말로 계몽주의의 특징이었다. 갈망하는 것은 사고의 자유, 언론의 자유, 집필의 자유, 종교 및 문화 활동의 자유, 그리고 관용이었다. 정신의 독립과 자유롭고 전제 없는 학문 활동이 추구되고 제도화되어 갔다. 사상의 자유로 말미암아 새로운 개념들이 봇물 터지듯 넘쳐났고, 다양한 학문이 빠르게 전파되었으며, 지식의 폭증이 이어졌다. 그런 중에도 사람들은 다만 그 자체로 명백하고 합리적으로 투명한 것만을, 수학이나 물리법칙처럼 과학적으로 공인될 수 있는 것들만을 인정하였다. 이성의 자유와 권리에 어긋나거나 뛰어넘는 것들은 구속과 제한으로 거부하였다. 이로써 사회적 속박만이 풀린 게 아니었다. 각 학문도 독자적 학과로 독립하였고, 교육제도가 개혁되었으며, 공업과 상업이 부흥하게 되었다.

④ 개인

자유를 향한 계몽주의의 열망은 무엇보다도 개인의 자유와 권리를 신장하였다. 계몽주의 밑바탕에서는 개인주의가 싹트고 있었다. 사상의 자유는 계승된 사회구조를 의문시하고, 그 구조를 무너뜨리게 하였다. 이는 군주제의 종말을 가져왔고 귀족 계급의 세력을 약화하였다. 동시에 교회의 위계질서와 구조를 붕괴시키고 공동체의 민주적 자치를 재촉하는 결과를 가져왔다. 이런 변화는 더욱 개인을 새롭게 존중하는 태도로 이어졌다.

여기서 생존권과 사유재산권이 재평가되고, 개인의 천부적 인권이 성문화되어 국가로부터 보호를 받았다. 개인주의는 유명론과 경험론을 통해 일반성을 해체함으로써 경제와 정치, 그리고 신학 안에 광범위한 결과를 가져왔다. 경제 분야에서 이 개인주의는 자유주의를 낳았다. 근대의 산업화와 함께 등장한 이것을 맨체스터 자유주의(Manchester-Liberalismus)라고도 부르거니와 이것은 피고용인의 사회적 권리와 요구를 고려하지 않고 다만 시장경제의 내재 법칙만을 인정하는 방식을 취했다. 이러한 자유주의로부터 노동자를 잔인하고 야비하게 착취하고, 극소의 임금으로 여자와 어린이들에게 일을 시키는 산업발전 초기의 경영 및 관리체제가 나온 것이었다.

⑤ 내재

계몽주의 시대에는 옛 도덕의 기준들이 도전을 받고 변화를 겪게 되었다. 독단주의와 선험적 구조를 거슬러 경험에 대한 새로운 평가가 두드러지기 때문이었다. 이것은 두 가지 당면에서, 곧 관찰, 측정, 실험을 통한 귀납적 방법, 그리고 역사의 상대성에 대한 새로운 안목에서 일어났다.

현세에 관한 연구의 성공은 놀라운 결과를 가져왔다. 예전에는 인간과 세상을 초월하는 힘들에 의해 지배되던 많은 것들, 아니, 거의 모든 것이 이제는 줄지어 인간과 세계의 내재 법칙에 따라 해명되었다. 삶은 갈수록 더욱 초월적 권위가 아닌 내재의 법칙에 맞추어 판단되고 수립되었다.

사람들은 이성의 전능을 확신하였다. 그들은 선입견과 미신으로부터 해방되어 올바른 탐구방법을 설정하고 나면 인간 정신이 실재의 모든 비밀을 벗겨낼 수 있다고 믿었다. 인류의 의식과 삶의 질이 늘 상승하리라는 믿음, 진보에 대한 확신은 한결같았다. 이성의 승리를 통해 세계를 개선하고 더욱 복되게 한다는 목표에 과학이 봉사의 수단으로 임했다. 이러한 목표설정을 배경으로 이성의 빛을 가능한 한 넓게 유포하려는 노력이, 그리하여 과학과 철학의 인식을 가능한 한 넓게 유효하게 하려는 노력이 발원되었다. "갈수록 뚜렷해진 것: 인간은 인간이 되고자 했다. 초인도 인간 이하도 아닌, 바로 인간이고자 했다."[35] 그리고 자기 자신과 자연의 주인은 다름 아닌 인간이라고 보았다. 이는 입법자인 하느님에 종속된 존재로 보던 자신을 입법자로 보게 되었음을 의미한다. 이전에 하느님의 특권으로 여겨졌던 힘을 인간이 넘겨받게 되었다.

2. 계몽주의와 신학의 갈등

무지몽매함을 일깨워 밝은 빛으로 이끌겠다는 계몽주의자들에게 진리의 권위를 신과 교회에 두는 일은 어둑어둑한 과거의 일이 되었다. 그리스도교야말로 이 문화혁명으로부터 영향을 받지 않을 수 없었다. 특정한 부분과 방식만이 아니라 학문, 경제, 정치, 법률, 국가, 문화, 교육, 의료, 사회복지 등 생활 전체를 인간의 직접적인 책임과 지배 아래 놓으려는 계몽

---

35) 한스 큉, 『그리스도교 본질과 역사』, 이종한 역, 분도출판사, 2002, 842.

주의는 교회와 갈등을 빚지 않을 수 없었다. 당연하던 전통신학의 구조들을 허무는 계몽주의 정신은 신학에도 위기를 초래했다. 웬만한 사람들은 그리스도교에서 하는 말과 행동 거의 모두가 합리적으로 투명하지 않고 과학적으로도 증명되지 않아 더는 신뢰할 수 없다고 못을 박거나 강압적인 교의, 교회의 가르침, 초자연적 신앙을 일종의 구속이라고 보고 외면하였다. 그것은 인간의 이성과 자유에 어긋나는 것이었다. 예전과는 달리 이제는 종교와 신학이 정치, 경제, 사회, 문화를 지배하는 게 아니라, 오히려 그 반대였다. 교회 활동과 신심 운동 그리고 신학이 갈수록 정치, 경제, 사회, 문화적 요인에 의해 규정되었다. 이른바 '세속화'는 종교와 문화 사이의 갈등을 심화하였고, 그것이 근대의 중요한 특징이 되었다.[36]

계몽주의가 그리스도교 신학에 미친 막대한 영향을 간단히 정리하기란 불가능하다. 다만 계몽주의가 전래의 신학에 미친 자극과 그 변화를, 특히 계시론, 성서학, 신론에 한정하여 약술하고자 한다.

1) 계시 – 자연종교

세계에 내재하는 법칙을 신뢰하고 그에 의존하려는 계몽주의자들에게 전래의 그리스도교 계시는 의미를 잃게 되었다. 이들은 계시가 인류사 초기에는 필수적이었을 것이나 이제는 필요하지 않다고 보았다. 계몽주의자들은 이성을 통해 신을 인식하고, 나아가 구원을 성취할 수 있다고 보았다. 구원은 피안의 영원한 지복(至福)이 아니며 그에 이르는 길은 탈아

---

36) 참조: 한스 큉, 같은 책. "17세기까지만 하도 매우 존중되던 질서, 위계, 권의, 규율, 교회, 교리, 신앙 등이 18세기에는 혐오의 대상이 되었다."(841); H. Küng, *Existiert Gott?*, Piper 1978, 59.

(脫我)가 아니라 인간의 창조력을 전개하는 일, 곧 탐구다. 이러한 생각은 계시 진리들을 합리적으로 증명되는 진리로 제한하고, 그리스도교 신앙을 자연종교로 대체함으로써 계시와 신비, 신앙 내용을 축소하는 데까지 치달았다.

계몽주의자들은 계시를 왜곡된 환상으로 평가하고, 교의의 기반에 대하여 의문을 제기하였다. 계시를 비판하는 것은 특히 영국에서 두드러지게 전개되었다.[37] 허버트(E. Herbert +1648)는 다음과 같은 다섯 가지 기초 명제를 내세워 이른바 '자연종교'의 근간을 세웠다. ① 신(내지 지극히 거룩한 것)은 존재한다. ② 그에게는 경배를 드려 마땅하다. ③ 이 경배를 구성하는 주된 부분은 신심과 연계된 덕(윤리적으로 책임 있는 삶)이다. ④ 모든 잘못은 참회로 속죄된다. ⑤ 죽은 후에는 상과 벌이 있다.[38] 로크(J. Locke +1704)는 이성이 신앙 조문을 수용하는 데 있어 가장 높은 심급이라고 선언하였다. 이성에 거슬린다면 그 어떤 신앙도 동의받기를 바랄 수 없다.[39] 톨랜드(J. Toland +1722)는 그리스도교의 신비는 낯설고 이질적이어서 치워버려야 한다고 여겼다.[40] 콜린스(A. Collins +1729)는 자연종교와 계시종교를 동일시하면서 계시가 계시로 합당하려면 이성적으로도 파악이 가능해야 하는 것으로 보았다.[41] 틴달(M. Tindal +1733)은 당대의 그리스도교가 미신적이라 보

---

37) 참조: Wolfgang Klausnitzer, *Glaube und Wissen*, Regensburg, Friedrich Pustet, 1999, 156-161.
38) 참조: E. Herbert, *De veritate, prout distinguitur a revelatione, a verisimili, a possibili et a falso*, London, 1645; Nachdruck: Stuttgart, 1966. 208-222.
39) 참조: J. Locke, *An Essay Concerning Human Understanding*, London, 1690.
40) 참조: J. Toland, *Christianity not mysterious*, London, 1696; Nachdruck: Stuttgart, 1964.
41) 참조: A. Collins, *A Discourse of Free-Thingking*, London, 1713; Nachdruck: Stuttgart, 1965.

고 하느님이 태초 인간의 마음속에 새겨 넣은 본래의 이성적 그리스도교를 드러내야 한다고 주장하였다.[42]

17-18세기 유럽의 계몽운동은 계시 신앙을 반대하는 양상으로 자기 고유성을 갖추어 갔다.[43] 기존의 계시 신앙을 제거하지는 않더라도 이성에 환원시키고, 나아가 이성의 통제하에 두겠다는 것이 계몽운동의 공공연한 과제가 되었다. 그로 인해 계몽과 계시는 본질상 화해할 수 없는, 상호 적대적인 관계에 있다는 인식이 거세게 일어났다. 계몽주의자들에게 계시 신앙은 이미 지나버린 구시대의 잔재일 뿐이었다. 계시란 불필요하고 기만적이며, 인간이 성인이 되는데 해로운 것, 치명과 굴욕을 주는 것이었다. 계몽주의자들의 비판은 왕성하게 대중화되었다. 때는 바야흐로 종파 간의 갈등과 전쟁, 성경과 자연과학 사이의 충돌이 심각하던 시기였다. 계시는 주어진 기존의 정황과 교의를 보호하고 정당화하는 이데올로기로 인식되었다. 계몽주의자들의 완고한 적대감은 신학자들이 다양한 전망을 합리적으로 타진하는데도 어려움을 주었다.

2) 성경 - 역사 비평적 연구

교회와 계몽주의 사이의 갈등은 성경에 대한 변화된 시각과 맞물려 격화되었다. 계몽주의의 성경에 대한 비판은 그 독특한 감염성으로 말미암아 곧 비범하고 시급한 문제가 되었다. 근대의 성경 주석은 활발한 언어

---

42) 참조: M. Tindal, *Christianity as Old as the Creation*, London, 1730; Nachdruck: Stuttgart, 1967.

43) 참조: Max Seckler "Aufklärung und Offenbarung", Christlicher Glaube in moderner Gesellschaft, Bd. 21, F. Böckle, F-X. Kaufmann, K. Rahner, B. Welte(Hg.), 5-78.

(그리스어, 셈어)와 문헌에 관한 연구(고사본, 신화, 전승)에 힘입어 폭넓게 변화를 맞이하고 있었다. 이로 인한 새로운 인식은 성경에 대한 비판의식을 불러왔고, 그것은 또한 계시 비판의 지렛대가 되었다. 성경 텍스트 자체를 논의의 대상으로 삼는 일부터가 이미 계시 신앙의 기반에 대한 의문을 내포한 것이었다. 성경의 권위가 전체 내용을 두루 균등하게 보증할 수 없다면, 이제는 그 차이와 무게를 구별하는 데 쓰일 기준이 마련되어야 했다. 이 기준을 기존의 정통파는 정경, 영감, 전통의 권위에 두어 왔다면, 계몽주의자들은 철두철미 '이성과 도덕'에 맞추고자 했다.

성경을 하나의 역사 자료로 이해하고, 성경과 교의 사이에 거리를 두도록 영향을 미친 그로티우스(H. Grotius 1583-1645)의 『신약성경』(1641-1650)과 『구약성경』(1644)를 간과할 수 없다. 또한, 구약성경을 하나의 민족 문학으로 보고 그 발생 과정을 해설하던 스피노자의 『신학-정치론』(1670)이야말로 획기적이었다.[44] 그 후 뚜레띠니(J.A. Turretini 1671-1737)와 클레리쿠스(J. Clericus 1657-1736)에게서 계시 증언의 내용을 해치지 않으면서도 성경을 여타의 문학 서적처럼 대하고 탐구하는 태도가 선보였다. 프랑스 오라토리오회원 시몽(R. Simon 1638-1712)은 그리스도교 저술가로서는 처음으로 모세오경이 한 사람의 저자에게서 유래한 것이 아니라 여러 출전의 편집에 의

---

44) 참조: 심상태, 『한국교회와 신학』, 성바오로출판사, 1988, 219-220. 성경 비평이 꽃을 피우기 2세기 전에 스피노자는 "신학적 및 정치적인 담론"이라는 논문에서 이미 성경 비평의 선구자적 길을 열어놓았다. 그는 성경도 여타 다른 자연현상과 같이 연구되고 해석되어야 한다고 생각했다. 이전 사람들이 사물의 본성을 성경의 빛에서 이해하려고 했다면, 스피노자는 성경을 전체적인 사물의 본성의 빛에서 이해해야만 한다고 본 것이었다. 성경은 절대적인 진리를 포함하고 있지만, 역사적 조건과 배경을 지니고 있는 한 경험적 탐구의 도구로 연구되어야 한다. 이와 같은 방법으로 그는 후대 성서학의 방향을 예견하는 결론에 이르게 되었다.

한 것임을 알아냈다. 그는 성경 본문에 대한 역사 비평적 연구가 신앙과 자연과학의 그릇된 대립을 방지하는 데에 요긴하게 쓰일 것으로 보았다.[45] 시몽의 연구는 프로테스탄트 측에서 풍성한 열매를 맺게 되는데 세믈러(J. Semler 1725-1791)의 『정전에 관한 자유로운 연구』가 그 구체적인 결과였다. 세믈러는 신학을 학문적으로 연구하는 데 필요한 온전한 자유를 요구하는 가운데 역사비평의 기초를 놓았다. 그는 성경을 무오성(無誤性)이나 영감을 인정하지 않고, 교의와 관계없이 이해하고자 하였다. 그 결과 매우 다양하고 가치가 서로 다른 성경 문헌들의 형성과정을 역사적으로 차분히 밝혀낼 수 있었다. 성경은 이제 다른 문헌과 마찬가지로 어디까지나 역사적으로 고찰해야만 올바로 이해되는 자료가 되었다. 그는 성경의 내용 가운데 인간의 도덕성 향상에 도움이 되는 것만을 하느님의 말씀으로 인정하였다. 이후 성서학은 계시와 문학을 구별함으로써 텍스트에 자유롭게 접근하고, 문학적인 내용과 계시 신앙의 역사적 형성 및 조건에 관한 연구의 길을 넓힐 수 있었다. 그리하여 성경은 더욱 역사비평의 대상으로 분석되었고, 그것은 과연 역사적 진실을 어느 정도나 포함하고 있는지, 성경 안에서 무엇이 본래 참된 것이었고, 오늘을 위해 중요한 것은 무엇인지 하는 물음 제기가 성행해 갔다. 이제는 성경 내에서도 신학적인 것과 비신학적인 것, 예전에나 유효했을 것과 오늘날 그리고 계속하여 변화된 전제하에서도 구속력이 있을 것이 구별되기에 이르렀다. 여기서 성서 신학과 교의 신

---

45) 시몽의 책 『구약성경에 대한 역사적 비판』(1678)은 출판되자마자 파리의 주교 보쉬에에 의해 압수되었다. 오라토리오회에서 쫓겨난 그가 연구를 계속하여 저작할 수는 있었지만, 가톨릭교회 안에서는 비판적 성경연구 정신이 불행하게도 제대로 꽃피기도 전에 꺼지고 말았다.

학이 구별되기에 이르렀고, 하느님 말씀의 진리성 자체가 돌연 검토의 대상이 되었다. 이로써 계몽시대의 학문 활동이라 할 만한 것이 활발히 전개되기 시작하였다. 물론 자유로운 탐구 활동이 왕성하게 전개될수록 그 기반을 빼앗긴 도그마 분야는 혼란에 빠지게 되었다.

복음서에 관한 비평적인 연구는 함부르크 대학의 히브리어와 동양어 교수였던 라이마루스(H. S. Reimarus 1694-1768)에 의해서 진일보했다. 그는 전형적인 이신론자였다. 그는 생각을 정리하여 『합리적인 하느님 숭배자들을 위한 변명』이라는 원고를 남겼다. 그가 죽은 후 극작가이며 철학자인 그의 지인 레씽(G. E. Lessing 1729-1781)이 이 원고 중에서 7개를 정리해, 저자를 알리지 않고, 『볼펜뷔텔 단편들』이라는 제목으로 출판했다.[46] 라이마루스는 그리스도교의 중요한 몇몇 교리가 성경에서는 발견되지 않는다고 폭로하였다. 그는 신약성경에서 예수와 제자들이 보이는 많은 모순점과 더불어 너무나 인간적으로 보이는 면들을 찾아내고, 그리스도교를 거대한 기만으로 규정하였다. 그에 따르면, 그리스도교는 다름 아닌 묵시 문학적으로 종말을 대기하는 종교였으며, 모든 복음서는 이 기대에 부응하여 회고적으로 기록되었다. 그가 복음서들을 연구하는 데 사용한 기본적인 기준은 내적인 일관성이었다. 그는 성경이 하느님의 영감으로 마련되었다면 그 안에 어떤 모순도 있어서는 안 될 터인데, 부활 이야기들은 모순투성이라고 지적하였다. 그는 사도들이 모든 것을 버리고 예수를 따르다가 갑작

---

46) 참조: G.E. Lessing, *Werke*, Bd. 7, H.G. Göpfert(Hg.), München, 1976, 311-604; H.S. Reimarus, *Apologie oder Schutzschrift für die vernünftigen Verehrer Gottes*, 2Bde. (Hg.), G. Alexander, Frankfurt, 1972; 발터 옌스, 한스 큉, 『문학과 종교』, 김주연 역, 문학과 지성사, 2019, 103-150.

스럽게 그의 죽음을 맞이하게 되자 거짓말을 하게 되었다고 결론지었다. 예수가 지상에 정치적인 하느님 나라를 건설하다가 실패하였건간, 제자들은 그의 시체를 훔쳐내고는 고난받는 메시아의 속죄 죽음을 고안해 내고, 부활이라는 속임수 각본을 써서 상연하였다는 것이다. 세상 선교의 개념이 예수가 죽고 한참 후에야 나타난 것도 그 때문이라는 것이다. 라이마루스에 따르면, 예수는 바리사이들을 거슬러 참된 도덕을 가르쳤고, 사실 그 일밖에 하지 않았다. 그러한 덕은 매우 찬양받을 만하지만, 그 외 이성을 초월하는 진기하고 신비로운 계시는 인정될 수 없다.

3) 유신론(有神論) - 이신론(理神論)

이러한 계몽주의 사조와 밀접히 연관된 신관이 이신론(理神論)으로 나타났다. 계몽주의자들은 대개 신 신앙을 반대하지는 않으나 이신론의 흐름을 타고 있었다. 그들은 그리스도교의 전통적 이해와는 구별되는 신관을 발전시켰다.[47] 그들은 여전히 신의 존재를 확신하고, 세계를 창조하고 조성했을 유일신을 인정하였다. 그런 의미에서 전래의 신론과 다를 바가 없었다. 이신론자들의 신은 그렇다면 어떠한 점에서 구별되는가? 이신론자들이 인정하는 신은 세계를 창조하고 자연에 포괄적인 법칙을 부여했으나 나머지 문제들에 대해서는 과정에 맡겨두고 인간의 운명에 대해서는

---

47) 다양한 신관을 간단하게 소개하면 다음과 같다. ① 다신론(polytheism: 다수의 신이 존재하며, 분야마다 전문적인 신이 있다. ② 단일신론(honotheism): 다수의 신이 존재하지만, 부족의 신 하나만을 믿는다. ③ 유일신론(monotheism): 전능하고 완전한 인격으로서의 신은 단 하나다. ④ 이신론(deism): 신은 우주가 자기 법칙에 따라 운행되도록 창조한 후 간섭하지 않는다. ⑤ 범신론(pantheism): 자연 혹은 우주 전체가 바로 신이다. ⑥ 만유재신론(panenteism): 모든 것이 신 안에 있고, 신이 모든 것 안에 있다.

신경 쓰지 않는 그런 신이다. 그는 물론 한때 세계를 창조하였고 세계에 본성과 법칙을 부여하였다. 그러나 그는 중간에 끼어들거나 간섭할 일이 없도록 애초 세계에 완벽한 행로와 궤도를 설정해 두었다. 그 때문에 신은 세계와 인류를 더는 돌볼 필요가 없게 되었다. 오히려 신이 세계 안의 인간을 간섭하거나 방해해서는 곤란하다. 그것은 곧 인간의 자유를 구속하거나 세계를 지배하는 인간의 자율성을 제한하는 것이기 때문이다. 그는 순전히 피안의 신이요, 세계 이쪽에서는 아무것도 할 일이 없는 신이다. 여기 세상에서는 인간이 주인이다. 신은 세계 '밖' 혹은 '위'의 존재일 뿐이다. 이러한 이신론의 신은 전래의 신이 아니다. 그는 태초 우주의 건축사일 뿐 매일의 사건에 관여해서 배려하고 섭리하는 신은 아니다.[48]

데카르트 이후 등장한 기계론적 세계관에서도 신성의 의미와 비중이 완전히 배제된 것은 아니었다. 신의 지속적인 임재(臨在)와 개입이 필수적이지는 않지만, 신성의 존재는 전제되고 있었다. 왜냐면 일단 운동의 상태에 있는 자연은 그 운동을 지속시킬 수는 있지만, 그 운동이 촉발되기 위한 근원적 동인을 어디로부터인가 취해야만 하기 때문이었다. 그런 까닭에 삼라만상 물질 자연계의 창조주요 최초의 원인이며 그 운행을 촉발한 신을 인정하는 것은 합리적이다. 그러나 그런 다음의 신은 이후 자연계가 스스로 운동을 계속하게 내버려 두어야 한다. 이러한 생각은 라이프니츠에게서 시계 비유를 통해 설명되곤 하였다. 끊임없는 검사와 수정 작업을 요구하는 시계보다는 애초 정확히 조립되어서 더는 수리작업이 필요치 않은

---

48) 참조: N.M. 윌디어스, 『세계관과 신학』, 배영호 역, 수원가톨릭대학교출판부, 1998, 160-166.

시계가 나은 법이다. 이런 시계가 완전무결한 시계다. 완전한 신으로부터 창조된 세계라면 그것 또한 완전한 시계의 경우와 같이 중간 간섭이 필요 없도록 완전하게 설비되어 있어야 한다. 물론 라이프니츠 자신은 이신론의 추종자는 아니었고, 그가 창조세계에의 신의 개입을 거부한 것도 아니었다. 그러나 그의 생각은 사람들을 이신론적 신관에 기울게 하였다.[49]

계몽주의의 이신론에 이르러 신과 세계의 관계는 단절되었다. 세계에 대한 신의 역사(役事)는 거부되었다. 신과 피조물의 협력도 부인되었다. 그러기에 또한 세계사건에 대한 신의 섭리와 조종 및 이제까지 그리스도교 신학이 가르쳐 온 많은 내용이 인정되지 않았다. 신으로부터 자유로운 세계, 신 없는 세계라는 의미에서 이제 세계는 세속화되고 자신 안에 닫힌 게 되었다. 이 세계는 하느님을 필요로 하지도 않는다. 하느님과 함께할 일이 없다. 이신론은 한사코 세계 안으로 개입하는 일체의 초자연적 힘을 물리치고자 하였다. 계시와 기적, 육화와 구원 그리고 섭리와 기도는 거부되거나 달리 해설되었다. 성실하게 일해 오던 하느님은 여기서 안식일의 하느님으로 대체되었다(A. Koyré). 질투하고 화를 내는 하느님은 사라지고 그저 자애롭고 관용을 베푸는 하느님만 인정되었다. 이로부터 신과 인간의 관계는 많이도 달라지고 말았다. 여기서 신은 인간에게, 인간은 신에게 그 어떤 요구도 제기할 수 없다. 지옥이나 하늘의 상징적 의미도 사라지고, 기도

---

49) 참조: R. Boyle, *The Works of the Honourable Robert Boyle*, T.Birch(ed.), London 1772, 로버트 보일(1627-91)은 다음과 같이 말하고 있다. "우주는 스트라우스 대성당에 있는 진귀한 시계와 같다. 시계의 모든 부품은 절묘하게 고안되어 있어서 태엽을 일단 움직여 놓으면 그 나머지 것들은 장인의 원래 설계에 따라 움직이게 되어있다. 시계의 움직임은 장인이나 장인이 지정한 지능적인 작동요인의 특별한 간섭이 필요 없다."(163)

도 제거되었다. 사람이 기도를 올려서야 비로소 일하러 나서는 하느님이란 우습지 않은가. 기도와 전례 및 도대체 하느님을 숭배하는 모든 종교 행위는 미신이고 미몽으로서, 안녕과 보호 그리고 신의 도움을 간청하는 행위는 무가치하고 무의미한 것으로서 부정되었다. 그런 것들은 인간의 품위를 잃게 할 뿐이다. 사람들은 본성과 이성에 타당한 도덕만을 말하고 영위하고자 하였다. 예수에게서도 그저 인류를 위한 모범적인 도덕인 상을, 지고의 지혜와 인류애를 위해 목숨을 바친 모범적 스승 상을 볼 뿐이었다. 사람들은 예수와 소크라테스를 같은 선상에 놓고 이야기하였다. 종교는 윤리로 지양되거나 환원되었다. 또한, 철학을 비롯한 학문은 인류의 진보를 위해 실질적으로 이익을 가져올 수 있어야 한다. 종교 역시 그것이 실질적 이익을 주지 못한다면 별 가치가 없다. 종교는 인류의 도덕성 함양에 이바지하는 그만큼, 그 유용성의 정도만큼 의미가 있다.

3. 계몽주의의 완성

계몽주의는 기존의 전통과 권위체계에 위기를 불러왔다. 물론 이로부터 가장 큰 타격을 입은 것은 그리스도교였다. 그렇다면 그리스도교는 이에 어떻게 대처하였는가? 그것은 반응인가 적응인가? 그리스도교 편의 뒤늦은 대응은 알려진 바와 같다. 그만큼 중세의 스콜라 체계에 의지하는 마음과 신뢰가 강하고 오래갔다고 하겠다. 본서는 여기서 다만 철학이 신학자들에게 계몽주의의 자극을 적극적으로 활용할 수 있도록 기회를 주었음을 언급하고자 한다. 그것은 우선 이성 자체에 대한 검토 작업으로부터 시작되었는데, 제기되는 물음은 다음과 같았다. 계몽주의가 최고의 심급으로 내세우는 이성은 그 자체로 완벽한 것인가? 이성 자체에는 한계와 약점이 없는 것인가? 계몽주의의 추진 엔진이자 원리인 이성이 안고 있는 양의성(兩儀性)을 간과할 수 없다. 그 때문에 계몽 역시 양의적일 수밖에 없다. 이를 주목하고 체계적으로 파악한 이가 칸트(I. Kant 1724-1804)다.

중세 이래 관심을 끌던 신앙과 이성의 관계가 근대에 와서는 경험과 이성의 관계로 대치되고 있었다. 유럽 대륙의 합리론은 경험을 경시하는 가운데 본유관념을 인식의 원천으로 보고 이성의 연역 추리에 기대어 지식 체계를 세우려 하였다. 그러나 이로써 독단론의 위험에 빠질 수 있었다. 그에 반하여 영국의 경험론은 인식의 기원을 경험에서만 찾은 결과, 특히 흄에 이르러서는, 실체를 부정할 뿐 아니라 인과율의 객관적 타당성마저도 의심하는 회의론에 빠지고 있었다. 이에 따라 형이상학적 인식은 물론 자연과학적 인식의 확실성까지도 흔들리게 되었다. 이에 서양 정신이 자연과학의 확실성을 보증하는 한편 형이상학의 가능성도 확고히 정초해 두려면 이성의 능력을 다시 비판적으로 검토하여 보편타당한 근거를 새로이 정립해야 했다. 그것은 곧 합리론과 경험론을 비판적으로 종합하는 것을 의미했고, 칸트가 그 선봉에 선 것이었다. 그는 이성과 경험의 합당한 한계를 제시하는 것을 제1의 과제로 삼고, 그것을 이성의 자기비판을 통해 이룩하고자 하였다. 『순수이성비판』이 그 결과물이었다. 그는 인식이 경험으로부터 유래한다는 경험주의자들의 주장을 거부하지 않았다. 그러나 만일 인식이 경험으로부터만 유래한다면 인식의 확실성과 필연성은 성립될 수 없다. 여기서 칸트가 던지는 물음은 만일 우리의 인식이 경험에서 유래하면서도 동시에 경험에 앞서는 '선험적'(a priori)인 면을 인정한다면 인식의 객관적 타당성은 보장될 수 있지 않겠느냐는 것이었다. 그는 "선험적 종합판단은 어떻게 가능한가?"를 묻고, 그 해명을 순수이성의 과제로 삼았다. 그에게 관건은 인식의 대상이 아니라 대상에 관한 인식방식이다. 칸트는 이를 '초월론적'(transzendental) 인식이라고 하고, 그 체계를 '초월 철학'이라고 불렀다.[50] 인간은 감각을 통해 대상에 관한 자료와 정보를 입수한

---

50) 본래 '초월 철학'은 스콜라철학이나 형이상학에 어울릴 명칭인데 칸트는 정반대 이론을 펴면서 자기의 철학을 '초월 철학'이라 명명한 것이었다. 모든 개별 존재자들을 넘어서 있으면서도 각 존재자에게 필연적으로 속하는 절대자의 속성을 지시하는 '초월'을 인간의 의식 작용 또는 그 결과의 성격으로 규정함으로써 전통 (스콜라) 철학에 대한 칸트 본인의 지양과 무효화, 곧 코페르니쿠스적 전환을 돋보이게 하고자 한 것으로 해석된다. 칸트는 (그 자체로 있는) 객관은 (수용적인) 주관을 초월해 있는 것이 아니라, 주관인 우리가 객관으로 초월해나가 객관을 규정한다고 보는 것이다.

보통은 'transzendent'와 'tanszendental'의 어원이 같기에 스콜라철학에서처럼 '초월적'이라 부르고 교환하여 이해한다 해도 별반 어려움은 생기지 않았다. 그러나 칸트 이후 서구 철학이 'tanszendental'을 사용해온 예(셸링, 훗설, 하이데거 등)를 고려하면 이 용어의 한글 번역을 신중히 생각하게 된다. 칸트 본인 역시 두 용어를 상호 중첩해서 사용하기도 하였지만, 중요한 경우 각별하게 명시하고 있기에 유념할 필요가 있다. 칸트가 이 용어를 특별하게 설명하는 두 군데의 예를 소개하자면 아래와 같다. ①『순수이성 비판』에서 칸트 본인은 'transzendental'을 인식의 속성을 드러내는 개념으로 이해한다. "나는 대상이 아니라 대상이 선험적으로 가능해야 하는 한에서 대상에 대한 우리의 인식방식 일반을 다루는 모든 인식을 transzendental이라고 칭한다."("Ich nenne alle Erkenntnis transzendental, die sich nicht sowohl mit Gegenständen, sondern mit unserer Erkenntnisart von Gegenständen, insofern diese apriori möglich sein soll, überhaupt beschäftigt.") Kritik der reinen Vernunft, hg.v. Raymund Schmidt, Hamburg, 1956, B 25). 여기서 'transzendental'은, 인식의 방식에 관한 개념으로, 어떤 임의의 인식방식이 아니라 "대상이 선험적으로 가능해야 하는 한에서의 대상의 인식방식을" 주제나 내용으로 가질 때 적용된다. ② 칸트는『프롤레고메나』(Prolegomena)에서 부연하여 소개한다. "transzendental이라는 말은 […] 모든 경험을 초월하는 어떤 것을 뜻하지 않고, 경험에 (선험적으로) 선행하긴 하지만 오로지 경험적 인식을 가능케 하는 것이라고 규정된 어떤 것을 뜻한다."("'transzendental'[…] bedeutet nicht etwas, das über alle Erfahrung hinausgeht, sondern was vor ihr (a priori) zwar vorhergeht, aber doch zu nichts Mehrerem bestimmt ist, als lediglich Erfahrungserkenntnis möglich zu machen.") (Prolegomena zu einer jeden künftigen

다. 종래의 인식론은 여기서 거의 완료되지만, 칸트는 이 정보를 처리하기 위해 인간에게는 '오성'의 기능이 있음을 제시하였다. 인식 주체가 어떤 대상에 의해 촉발되면 감성이 직관적 표상을 받아들이고 오성이 그것을 개념적 사유로 가공함으로써 비로소 인식이 성립하는 것이다. 대상에 관한 정보를 이해할 때 오성은 일정한 테두리를 미리 준비해 두고 임하는데, 그 테두리는 경험에 앞서 선험적이다. 이 같은 오성의 카테고리(범주, 순수오성 개념)에는 12개 항목이 있다.[51] 또 감성에도 공간(서로 곁하여, 이웃하여 있음에 대한 표상)과 시간(서로 잇따라, 동시에 있음에 대한 표상)이라는 직관형식이 있다. 감성을 통해서 얻은 현상 정보를 오성이 카테고리라는 체로 걸러냄으로써 대상이 무엇인지를 알게 된다는 것이다. 이때 감성으로부터 주어지는

Metaphysik, die als Wissenschaft wird auftreten können, hg.v. Karl Vorländer, Hamburg, 1969, 1-4). 이를 종합하자면, '초월철학'이란 '경험 인식의 가능 원리인 의식의 초월성을 밝히는 철학' 또는 '경험 인식을 가능하게 하는 주관의 초월론적 조건을 해명하는 철학'을 말한다고 하겠다(참조: 백훈승, "우리말 칸트전집 간행과 관련된 목하의 논쟁과 관련하여", 「한겨레」. 2018.7.3.; 백종현, 『칸트와 헤겔의 철학』, 아카넷, 2010, 118-135). 이러한 배경을 지닌 'transzendental'이 국내 학계에서는 '초월적' '선험적' '정험적' '선정험적' '초절적' 등으로 번역되고 있으나 본의를 다 담아내지 못하는 것으로 보인다. 본서는 마찬가지로 오해의 여지가 없지 않으나 국내 가톨릭 학계에서 칭해 온대로 초월론적이라 번역하고, 그 구분을 상기하면서 '초월론적'이라 표기한다. 이와 더불어 본서는 칸트의 용어를 아래와 같이 대칭 번역하여 이해한다. a priori('선험적')↔a posteriori('후험적'), transzendent('초월적')↔immanent('내재적'). 이 용어들에 관한 분별은 20세기 가톨릭 신학계에 등장한 '초월 신학'을 이해하는 데에도 중요하기에 유념할 일이다.

51) ① 분량(Quantität): 단일성(Einheit), 다수성(Vielheit), 총체성(Allheit). ② 성질(Qualität): 실재성(Realität), 부정성(Negation), 제한성(Limitation). ③ 관계(Relation): 실체성(Substanz), 인과성(Kausalität), 상호성(Gemeinschaft). ④ 양상(Modalität): 가능성(Möglichkeit), 현존(Dasein), 필연성(Notwendigkeit). 칸트에 의하면 이 범주들은 각 개인이 제멋대로 내리는 판단의 형식이 아니라 모든 사람에게 공통된 것, 의식 일반, 선험적 통각이다. 이는 인간의 이성이 경험 이전에 간직하고 있는 순수한 개념들, 경험의 영향을 받지 않는 불변의 범주로서, 이들을 통해서만 인간의 이성은 보편적인 사유를 전개한다.

정보 없이는 아무것도 인식될 수 없지만, 마찬가지로 카테고리 혹은 개념을 쓰지 않고는 대상을 올바로 인식할 수가 없다. 결국은 감성과 오성의 맞춤에서 비로소 인식이 성립하는 것이다.[52] 이렇게 보편타당한 학적 인식이 성립하려면 인식주관의 감성과 오성의 선험적인 형식이 있어야 한다고 주장함으로써 칸트는 대륙의 합리주의와 영국의 경험론 모두에게 생명력을 준 것이었다.

여기서 그는 이제까지의 사고방식을 바꿀 것을 권한다. 즉, "일체의 인식은 대상을 따른다."라는 종래의 입장을 버리고 "대상이 인식을 따른다."라고 하라는 것이다. 이전의 인식론은 인식이 대상에 의해서 (일방적으로) 규정된다고 보았다('인식하는 자의 인식되는 것으로의 동일화'). 인식은 마음에 투영된 대상의 모습을 의식하는 것, 대상에 대해서 수동적으로 작용하는 것이었다. 그에 반해 칸트는 대상과 인식작용의 관계를 역전(逆轉)하여 인식은 대상에 의해서가 아니라 인식의 형식에 의해서 결정된다고, 객관이 주관에 반영되는 게 아니라 도리어 주관이 적극적으로 대상을 구성한다고 보았다('존재자의 지성에의 일치'). 그는 이를 코페르니쿠스의 전환에 비유하면서 인식은 이토록 능동적이라 하였다. 이로써 그의 철학은 세계와 사물이 그 자체로 그렇게 존재한다고 보는 실재론을 떠나 우리가 인식하는 한에

---

52) 참조: I. 칸트, 『순수이성비판』, II, 98. 임마누엘 칸트 저, 『별이 총총한 하늘 아래 약동하는 자유』, 빌헬름 바이셰델 엮음, 손동현, 김수배 역, 이학사, 2006, 216. "감성 없이는 대상이 주어지지 않고, 오성 없이는 대상이 사유되지 않는다. 내용 없는 사유는 공허하고, 개념 없는 직관은 맹목적이다. 대상의 개념을 감성화하는 일(개념에 직관되는 대상을 부여하는 일)과 대상의 직관을 오성화하는 일(직관 내용을 개념 안에 포섭하는 일)은 따라서 똑같이 필수적이다. 이 두 가지의 능력 내지는 힘은 그 기능을 서로 교환할 수 없다. 오성은 직관할 수 없고, 감성은 사유할 수 없다. 양자가 서로 결합함으로써만 인식을 산출할 수 있는 것이다."

서 그렇게 존재한다고 보는 관념론이 되고, 이를 통해 인간은 점차 창조자로 격상해 갔다.

이 지점에서 두 가지 점이 주목된다. ① 칸트는 '이성의 한계와 이율배반'을 주목하였다. 그는 회의주의를 거슬러 인식의 객관적 타당성을 훌륭히 방어해 냈지만, 그에게 있어 인식영역은 어디까지나 감성 영역, 곧 현상계에 국한되었다. 현상계 너머의 영역, 즉 감성에 들어오기 전의 물자체(物自體)는 알 수가 없다. 주관적인 추측이나 확신을 가질 수는 있지만, 객관적 지식은 가질 수 없다. 물 자체는 감성의 원인은 될 수 있지만, 감성에 들어오지 않고, 따라서 오성형식에 의해 구성되지를 않는다. 그 때문에 이른바 신, 자유, 영혼의 불멸에 관한 전통적 형이상학은 물론이고, '자연 신학적 신 존재 증명'과 안셀무스와 데카르트의 '존재론적 신 증명', 그리고 동시에 토마스아퀴나스의 '우주론적 신 증명'도 성립할 수가 없다. 현상세계에만 적용되는 인과율을 현상세계를 넘어서는 자기원인에까지 확대하는 것은 부적절하기 때문이다.[53] ② 그러나 칸트의 이러한 생각은 이성의 자립성을 절대시하는 합리주의에 가하는 비판이기도 하였다. 앞서 계몽과

---

53) 참조: I. 칸트, 『순수이성비판』, II 633. 임마누엘 칸트 저, 『별이 총총한 하늘 아래 약동하는 자유』, 같은 책 "신은 존재하며, 미래에도 생이 있다(즉 영혼은 불멸한다.)는 순수이성의 두 핵심 명제에 대해, 뛰어나고 사려 깊은 사람들이 지금까지의 이에 대한 증명이 지닌 약점들을 간파한 끝에 표명해 왔던 견해, 즉 이 명제들이 앞으로 언젠가는 확실하게 증명되리라고 기대해도 좋다는 견해에 나는 동조하지 않는다. 오히려 나는 그것의 증명이 앞으로도 가능하지 않으리라고 확신한다."(207). "형이상학을 통해 신의 개념 및 신 존재의 증명에 도달하기는 불가능하다."(같은 책, 207). 칸트는 "종교가 이성에 대하여 경솔하게 전쟁을 선포하는 경우 결국에 가서는 싸움에서 패하게 된다."라고 하였다(같은 책, 125). 이 점에서 칸트의 철학은 본질적으로 반형이상학적이었다는 평가를 받게 되었다. 참조: 백종현, 『칸트와 헤겔의 철학』, 아카넷, 2010.

철학이 동일한 게 아님이 언급되었다. 계몽이 철학의 필수요소이기는 하지만, 철학의 과제가 계몽의 과정에서 그치는 건 아니다. 철학은 동시에 계몽의 과정을 근거에 맞추어 파악하고, 그 목적과 한계를 알려주는 과제도 지니고 있다. 계몽주의를 계몽해야 할 과제를 수행하는 것이다. 계몽주의가 철학 안에서 완성된다는 말은 바로 이를 두고 하는 말이다. 여기서 우리는 계몽주의의 성취는 곧 극복이라고 말하게 된다. 계몽은 철학 안에서 자기 자신의 근본 원리에 맞추어 극복되는 것이다. 칸트의 철학이야말로 그에 대한 훌륭한 예였다. 그의 철학은 계몽주의의 절정이자 극복이었다. 칸트는 계몽주의를 완성하였다. 그리고 이러한 의미에서 그는 계몽주의를 극복한 계몽주의자였다. 이러한 칸트의 안목에서 우리는 계몽주의와 종교의 관계에 관한 개선된 견식을 얻고 식별하게 된다. 그가 성찰하는 계몽은 이성을 중시하되 절대시하지는 않는다. 그것은 이성을 넘는 이성, 이성의 한계를 아는 이성, 자기를 넘어서는 이성을 지향한다. 그 때문에 그의 계몽은 사람들이 '종교로부터' 벗어나게 하지 않고 '종교를 위해' 다시 생각하게 한다.

4. 요청되는 하느님(칸트)

칸트의 통찰이 이후 철학의 사조와 방향을 규정하게 되었다. "18세기 이후 모든 철학은 칸트라는 수원(水源)의 혈통을 잇고 칸트의 빛깔에 물들여지게"[54] 되었다. 칸트 이전으로 돌아가기는 어렵게 되었다. 그러나 그에

---

54) 백종현, 『칸트와 헤겔의 철학』, 아카넷, 2010, 18.

게서 신은 비 대상적 현상계로 밀려나 더는 만날 수도 체험될 수도 없게 되었다. 이 점으로 말미암아 하이네가 칸트에게서는 신이 죽어 있다고 말했거니와 사람들은 칸트의 철학 안에는 가톨릭 사상을 적대하는 요소가 있다고 지적해 왔다. 가톨릭 신학에서 칸트는 '파괴자'로 지목되고, 또 그러한 이유로 늘 '프로테스탄트 철학자'로 열거되기도 했다. 그의 전통적 신 증명에 대한 비판이 신 신앙을 무너트리는 인상을 주기 때문이었다.[55] 그러나 그러한 비난은 『순수이성비판』 부분만을 주목함으로써 신에 관한 물음이 또 다른 맥락에서 훌륭하게 제기된 사실을 간과한 데에서 생겨난 오해일 뿐이다. 칸트 자신이 제기한 철학의 기본 물음들("나는 무엇을 알 수 있는가? 나는 무엇을 해야 하는가? 나는 무엇을 바라도 좋은가?")을 살펴보면 그것은 곧 드러난다.

"나는 무엇을 알 수 있는가?"라는 인식론과 관련하여 칸트는, 앞서와 같은 이유로, 신은 긍정적으로 인식되지 않는다고 보았다. 칸트가 제시하는 전제와 조건에 닿는 엄격한 의미에서의 필연적이고 보편타당한 인식은 다만 자연과학과 수학에만 있을 뿐이다. 거기서만 앎과 인식을 위한 필수 조건이 갖추어져 있기 때문이다. 여기서 신이 인식되거나 증명되지 않는다는 것은 명백하다. 그러나 순수이성에 대한 이러한 비판은 다만 "나는 무엇을 알 수 있는가?"라는 첫 번째 물음에 대한 대답일 뿐이다. 이성이 하느님을 인식할 수 없다고 해서 그 사실로 '만사의 근원이요 최고 본질'로서의 하느님의 실재가 부정되는 건 아니다. 달리 말해, 하느님이 이론적으로 증명되지 않는다고 해서 곧 하느님의 존재가 부정되거나 신앙이 폐기되는 것은

---

55) 참조: H. Fries, *Fundamentaltheologie*, Graz/Wien/Köln, 1985, 37-42.

아니다.[56] 그의 말대로 순수이성이 신을 파악할 수는 없다. 신이 경험적으로 객관화되는 존재가 아니기 때문이다. 그러나 실천이성과 판단력의 차원에서는 최고선(summum bonum)으로서의 신이념이 요구된다. 우리가 생후의 심판과 정화를 바라지 않을 수 없기에 신의 존재를 추정하는 것은 윤리적으로 필연적이다. 여기서 "하나의 도덕적 세계창시자, 다시 말해 신의 현존을 상정하지 않을 수 없다."[57] 그런 의미에서 신이념이 여기 실천이성에서는 사고 자체의 조건 속에 놓여 있다고 말하게 된다. 칸트는 그 초석을 『실천이성비판』과 『단순한 이성의 한계 내에서의 종교』에서 구축하였다.[58]

칸트에 따르면 인간의 도덕 행위에서 무조건적 절대적인 그 어떤 것이 모습을 드러낸다. 사람은 사회 규범이 무엇인지, 혹은 타당한 도덕 규범이 무엇인지를 묻기 이전에 이미 일종의 기초적 규범에 따라 살고 있다.[59] 칸트는 이러한 기초규범을 "도덕법칙의 직접적 의식", 더는 물을 필요가 없는 "이성의 사실"이라 부르고,[60] 인간이 타인을 자기와 같은 인간존재로서, 즉 이성의 본질로 간주하는 곳에서는 이미 이 규범이 받아들여지고 있는 것이라 하였다. 칸트는 그것을 '정언적(定言的) 명령'이라 불렀다. 그것은

---

56) 이런 맥락에서 칸트의 비판은 교조적, 독단적 무신론에도 걸림돌이 된다.
57) 재인용: 백종현, 칸트와 헤겔의 철학, 앞의 책, 392(I. Kant, *Kritik der Urteilskraft*, B429.).
58) 참조: I. Kant, *Kritik der praktischen Vernunft*, 특히 단원 'über die Postulate der reinen praktischen Vernunft überhaupt', Philos. Bibl. Bd. 38, Hamburg, 1967, 36f; I. Kant, *Religion innerhalb der Grenzen der bloßen Vernunft*, 1793. Akad. -Ausgabe, Bd. VI. -Philos. Bibl., Bd. 45, Hamburg, 1978.
59) 참조: H.M. Baumgartner, "Einführung in die Diskussion", W. Oelmüller (Hg.), *Normen und Geschichte* (= Materialien zur Normendiskussion, Bd. 3), Paderborn, 1979, 286-297.
60) I. Kant, *Kritik der praktischen Vernunft*, §7. Philos. Bibl., Bd. 38, Hamburg, 1967, 36f.

인간에게 자명하고 필연적이어서 인간이라면 누구나 당연히 그것을 알고 의무로 인지하고 있다. 그것은 인간존재 안에 이미 내재하는, 그러기에 누구나 자기 본질로 긍정하는 절대 법칙이다. 그 명령은 가언적이지 않고 정언적이다. 정언명령은 그 어떤 흥미나 취미 혹은 물질적 승패를 통해 동기 유발되는 것이 아니다. 인간은 그것을 따르는 것이 의무임을 느낄 뿐, 개인의 성취나 업적, 혹은 행복을 위한 게 아니다. 도덕의 준수는 그저 의무이다. 칸트는 이러한 정언명령의 내용을 설명하지 않고 다음과 같이 그 형식을 묘사한다. 그것은 ① "네 행위의 준칙이 네 의지로 보편적 자연법칙이 되어야 하는 것처럼, 그렇게 행위하라"[61](보편화의 원칙). ② "너 자신의 인격에서나 다른 모든 이의 인격에서 인간을 목적으로 대하고 결코 한낱 수단으로 사용하지 않도록, 그렇게 행동하라"[62](인격성의 원칙, 목적성의 원칙). "인간이 욕구하고 처리할 수 있는 모든 것은 수단으로서 단순히 이용될 수 있다. 그러나 인간과 그에 결부된 모든 이성적 피조물만은 그 자체로 목적이다. 즉, 그는 윤리 법칙의 주체요, 주체로서 거룩하다."[63] 정언명령의 요구

---

61) I. 칸트, 『실천이성비판』, 학술원판 전집 5권, 30. "Handle so, daß die Maxime deines Willens jederzeit zugleich als Prinzip einer allgemeinen Gesetzgebung gelten könne."

62) I. 칸트, 『도덕형이상학의 정초』, 학술원판 전집 4권, 30. "Handle so, daß du die Menschheit sowohl in deiner Person, als in der Person eines jeden anderen jederzeit zugleich als Zweck niemals als Mittel brauchst."

63) 『판단력 비판』에 따르면 계몽주의는 세 가지 격언으로 정리된다. 스스로 생각하고, 타인의 처지에서 생각하며, 자기 자신과 동의하면서 생각하라. 이 같은 순서에서도 계몽주의의 정신이 배어 나온다. 즉, 첫걸음으로서의 자기 사고를 넘어서 자신을 현실화해 가는 이성, 타인에 관해 도덕법칙의 사실에 관련된 이성, 그리고 이념에 실천적 현실을 부여하는 이성. 참조: § 40. Akad. -Ausgabe, Bd. V, 294f; Philos. Bibl., Bd. 39a, Hamburg, 1974, 144 이하.

를 인간은 무조건적 절대적인 요구로서, '거룩한 의무'로서 경험한다. 이를 위한 도구와 능력이 실천이성이요 선한 의지, 즉 양심이다. 이로써 이론적 순수이성으로는 만나지 못하는 영역, 그러나 덜 실제적이라 할 수 없는 중요한 영역이 언급되었다. 그런데 이 윤리 차원은 보증과 근거 확립을 요구한다. 무조건의 절대자, 거룩한 자를 요구하는 것이다. "최고의 선이 (최선의 세계에서) 가능해야 한다는 요청은, 동시에 최고의 근원적인 선이 현실적이어야 한다는 요청, 즉 신의 존재에 대한 요청이다. 최고선을 촉진하는 것이 우리의 의무고, 최고선의 가능성을 전제하는 것은 정당한 권한일 뿐만 아니라, 요구되는 의무와도 결합하는 필연성이다. 최고선은 신이 존재한다는 전제하에서만 가능하기에 신이 존재한다는 전제는 의무와 굳게 합치한다. 즉 신의 존재를 상정하는 것은 도덕적으로 필연적인 일이다."[64] 이와 더불어 "최고선은 영혼이 불멸한다는 전제하에서만 실천적으로 가능하다. 따라서 영혼 불멸은 도덕법칙과 떼려야 뗄 수 없는 관계에 있으며, 순수 실천이성의 요청인 것이다."[65] 칸트는 행동하는 이성의 요청, 실천이성의 요청, 도덕 행위의 요청으로서의 자유, 영혼 불멸, 절대자의 존재에 대한 이러한 사고를 신앙이라고도 불렀다.

---

64) I. 칸트, 『실천이성비판』, IV 256; 『별이 총총한 하늘 아래 약동하는 자유』, 115.
65) 같은 책, 111.

5. 윤리의 보루로서의 하느님

칸트는 윤리를 보증하고 책임지는 자로서 하느님을 요청하였다. 이때 '요청되는' 하느님이라 해서 하느님은 그저 이념으로 필요할 뿐 실제로는 존재하지 않는다는 게 아니다. 칸트는 다만 하느님에 이르는 길이 이론적 인식이 아니라 실천이성의 요청을 통해서, 즉 신앙을 통해서 열린다고 말하는 것이다. 무조건적 의무의 사실, 그리고 윤리와 행복의 연계 사실은 불가피하게 자연과 인간을 넘어서는 하느님을 그 윤리 행동의 전제로서 상정하게 한다는 것, 윤리 법칙이 최고선의 가능성으로서 신의 존재를 필수적으로 요청한다는 것이다. 인간의 의지와 상관없이 돌아가는 자연을 지배하고 통치할 뿐 아니라 역사의 사건과 우연적인 인간사 전체를 알고 있고 자신의 도구로 사용하는 전능자의 존재를 가정할 때라야 비로소 윤리 체계가 보증되는 것이다. 이에 따르면 신앙은, 이야말로 중요한 사실이거니와, 지식의 어떤 결함 있는 양식이 아니라, 윤리와 그 전제의 실재성을 알아채는 고유하고 특별한 방식이다. 신앙은 실천이성에 근거하고 실천이성에 의해 고양된다.[66] 신앙의 자리를 마련하려는 칸트의 의지와 사색이 도덕에서 채워지는 것이다. 칸트 철학의 심장은 윤리이다. 그는 종교를 일종의 도덕적 의무로 바꾸어 생각하였다. 윤리의 의미, 곧 도덕과 행복의 일치를 믿는 이는 신을 믿는 자다. 하느님은 윤리 질서의 창시자이고, 교회는

---

66) '요청'(Postulat)은 이론적 관점에서는 학적으로 배제되어 있음에도 불구하고 실천적 관점에서는 오히려 결연적임을 나타내는 개념이다. 여기에서 칸트의 '실천이성의 우위'(Primat der praktischen Vernunft)를 본다. 칸트에게 수위권은 앎에 있는 것이 아니라 의지에, 즉 실천이성에 있다.

도덕 공동체이다. "나는 무엇을 소망할 수 있는가?" 세계를 궁극적으로 선하게 통치하는 신의 존재를 바라고 내세의 삶이 지속하기를 바랄 수 있다는 게 칸트의 대답이다.

그러나 칸트에게서는 종교가 윤리에 귀속되고 환원될 위험이 있었다. 그는 신의 존재는 인류 도덕의 성립에 쓸모가 있고 요긴하다고, 신의 현존은 인간의 도덕적 소명을 위해 논증되는 것이고[67], 중요한 것은 신의 본성이나 속성이 아니라 도덕적 심급으로서의 신이 우리에게 무엇을 의미하는가를 아는 것이라고 보았다. 신의 불변성이나 전지전능은 도덕적 관계를 위해 상정되는 것이다. "(도덕) 관계가 없다면 우리는 신에 대하여 아무 것도 인식할 수 없다."[68] 종교나 신학은 자신의 이론이나 지식을 확장하고 교정하기 위해서가 아니라 오로지 이성의 실천적인, 도덕적인 사용을 위해 필요하다는 것이다. "이성을 그저 사변적으로 사용하려고 하는 모든 시도는 신학과 관련해서는 쓸모없는 일이요 이성 자체의 내적 본성에 비추어 보더라도 공허한 것이다. 또 이성을 자연적으로 사용하는 원리들은 결코 신학에 나아가지 않는다. 그래서 도덕 법칙들을 근저에 두거나 단서로 삼지 않는 한, 이성의 신학은 어느 곳에서도 성립할 수 없다. 이것이 나의 주장이다."[69] 이것이 칸트가 종교를 윤리의 차원으로 끌어내렸다는 평가를 받는 이유다. "종교란 신에 대한 인식에 적용되는 도덕이다."[70] 칸트는 "인

---

67) 참조: I. Kant, *Krizik der Urteilskraft*, B478(『판단력비판』, 백종현 역, 아카넷, 2009).
68) I. 칸트, 『단순한 이성의 한계 내에서의 종교』, IV 806; 『별이 총총한 하늘 아래 약동하는 자유』, 117.
69) I. 칸트, 『순수이성비판』, II 559; 『별이 총총한 하늘 아래 약동하는 자유』, 208.
70) I. 칸트, 『교육학』, VI 756; 『별이 총총한 하늘 아래 약동하는 자유』, 121.

간의 인식적 이성의 종교를 도덕적 이성의 종교로 제한시켰다. 그리하여 종교는 인간 이성의 한계 안에 머물게 되었다. 이것이야말로 종교에 있어서 코페르니쿠스적 전환이었다[…]. 여기서 종교의 독자성이 없어졌다. 종교적인 것은 도덕적인 것을 의미했다."[71]

칸트의 생각은 분명 그리스도교의 신앙과는 구별된다. 그의 실천이성에 부합하는 신이란 천지의 창조주이자 도덕의 입법자, 인류의 지배자이자 윤리의 부양자, 신성 법칙의 주재자이자 공정한 심판자이고, 이 사실을 알리는 것이 계시다.[72] 칸트에게 예수 그리스도는 신성한 존재, 존재의 원상(原像 Urbild)이요 원형(原型 archetype)이라기보다는 도덕적으로 완전한 인간의 본보기요 그 상징이다. "칸트의 종교철학은 도덕철학의 부록이고, 그의 실천철학에 의해 규정된다. 종교는 도덕 명령을 성취하기 위한 연장(도구)"[73], "도덕이 자기를 표현하는 보조(수단)"[74]에 지나지 않는다. 이렇게 윤리의 수위를 강조한 칸트가 19세기의 철학자들에게 미친 영향은 막대하였다. 피히테도 윤리적 정언명령을 우선시하였다. 피히테는 결과를 계산하지 않고 자기에게 부여된 의무를 다할 때 그 안에 신이 살아 실재한다고 보았다. "살아 작용하는 저 도덕적 질서 자체가 곧 신이다. 우리는 다른 어떤 신도 필요하지 않고 달리 하느님을 파악할 수도 없다."[75] 그에게 종교는

---

71) 박봉랑, 『신의 세속화』, 대한기독교출판사, 1983, 610.
72) 참조: I. 칸트, 『단순한 이성의 한계 내에서의 종교』, IV 806; 『별이 총총한 하늘 아래 약동하는 자유』, 118.
73) 폴 틸리히, 『19-20세기 프로테스탄트 사상사』, 송기득 역, 한국신학연구소, 1980, 116; 181.
74) 같은 책, 266.
75) Über den Grund unseres Glaubens an eine göttliche Weltregierung, Zur Religionsphilosophie,

도덕적 세계질서에 대한 신앙이고, 교회는 도덕적으로 행동하는 이들의 공동체, 곧 윤리 공동체다. 계시도 도덕법칙에 어긋난다면 계시일 수 없다. 이런 발언으로 인해 무신론자란 혐의를 받았던 피히테는 진짜 무신론자란 자기 양심의 소리에 복종하지 않는 자라고 반박하였다. 칸트와 피히테가 종교를 윤리로 환원하는 바를 우려하는 이들과 달리 개신교의 일부 자유주의 신학자들은 그것은 도리어 윤리를 종교로 고양한 것이라고 우호적으로 보고, 윤리신학이 그리스도교 신학에 새로운 생명력을 줄 것으로 기대하기도 하였다.

6. 검토와 성찰

1) 계몽의 계몽?

역설적으로, 계몽은 자기 자신에 의해 계몽될 때 정점에 달하게 된다는 것을 칸트를 통해 보았다. 계몽은 철학 성찰에 있어 필수적이다. 그러나 계몽을 직접 철학과 동일시할 수는 없다. 철학은 계몽을 두루 관철하는 가운데 그 계몽을 완성하는 다른 것이다.[76] 성찰 과정 중에 있는 한, 즉 철학에 연계되어 진행되는 한 계몽은 신화로 추락하지 않는다. 철학 성찰의 국면으로서만 계몽은 자기 본질에 달하고 자기 본연의 진리를 실현하는 것

---

ein fotomechanischer Nachdruck von Jahann Gottlieb Fichtes sämmtliche Werke, I. H. Fichte(Hg.), Berlin, 1845-1846, V, 177-189, 186.

76) 참조: H.M. Baumgartner, "Einführung in die Diskussion", *Normen und Geschichte* (= Materialien zur Normendiskussion, Bd. 3), W. Oelmüller(Hg.), Paderborn, 1979, 29.

이다. 픽트(G. Picht)의 말대로 계몽주의는 이성에 대한 계몽으로써 완성된다. "계몽된 이성은 자기 자신을 끊임없이 점검하는 이성이요 자신의 한계를 의식하는 이성이다."[77] '이성의 이성다움'을 빚어내는 데에 계몽의 과제가 있는 것이다. 특히 호크하이머(M. Horkheimer)와 아도르노(Th.W. Adorno)는 근대의 계몽주의가 이성과 인간의 해방을 내세웠지만, 전체주의적 억압과 세계대전, 가공할 핵무기의 생산과 생태계 파괴라는 비참한 결과를 불러온 역설을 지적하고 '계몽의 변증법'이라고 불렀다.[78] 이후 계몽주의는 전과는 달리 평가되고 있다.

계몽은 칸트의 방식에 따라 진행되는 경우 신앙에도 긍정적으로 작용한다. 신앙과 계몽, 초자연주의와 자연주의, 신앙주의와 합리주의, 계시종교와 자연종교는 긴장 속에 근대를 맞이하고 성장했다. 이 역사 과정이 계몽주의와 계시 신앙 모두에게 체계적 해명능력과 분별력을 쌓도록 이끌었음을 간과할 수 없다. 이러한 상황에서 승패를 이야기하는 건 적절하지 않을 것이다. 헤겔이 밝혔듯이, 계몽을 배제한 종교, 혹은 이성을 제외한 신앙을 생각하는 일은 그 역과 마찬가지로, 즉 종교를 배제한 계몽, 혹은 계시를 제외한 이성에 관하여 이야기하는 것과 같이 의미 없는 일이다. 다름 아닌 근대의 역사가 그 둘의 필연적 상호귀속을 보여주었다. 둘 모두가 공조하는 관계 속에서 더 훌륭히 그리고 순정하게 자신들을 연마한 것이었

---

77) G. Picht, "Aufklärung und Offenbarung"(1966), G. Picht(Hg.), *Wahrheit, Vernunft, Verantwortung. Philosophische Studien*, Stuttgart, 1969, 183-202, 191; 참조: G. Picht, "Was heißt aufgeklärtes Denken?", *Zeitschrift für evangelische Ethik* II, 1967, 218-230.

78) 참조: Th.W. Adorno, M. Horkheimer, *Dialektik der Aufklärung*(1944), Frankfurt a.M. 1969(『계몽의 변증법』, 김유동, 주경식, 이상훈 역, 문예출판사, 1995).

다.[79] 근대는 신앙과 이성이 갈등과 마찰을 이겨내고 이윽고 화해와 조화를 찾아내던 연수의 기간이었다.

계몽은 한때의 개념이 아니라 인류에게 주어진 지속적인 소명이다. 신앙과 계시 역시 끊임없이 계몽을 통하여 자기 관심사를 깊이 인식하고 명료화할 것을 요청받고 있다. 만일 계시가 진정 하느님의 자기 전달이고자 한다면, 자신을 계몽의 과정에 내어 맡길 용기를 가져야 할 것이다. 계시가 계몽에 다가갈수록 그만큼 더 계시의 고유성과 소명은 혼동되지 않을 것이다. '계몽과 계시'라는 얼핏 서로 이질적으로 보이는 개념들을 연결하는 '과'라는 연결어는 그러기에 (악마와 천사처럼) 다만 외적으로 병존하거나 상반한다는 의미로 이해될 것이 아니라 (아기와 엄마처럼) 내적으로 깊숙이 맞물려 있는 연계의 의미로 이해되어야 한다. 계몽과 계시의 관계는 아주 긴밀하다. 그들은 모두, 비록 서로 다른 방식으로 인해 경쟁할지언정, 진리의 베일을 벗겨 밝히고자 한다. 세속적 혹은 성스러운 전망으로 둘이 분리되기는 하지만, 모두가 궁극적으로는 인간의 해방과 구원을 위해 봉사하는

---

79) 참조: Max Seckler, "Aufklärung und Offenbarung", F. Böckle, F-X. Kaufmann, K. Rahner, B. Welte(Hg.), *Christlicher Glaube in moderner Gesellschaft*, Bd.21, 5-78. 종교는 계몽을 통해 자기를 절대시하는 위험에서 벗어날 뿐만 아니라 동시에 본연의 자신에게로 해방된다. 계몽은 이성을 자율적으로 파악하게 할 뿐 아니라 그 한계를 인식하게 한다. 마찬가지로 종교가 감당할 수 없는 경쟁을 지양하게 함으로써 짐을 벗게 한다. 자연과학이나 철학이 진정 이성적이라면 종교를 경쟁자로 대해서는 안 된다. 철학도 종교도 각자의 능력과 한계를 주의하고 서로 진실한 벗으로 여길 수밖에 없다. 칸트에게 있어 종교는 과학에도 철학에도 모순되지 않는다. 종교는 인간의 삶과 세계의 운명이 지닌 절대적 의미를 통찰하게 한다. 철학은 계몽을 통해 자신의 고유한 역할과 책임을 성찰하고 제한하는 중에 종교에 본연의 장소를 중개하고, 인간 이성의 조건을 넘어서 종교를 긍정할 가능성을 마련해 준다. 종교, 과학 그리고 철학은 그 때문에 원리상 상호 보완의 관계에 있지 모순의 관계에 있지 않다.

것이다.

2) 실재의 단일성과 차원의 다양성

인간은 이성적으로 사는 법을 배우며 성장한다. 인간이 과학을 통해 계몽되고, 이성을 동원하여 자연법칙과 사회관계를 습득해 가는 것은 지극히 옳을 뿐 아니라 당연한 과정이다. 그러나 이성을 절대시할 수는 없다. 이성 자체가 한계를 안고 있을뿐더러 인간의 삶은 그 이상의 것이기 때문이다. 이성과 함께 감정이, 방법적-합리적 인식과 함께 직관적-전체적 의지가 균형 있게 고려되어야 한다. 근대인은 명증성과 정확성을 이념처럼 추구하고, 가능한 한 수학의 방식으로 접근하여 문제들을 해결하려 하였다. 과학의 탐구는 중립적인 시각과 적확한 방법, 객관성과 몰가치성을 전제한다. 그래서 대상과 문제를 수량화, 형태화한다. 그러나 바로 그 때문에 근대인은 인간의 또 다른 차원을 놓치곤 하였다. 인간은 수학 그 이상의 존재이다. 수량과 형태만으로는 질적인 세계, 특히 인간의 미소와 유머, 고민과 예술, 애간장과 희열, 역설과 신비를 포함한 전체 인간을 파악하거나 표현할 수가 없다. 실재는 수학적 자연과학적 차원만이 아니라 다양한 차원들을 품고 있다. 그러기에 과학의 결과는 늘 실재 전체, 사회적 책임을 염두에 두어야 참된 의미를 지닌다. 과학은 참다운 인간화를 위한 도구이고 수단일 뿐, 자기를 목적으로 삼아서는 안 된다. 참된 과학의 방법은 신학과 철학에도 도움이 된다. 그것은 철학과 신학이 문제를 최대한 명확하게 진술하고, 개념과 논리를 정확히 하며, 여러 해결안을 비판적으로 고찰하게 한다. 이러한 의미에서 신학도, 적어도 서투른 철학이나 순진한 도덕이 아니라 어엿한 독립 학문이 되고자 한다면, 합리적으로, 즉 지성적 책임

속에 비판적으로 연마되어야 한다. 문제는 진리다. 그런데 누가 진리를 소유하고 있다고 자부할 수 있는가? 자연과학자들도 그들이 최종의 진리를 단정적으로 제시할 수 없음을 인정하고 있다. 그들은 취해진 입장을 다시 수정하고, 어떤 경우에는 온전히 취소할 용의를 갖추고 있다. 실제로 계몽주의를 주도하던 철학자들(데카르트, 스피노자, 라이프니쯔, 볼테르, 레씽, 칸트) 뿐 아니라 자연과학자들(코페르니쿠스, 케플러, 갈릴레이, 뉴턴)도 이성의 차원 이외의 다른 차원들을 부인하지 않았다. 진리를 위해 몸부림치는 신학자도 진리를 단정적으로 소유하고 있는 것은 아니다. 그 역시 그저 진리에 접근해 갈 뿐, 시행과 착오를 통해 배우고, 그러기에 입장을 수정할 용의를 갖추고 있어야 한다. 무슨 얘기인가? (데카르트처럼) '합리성'을 추구하되 (파스칼처럼) '합리주의'는 반대할 일인 것이다. 이 구별은 이미 중세 신학에서도 상식처럼 일반화되어 있었다.

실재는 다차원적이고 다층적이다. 어느 한 차원이나 양상, 수준이나 관점에 대한 절대화는 곧 편협과 독단을 지적당한다. 물론 반대로 다양한 층과 면이 있다고 해서 아예 실재를 다양한 것으로 쪼개고 분리해서는 안 된다. 여러 국면과 차원을 포괄하는 일성(一性 Einheit), 곧 전체, 총체가 간과되어서는 안 된다. 다양한 관점과 전망, 다양한 차원과 언어가 인정되지만, 관건은 하나의 실재이다. 주관과 객관, 정신과 물질, 영혼과 육신, 그리고 이성과 신앙, 철학과 신학 등 여러 차원에서 바라볼 수는 있으나 실재의 일성을, 그것이 비록 은유나 비유를 통해 진술되는 것일지라도, 망각해서는 안 되는 것이다. 봐이쉐델(W. Weischedel)의 다음과 같은 말은 의미가 깊다. "참된 것은 다양한 방식으로 만나질 수 있고, 그에 따라 매우 다양한 성격을 지녀 보일 수 있다. 원자 물리학자의 실재는 플라톤주의자의 실재와는 다른 것이고, 일상적 실재는 종교적 체험 실재와는 다른 것이다. 말하자면 내용에 있어 실재는 나뉘어 있다. 그것은 각 관점에 따라 자신을 다양화하여 달리 드러낸다. 물론 주지하다시피 여러 실재가 있는 게 아니라, 매우 다양한 실재의 국면들이 있는 것이다. 이것이 의미하는 바가 있다. 실재의 어느 한 가지 특정한 전망을 절대화해서도 안 되거니와 할 수도 없다. 왜냐면 그러고 나면 또 다른 전망이 들고일어나므로."[80] 변화 중의 실재를 있는 그대로 도착하기 위해서는 가능한 한 많은 곧 앞과 뒤, 오른쪽과 왼쪽, 위와 아래에서 두루 살피는 관점을 동원하되 주어진 전망을 모두 받아들여 전체적 입체적으로 구성함으로써 상대주의의 늪과 체념에 빠지지 않는 이른바 관점주의(Perspektivismus)가 오늘날 동의를 얻고 있는 편이다.

---

80) W. Weischedel, "Was heißt Wirklichkeit?", G. Ebeling-F. Jüngel-G. Schunack(Hg.), *Festschrift für Ernst Fuchs*, Tübingen 1973, 337-345, 343; 참조: Raphael Schulte, "Schöpfungsglaube und naturwissenschaftliches Weltbild", G. Pöltner, H. Vetter(Hg.), *Naturwissenschaft und Glaube*, Wien/München, 1984, 25-39, 35; Karl Jaspers, 『현대의 이성과 반이성』 *Vernunft und Widervernunft in unserer Zeit*, 황문수 역, 문예출판, 1974, 32f; H. Küng, *Existiert Gott? Antwort auf die Gottesfrage der Neuzeit*, München Zürich, 1978, 153; 하젠휘틀, 『하느님』, 심상태 역, 성바오로출판사, 1983 "한 하느님, 그러나 우리는 발생하는 하느님에게 각기 다르게 압도당하고 하느님의 전권을 서로 다르게 체험한다."(195).

제3장

종교 – 철학

헤겔

"철학 안에는 모든 것이 들어있다."

개신교인들은 성경에 기대어 가톨릭교회를 비판했고, 계몽주의자들은 이성에 기대어 그 성경을 비판하였다. 그리고 곧 사람들은 이성조차 진리의 완벽한 수단이 아님을 깨달았다. 계시도 이성도 다 신뢰할 수 없게 된 것이다. 믿었던 보루가 무너지고 사방이 불확실할 때 사람들의 생각은 어디에 가닿을까? 우리는 근대의 계몽주의가 전체적으로는 종교를 비판하는 양상으로 전개된 사실을 우려하고 좀 더 종합적인 차원에서 해결점을 모색하던 헤겔(Georg Friedrich Wilhelm Hegel 1770-1831)의 사유를 듣고자 한다. 근대정신의 갖가지 흐름, 상호 모순되고 대립하는 사유의 갈래들을 포용하여 하나의 전체 안에 체계화한 헤겔의 노력은 실로 위대한 것이었다. 그의 안목은 날카롭고 예리하면서도 굵직하고 포괄적이었다. 그는 '정신' '이념' '이성' '절대자' 등 형이상학의 용어를 통해 하느님을 세계와 역사를 다스리는 주체로서 인식하는 것을 관건으로 삼았다. 그의 역사철학은 종교

철학이요, 신학이었다. 헤겔은 역사를 절대자의 자기현시, 자기실현의 과정으로 파악함으로써 관념론적으로나마 일원화하고 방대한 체계를 수립하여 독일 고전 철학을 완성한 사상가요, 데카르트 이후 이성적 비판으로 점철하던 근대를 집대성하고 마무리한 사상가로 평가되고 있다.[31] 어떠한 점에서 그의 생각이 근대를 정리했다는 것인가? 그 표지와 신호는 무엇이며, 종교의 역할은 무엇이었는가? 여기서 우리는 이원론의 분열과 대립을 넘어 변증법적 통합을, 이신론을 넘어 만유재신론을, 신학을 넘어 철학을 논하는 그의 사유의 방식과 내용을 검토하고자 한다.

1. 이원론에 관한 고심

헤겔은 근대인이 이원론적 대립과 갈등 때문에 불행을 겪고 있다고 보았다. 사실 고대로부터 인류가 세상을 쉽고 간편하게 이해하고 설명하는 방법은 이원론이었다. 플라톤은 헤라클레이토스의 '운동'과 파르메니데스의 '존재'를 중재하는 가운데 서양 정신사에 실재의 이원성을 도입하였다. 그는 그릇되고 사악하며, 조각나고 감각적인 세계(헤라클레이토스)와 참되고 선하며, 하나이요 정신적인 세계(파르메니데스)를 구별하면서도 하나로 종합하였다. 그러나 그것은 선에 대한 최고의 이념을 갖춘 천상세계

---

81) 참조: 폴 틸리히, 『프로테스탄트 사상사』, 송기득 역, 한국신학연구소, 1980. "아무도 헤겔만큼 철저하게 그리고 헤겔만큼의 힘을 가지고 이 종합을 시도해 본 사람은 없다. 칸트는 비판이란 면에서는 헤겔보다 더 깊은 사상가였지만, […] 칸트 이상으로 철학사와 종교사와 정치에 있어서 한 시대의 새 기원을 이루었던 것은 헤겔이었다."(146)

와 사악한 물질로 이루어진 감각 세계를 극명하게 분리하는 하나였다. 분립과 반립을 고스란히 안고 있는 그의 체계는 시대의 해결이자 동시에 문제였다. 아리스토텔레스는 플라톤의 초 세계 이념을 이 세상 안으로 끌어내렸다. 그러나 신과 세계 사이에 극복하기 힘든 거리가 있기는 마찬가지였다. 신과 세계 간에는 실질적 연관이 없다. 세계와의 연관성 자체가 순수 신적 존재(actus purus)에게는 결함을 의미하는 것이기 때문이었다. 플로티노스도 신을 세계에서 분리하여 생각하였다. 세계는 신으로부터 흘러나온 폐물이다. 물질과 육신은 사악하며 인간은 그로부터 해방되어야 한다. 중세의 그리스도교 신학은 다르면서도 완전히 다르지는 않은 하느님과 인간의 관계를 서술하는데 유비론을 활용하였고, 그로써 희랍 이원론의 한계와 위험을 어느 정도 벗어날 수 있었다. 교부들에게 신은 바로 세계를 초월하는 까닭에 세계 내재적이었다. 그러나 그리스도교 신학과 영성도 다방면으로 이원론에 사로잡혀 있었다. 급기야 칸트는 대상 그 자체에 대한 인식 가능성을 차단하는 가운데 유한과 무한 사이에다 넘을 수 없는 심연을 파놓았다. 서양인들은 이처럼 반복적으로 이원론적인 사유에 사로잡혀 벗어나지 못했다. 이와 같은 이원론적 사고로 인해 도출되는 문제들을 해결하려 시도한 헤겔이 활용한 사유의 방식이 변증법이다. 헤겔은 서양의 사유를 지배해 온 '하느님과 세계' '신앙과 이성' '무한과 유한' '정신과 자연' '주체와 객체' 간의 대립 및 분리 관계를 극복하고 양자를 화해시키는 것을 철학과 신학의 과제로 삼았다. 그는 그 모든 분리와 대립이 '하느님과 세계'의 대립으로 요약되고 대변된다고 보았다. 그리하여 어떻게 하느님이 이 세계의 모든 것을 다스리며, 어떻게 이 세계가 하느님의 세계로 되느냐 하는 (종교철학과 신학의) 물음을 사유의 주제로 삼았다.[82] 여기서 그는 대립하는 것으로 보이는 양측이 사실은 상호 포괄하는 가운데 변증법적으로 통일을 이루고 있으며 서로의 상대방으로서 존재한다는 결론에 이르렀다.

고대의 완전한 절대자(絶對者)는 대립에서 벗어난 자, 갈등을 초월한 자, 타 원인과 관련 없이 독자적으로 존재하고 자신에 의해서만 규정되는 자를 의미하였다. 그러나 고대의 철학자들로부터 칸트와 셸링에 이르기까지 서양철학에서 거론되던 이 절대자는 유한자를 상대로 존립하는 또 하나의 유한자, 상대자였다. 이제 헤겔이 사유하는 진정한 절대자(신, 정신, 절대정신, 절대 이성, 무한자)는 단순히 유한의 피안이나 근저에서 자기 동일성을 유지하면서 고정 불변적으로 존재하는 존재자가 아니다. 그는 자신 속에 유한을 내포하고 있으면서 그 유한의 부정을 통해 자신을 전개하는 실체, 끊임없이 변화하고 유동함으로써 자신에 이르고, 또 그 동일성을 극복해가는 주체다. 객관은 물론 존재하지만, 데카르트의 물체나 칸트의 현상, 셸링의 자연처럼 정신과 독립된 실체로서가 아니라 절대자로부터 파생된, 그리고 다시 절대자로 돌아가는 절대자의 실현과정으로 있다. 헤겔은 절대자의 이러한 운동과 변호, 곧 절대자 자신의 전개 과정의 양상이 변증법적이라고 보았다.[83] 변증법이란 절대자가 자신을 인식하고 실현하는 방식인 동시

---

82) 참조: Hans Küng, *Existiert Gott?*, Piper 1978, 157-219; 한수영 외, 『철학강의』, 이성과 현실, 1989, 253; 백훈승, 『헤겔과 변증법』, 서광사 2022, 47.

83) 헤겔의 저술과 사유의 근간이 3항 1조의 형식으로 전개되기는 하였으나 그가 이른바 3단계 도식('정'-'반'-합)으로서의 '변증법'을 제창하거나 명시한 것은 아니었다. 변증법적 사유의 방식은 고대의 철학에서부터 다듬어지다가 헤겔에 이르러 무르익고 절정에 달한 것이었다. 그것은 헤겔에게서만이 아니라 이후에도 면모를 달리하거나 특정 부분이 강조되는 가운데 강력한 논리와 사유의 방식으로 쓰였다. 예컨대 헤겔은 역사 전체의 의미와 결과가 종점에 이르지 않고 여전히 열려 있음을 인정하면서도 비교적 종합과 총체에, 마르크스는 비판과 부정에, 니체는 긍정에 좀 더 무게를 싣는 인상을 준다. 이에

에 절대자의 자기 전개를 논증하고 해명하는 방식을 일컫는 말이다. 헤겔에 따르면, 모든 사회 현상은 하나의 뿌리에서 나와 모순과 대립을 겪으며 변화하고 발전하여 다시 크게 성장한 뿌리로 돌아간다. 그는 이 뿌리가 되는 실체를 정신으로 보았고, 모든 변화를 정신이 자신을 외화(外化)하고 표출하는 운동 과정 혹은 성장 양상으로 보았다. 그리하여 실재는 서로 떨어져 있지 않고 유기적 연속체를 이루는 것으로 이해되었다. 세계는 하나다. 그 때문에 사물과 현실은 전체적으로 보아야만 참된 진리에 도달한다. 삼라만상은 상호 연결되어 절대자의 자기 상승 과정을 현시(顯示)한다. 변증법은 이렇게 모순과 대립을 더 크고 포괄적인 종합에 이르기 위한 긍정적인 계기로, 운동과 변화를 도리어 자기 발전을 위한 적극적인 계기로 수용하게 하는 적극적인 사유의 방식이었다. 사유만이 아니라 절대자와 세계 역사를 포함한 만유가 모두 변증법적으로 성장하고 진보해 가는 것이다.

2. 세계 안의 하느님

계몽주의자들이 인간 이성의 힘을 지나치게 확신하였다는 사실은 곧 드러났다. 그 결실이라 할 프랑스 혁명, 그리고 나폴레옹의 몰락과 로베스

따라 신적 정신의 자기 활동으로서의 헤겔의 변증법은 마르크스의 사회 경제학적 변증법, 엥겔스의 유물론적 변증법으로 극적으로 변해갔다. 이러한 헤겔 좌파의 반발과 비판, 그것마저도, 아니 바로 그것이야말로, 변증법적 전개의 현장이요 계기라 할 것이다. 참조: 김삼환, "새로운 해석학의 탄생 1", 『니체가 뒤흔든 철학 100년』, 민음사, 2000, 147-200, 162; 백훈승, 『헤겔과 변증법』, 서광사 2022, 5-15; 59; 553-559.

피에르의 반이성적 공안 정치를 주시하던 헤겔은 정치·사회적 혁명 그 이상을 바라게 되었다. 문제는 정치의 변화가 아니라 문학과 예술, 정치와 철학, 그리고 특히 종교를 포괄하는 정신 전체의 혁명이었다. 이 일은 하나의 실재, 곧 하느님에게 초점을 둘 때 가능한 것이었다.[84] 헤겔은 '신의 이력서'를 쓰고자 하였다. 즉 신(정신, 절대자, 이념)이 자신을 세계로 외화하는 과정(자연철학)과 그 세계를 관통하여 자기 자신에게로 귀착하는 과정(정신철학)을 묘사하고자 하였다. 헤겔의 『정신현상학』에서 관건은 정신 주체의 역사다. 주체는 때마다 객체에 비추어 자신을 교정하고, 객체는 주체에 비추어 끊임없이 교정된다. 세계 역사는 늘 재차 다른 모순과 부정을 거쳐 더 높은 단계를 향해 가고, 더 구체적인 의식형태를 띠어가는 정신의 과정이다. 헤겔에 따르면 정신은 시간과 역사, 공간과 자연 안에서 자신을 고시(告示)하고 발현한다. 물질의 운동, 유기체의 조직, 식물, 동물, 인간, 학문, 법, 관습, 국가, 세계사, 예술, 종교, 철학 등 모든 것에서 순환 운동하면서 맥박치는 생명은 정신, 곧 하느님의 생명이요, 절대자의 생명이고, 이념의 생명이다. 유한은 애초부터 무한에 사로잡혀 있다. 다양한 유한세계의 모험과 전투는 무한에 도달하기 위한 수고이며, 그것은 정신의 나선형 상승 여행을 보여주는 신의 역사다. 정신의 고통스럽고 비극적인, 그러나 마

---

84) 참조: G.W.F. Hegel *Vorlesungsmanuskripte I*(1816-1831), W. Jaeschke, Duesseldorf(Hg.), 1987, 6. *Gesammelte Werke in Verbindung mit der Deutschen Forschungsgemeinschaft*, der Rheinisch-Westfaelschen Akademie der Wissenschaften(Hg.), Hamburg, 1968 ff. "철학이 다루는 유일한 대상은 하느님이다. 즉, 하느님을 다루고, 하느님 안에서 모든 것을 인식하고, 하느님에게로 모든 것을 소급하며, 또 하느님으로부터 모든 특수자를 도출하는 게 철학의 유일한 대상이다. 모든 것이 하느님에게서 나오고, 하느님과 연관되어 자신을 유지하고, 하느님에게서 오는 광채에 의해 살고 신의 영혼을 갖게 되는 한에서만 모든 것을 정당화하는 것이 철학의 유일한 대상이다."(17)

침내는 승리에 빛나는 발현의 역사에서 주목되는 것은 항상 모든 긍정과 부정, 외화와 심화(深化)를 포괄하는 화해과정이다. 어떤 화해? 스토아주의와 회의주의, 신앙과 이성, 합리주의와 경험주의, 도대체 근대의 모든 상반된 의식들의 화해다. 정신은 주인과 종, 이념과 감각, 마음과 현실의 화해를 겨냥하고, 마침내 외부와 내면, 주체와 객체, 존재와 사고, 차안과 피안, 유한과 무한의 화해를 겨냥하며, 일체 모든 것을 절대지(絶對知 das absolute Wissen) 안에, 즉 '자기 자신을 정신으로 깨우치는 정신 안으로' 지양해 간다. 이것이 헤겔이 수백 페이지에 걸쳐 전개하는 발견의 여행, 곧 정신의 오디세이다.[85]

헤겔은 근대가 계발하고 간직해온 신이해(神理解) 중 그 어느 것도 간과하지 않았음을 자부하였다. 그는 신과 세계를, 세계 안의 하느님과 신 안의 세계를 무리 없이, 즉 범신론이나 무신론에 추락하지 않고 종합하고자 했다. 그의 『정신현상학』에서는 신이 세계이되 그러나 단순히 세계이지는 않다는 것이, 그리고 세계가 그토록 비신적(非神的)임에도 불구하고 신의 외형(外形)일 수 있는지가 묘사되었다. 헤겔은 이것을 어떻게 이루었던가? 변증법적 발전의 길 위에서다. 신은 역사 속에, 발전 속에 있다. 신은 자신을 세계를 향하여 외화하고, 그 모든 단계를 자신에게로, 자신의 무한성과 신성(神性)을 향해 이끌어 간다. 이미 교부들과 중세기 스콜라학파가 표방하였듯이 모든 것, 만사가 하나의 힘차고 포괄적인 순환('exitus a Deo' – 'reditus in Deum') 중에 있다. 헤겔에게는 하느님이 편파적이거나 중립적인 존재로

---

85) 참조: K. Rosenkranz, *G.W.F. Hegels Leben. Supplement zu Hegels Werken*, Berlin 1844; Nachdruck Darmstadt, 1963, 204.

제한되거나 객체화되지 않는다. 그는 하느님을 이 세상 위에, 밖에, 저 건너에 있으면서 세상과 나란히 혹은 마주 대하는 지고의 본질로 이해하지 않았다. 전체 실재의 한 부분이요, 유한존재들 옆의 한 유한존재로서 파악하지 않았다. 그에게서 하느님은 유한 '안'에서 만사를 도괄하는 무한자, 세상 '안'의 최종 실재, 세상의 바탕이자 중심이고, 정점이다. 하느님은 모든 존재의 근거요, 피안이자 차안(der Diesseitig-Jenseitige), 내재 안의 초월(die Transzendenz in Immanenz), 곧 '절대정신'이다!

3. 역사 안의 하느님

헤겔은 정신을 정체된 실체(Substanz)가 아니라 운동 중의 주처, 곧 세계사의 주체로 생각하고, 이 정신이 현상하는 과정을 역사로 기술하였다. 정신은 고정되거나 추상적이지 않다. 정신은 자기의 즉자(卽者 an sich)를 자기에 대한 대자(對者 für sich)로 소외(외화)하고 소외된 대자의 부정을 부정함으로써 출발점으로서의 자기 자신에게로 돌아온다. 이 활동에 있어서 정신은 언제나 자기 자신 안에 동일성을 유지하면서도(즉·대자- an und für sich) 자신을 시간으로, 그리고 동시에 공간으로 드러낸다. 헤겔은 시간으로 소외된 정신을 '역사'라 부르고, 공간으로 소외된 정신을 '자연'이라 부른다. 역사와 자연 전체는 내적인 목적(telos)을 실현하기 위해 전진하는 정신의 자기실현 과정, 온갖 학문과 제도, 인간의 과업들까지도 포괄하는 전개 과정이다. 정신이 역사 속에서 그의 자유를 실현해가는 이 과정을 인식하고 기술하는 데에 철학의 과제가 있다.[86] 그렇게 함으로써 헤겔은 목적론적 세계관을 다시 활성화할 뿐만 아니라 인간의 인식능력에 대한 계몽주의적 신뢰를 응원하고, 자연환경과 사회질서를 증진할 인간의 능력에 자신감을 불어넣고자 하였다.

    헤겔은 세계사를 막연히 명상하지 않고 철학·사변적으로 고찰하였다. 세계사는 "신의 영광", "신의 찬미"를[87] 지향하며 전개된다. 정신이 자신의 자유를 수행하는 터전이 바로 세계사다. 세계사는 정신의 자유에 대한 의식, 그리고 이 의식에 의하여 일어난 자유의 실현과정이다. 정신은 시간과 공간을 하나의 과정으로 삼아 자기를 실현하는 가운데 인류를 이끈다. 저마다의 민족들은 정신이 자신을 세계사에 특정하게 나타낸 형상들이고, 국가, 종교, 예술, 법률 등은 정신이 자신을 실현하는 여러 측면이다. 거기서 정신은 자기를 그렇게 발견한다. 역사상 각 시대는 제각기 다른 발전 수준을 나타냈다. 정신의 실현 단계가 그러한 것이다.[88] 그러므로 역사의 각 단계는 그 시대를 특징짓는 사고방식이나 생활 방식을 통해, 또 그 시대의 정치적, 사회적 제도나 과학, 종교, 철학을 통해 전체로서 파악되고 이해되지 않으면 안 된다. 이러한 정신의 자기 진행 과정에서 의식의 내용은 점점 풍요로워진다. 새로운 단계가 부가되면 과거의 것이 현재의 것 속에 내포된다. 그리하여 과거는 완전히 종결되거나 단순히 사라져 버리는 것이 아니라 의식의 모든 실현 단계 안에 계속 현재화한다. 지양(止揚)되는

---

86) 참조: Diogenes Allen, 『신학을 위한 철학』, 정재현 역, 대한기독교서회, 1997, 354.

87) 참조: *Werke*, VIII, 181f.

88) 참조, G.W.F. Hegel, *Philosophie der Weltgeschichte*, **Werke VIII**. "세계를 이성적으로 주시하는 자가 있다면 세계 역시 그를 또한 이성적으로 주시할 것이다. 양자는 서로 규정하고 있다."(31)

것이다.[89] 헤겔의 역사관에 있어서 간과될 수 없는 것이 '지양의 원리'다. 이것이야말로 헤겔의 변증법적 역사관을 가능하게 하는 발동기이다.[90] 활동성을 본질로 가지고 있는 정신의 첫째 규정이 자기를 대상으로 외화(外化)하는 데에 있다면, 정신의 둘째 규정은 자신에 의해 정립된 대상에 대하여 '더 앞으로' 나아가고, 이 대상 자체 속에 존재하면서도 이 대상의 특수성과 제한성을 부정하고 더 높은 단계를 향해 지양하는 것, 그리고 그렇게 함으로써 자신에게 돌아오는 것이다. 모든 존재자는 고정되거나 현재에 절대화되지 않고 자기를 부정함으로써 발전의 과정을 행진한다. 그러므로 그것은 완결된 것이 아니라 미완의 것이며 가능성의 것이다. 달리 말해, 모든 존재자는 언제나 새로운 가능성을 품고 있다. 존재자의 특수성과 제한성이 부정됨으로써 가능성이 현실성으로 된다. 모든 것은 미래를 향한 도상의 존재자이다. 바로 이것이 헤겔이 말하는 '발전의 원리'이다. 모든 현실적인 것은 그 속에 '부정적인 것'을 포함하고 있으며, 이 부정적인 것이 부정될 때만 더 나은 것으로 발전될 수 있다. 즉 '부정의 부정'이 있을 때만, 그리고 이 부정에 대한 또 다른 부정이 있을 때만 미래를 향한 역사의 과정이 가능하다. 여기에 헤겔의 변증법적 역사관이 선명하게 드러나는바, 이 변증법적 사고의 효력과 영향은 실로 대단하였다. 그것은 부정을 넘어 더 큰 긍정에, 파괴를 넘어 더 단단한 구성에, 소비를 넘어 더 많은 생산에, 단절을 넘어 더 끈끈한 연속성에, 차이를 넘어 더 넓은 동일성에, 고통을

---

89) 헤겔어게서 '지양'(止揚 aufheben)은 단순히 '중지'나 '폐기'만을 뜻하지 않는다. 그것은 '부정'되는 동시에 '보존'과 '극복', 심지어 '고양'을 함유하는 개념이다. 이를 고려하여 '없애 가짐'으로 보는 이도 있다(참조: 최재희, 『헤겔의 철학사상』, 정음사 1983², 26).
90) 참조: 김균진, 『헤겔철학과 현대신학』, 대한기독교출판사, 1980, 51-54.

넘어 더 큰 행복에, 죽음을 넘어 부활에 닿게 하는 사유의 형식이다. 이로써 이전에는 결함을 의미하던 '모순' '부정' '갈등' '마찰' '고통' '변화' '운동' '생성' '과정' '어둠' '죄'라는 어두운 단어들이 삶과 역사를 역동적으로 해설하게 하는 보물, 혁혁한 역할을 맡은 반짝이는 개념들이 되게 하였다. 인류의 사고를 막았던 많은 문이 열리고, 불가능했던 많은 문제가 이 변증법적 사고와 함께 풀리게 되었다.

4. 만유재신론(萬有在神論)

헤겔은 종교를 축소하거나 폐기하지 않고, 철학의 형식을 통해 보편타당한 것으로 제시하고자 하였다. 달리 말해 그리스도교의 진리를 세계화하고, 세계의 모든 것을 그리스도교적으로 지양하고자 했다. 헤겔에게 철학과 신학은 적대적이지 않다. 오히려 양자는 화해될 수밖에 없다. 왜냐면 두 분야가 다루는 대상과 내용이 같기 때문이다. 종교도 철학도 영원한 진리, 곧 하느님에 관하여, 그 무엇도 아닌 하느님에 관하여 설명하는 학문이다. 신학의 표상과 철학의 사유는 상호 필연적이고 순환적이다. 표상과 개념은 항상 함께 작용하며 상호의존적이다. 철학은 자기를 설명함으로써 종교를 설명한다. 그 때문에 "참된 철학은 그 자체가 벌써 '예배'이다."[91] 신학의 표상 없이 철학의 사유는 작동할 수 없고 신학의 표상은

---

91) 칼 뢰비트, 『헤겔에서 니체에로』, 강학철 역, 민음사, 1985, 381. 참조: 헤겔, 『종교철학』, 최신한 역, 지식산업사, 1999, 12.

철학적 사유 없이 진리에 이를 수 없다. 이렇듯 헤겔 철학은 그리스도교를 철학적으로 정당화하는 학문이다. 헤겔은 신앙을 거부하는 세계, 신학을 거부하는 철학 사조를 대하면서 종교와 신학을 보호하려 했다. 헤겔은 '하느님 없는 세계와 세계 없는 하느님'을 반대하여 싸운 그리스도교 철학자였다. "세계가 없다면 하느님은 하느님이 아니다."(Ohne Welt ist Gott nicht Gott)[92] 헤겔에게 있어 인간의 자유는 궁극적으로 신과 화해할 때 가능하다. 왜냐면 신과 화해함으로써 인간은 한계와 본성을 극복하기 때문이다. 신과 인간의 이 화해를 표상을 통해 표현하는 것이 종교이다. 역사적으로 모든 종교는 자유의 정도에 따라서 이를 표상해 왔다. 신과 인간을 더 완벽하게 화해시키는 종교일수록 보다 완전한 자유를 표상한다. 세계사는 바로 종교의 역사를 의미하며 정치사와도 일치한다. 그 까닭은 종교와 국가가 동일한 정신과 현실을 갖고 있기 때문이다. 이 종교사는 그리스도교에서 완성된다. 신과 인간이 그리스도교에서 가장 완벽하게 통합되고 화해되기 때문이다.

헤겔에게서 삼위일체 교리는 절대정신이 자신을 전개하는 과정에 관한 서술이요 현장이다.[93] 절대정신 하느님(성부)은 자신을 자신으로부터 구별하여 자기의 타자(성자)로 삼는 데서 멈추지 않고 자기의 타자로부터 자기 자신에게로 복귀한다(성령). 세계 이전, 세계 밖에서 추상적으로 영원히

---

92) G.W.F. Hegel, *Vorlesungen über die Philosophie der Religion I*, Karl Markus(ed.), *Theorie Werkausgabe in zwanzig Bänden*, Eva Molcenhauer, Ffm., 1969ff, 16, 192.
93) 헤겔 철학의 중심개념인 정신은 삼위일체의 하느님이다. 물론 그리스도교의 전통적 삼위일체론과 헤겔의 변증법적 사변이 내용적으로 일치하느냐 하는 문제는 간단히 답변하기 어렵지만, 적어도 헤겔 변증법의 형식적 모체가 삼위일체론이라는 말은 어긋난 게 아니다.

존재하는 하느님(성부)은 아직 감추어져 있으나 이윽고 자신을 시공간과 (창조) 유한한 정신 인간(성자의 육화)으로 드러낸다. 성부의 대상화와 계시의 정점이 그리스도인 것이다. 헤겔의 변증법적 사고를 통해 도출되는 이 삼위일체 신론은 전통적 의미의 유신론이나 무신론, 이신론이나 범신론을 넘어선다. 헤겔에게 범신론이나 무신론의 혐의를 씌우는 것은 헤겔의 의도를 왜곡하는 처사다. 그는 오히려 무신론을 그리스도교적으로 지양하고자, 신을 후-무신론적으로 신앙하고자 하였다. 헤겔에게서 하느님의 죽음과 무신론은 절대정신의 변증법적 귀환의 한 국면으로서 절대정신이 더욱 또렷해지는 데에 이바지한다. 또한 '모든 것이 하느님'이라는 의미의 범신론을 우리는 그에게서 발견할 수 없다. 왜냐면 헤겔이 경험적 세계를 신격화하거나 단순하게 동화하는 식으로 모든 것을 하느님으로 치부하지도 않았기 때문이다. 헤겔의 입장은 '모든 것은 하느님 안에 있고, 하느님은 모든 것 안에 있다.'라는 명제로 정리될 수 있다. 학계에서는 이를 일컬어 '만유재신론'(Pan-en-theismus)이라 명명하고 있다.

    육체를 입고 시공간 속으로 온 성자 그리스도는 성부와 세상의 화해를 위해 자신을 부정할 수밖에, 즉 죽을 수밖에 없었다. 그의 죽음과 부활, 그리고 승천으로 성부와 세상의 화해가 완성된 것이다. 그리하여 헤겔은 "하느님은 돌아가셨고, 또 죽어 계시다."(Gott ist gestorben. Gott ist tot)[94]라는 옛

---

94) G.W.F. Hegel, *Vorlesungen über die Philosophie der Religion II*, Theorie Werkausgabe in zwanzig Bänden, Eva Moldenhauer, Karl Markus(ed.),, Ffm., 1969ff, 17, 291. 참조: G.W.F. Hegel, *Glauben und Wissen oder die Reflexionsphilosophie der Subjektivität*, in der Vollständigkeit ihrer Formen, als Kantische, Jakobische und Fichtesche Philosophie (1802), Werke I, 223-346, 345; F. Nietzsche, *Die fröhliche Wissenschaft*, Nr.125, K.Schlechta(Hg.), *Werke Bd*. II, München, 1955, 127.; G. 하센휘틀, 『하느님 - 과학시대를 위한 신론 입문』,

성가의 가사를 부각하곤 하였다. 니체가 신의 죽음을 선언하기 130년도 전에 신의 죽음에 관하여 언급한 것이었다. 이는 헤겔이 근대 사회에서의 하느님의 부재 현상을 예수의 십자가에서 외치던 하느님의 부재와 연계하여('하느님의 죽음'으로) 표현한 것이기도 했다. 서구 사상이 처한 위험한 지경을 변증법적으로 해명하고자, 곧 예수의 죽음과 부활을 무한을 향한 유한의 지양으로 해명하고자 한 것이다. 예수의 일생, 특히 수난과 죽음은 낱개의 사건으로 본다면 지극히 개인적인 사건이요 행위이다. 그러나 객관적인 진리(헤겔의 체계)의 견지에서 보면 그것은 신의 중요한 계기, 절대자의 외화(外化 Entaüßerung)와 귀환의 중요 국면이었다. 이렇게 헤겔은 '역사적 금요일'을 '사변적 금요일'로, 하느님으로부터 버림받은 예수의 금요일을 절대자의 성금요일로, 영원히 기억될 구원의 날로 사변하였다. 여기서 우리는 왜 1960년대 미국과 독일의 사신신학자들이 신의 죽음을 말하던 니체를 해설하는데 헤겔을 인용하고 의지하였는지를 이해하게 된다. 사신신학자들의 후-무신론적 이해와 열정은 헤겔로부터 그 영감과 힌트를 받고 있었던 것이다.

5. 검토와 성찰

1) 근대의 완성?

데카르트가 문을 연 근대 이성의 철학은 헤겔에게서 완성되었다. 헤겔

심상태 역, 바오로출판사, 1983, 40 이하.

은 거의 모든 분야를 아우르며 사유하였다. 그 총체성과 통합성, 그리고 합리성이야말로 헤겔 사유의 특징이요 강점이라 할 것이다.[95] 헤겔은 근대의

---

95) 참조: G.W.F. Hegel, *Enzyklopädie*, Werke V, 46. 헤겔 사상의 체계는 아래와 같이 변증법적인 것으로 요약된다.
   1. 논리학(An-und-für-sich-sein 그 자체로서 스스로를 위해 있는 진리. 자연과 유한한 정신이 창조되기 전 스스로의의 영원한 본질 속에 있던 하느님. 자기의 본질을 사고하는 정신. 순수이성의 체계)
      (1) 존재   ① 질; 존재, 비존재, 생성, Dasein, 유한성, 무한성
                ② 양
                ③ 정도(Maß)
      (2) 본질   ① 현존재의 근거로서의 본질
                ② 현상
                ③ 현실성
      (3) 개념   ① 주관적 개념
                ② 객관
                ③ 이념
   2. 자연철학(Anderssein 달리 있음)
      (1) 역학(Mechanik; 공간, 시간, 운동, 물질, 중력)
      (2) 물리학(천체, 원소, 특수 중력, 엉김, 소리, 열, 무기화학)
      (3) 유기 물리학(광물, 식물, 동물)
   3. 정신철학(Bei-sich-sein 자기 자신에게 있음)
      (1) 주관정신   ① 인간학
                    ② 현상학
                    ③ 의식, 심리학
      (2) 객관정신   ① 법률
                    ② 도덕
                    ③ 인륜(가족, 시민사회, 국가)
      (3) 절대정신   ① 예술(형상)   ⓐ 동양(상징적)
                                  ⓑ 그리스(고전적)
                                  ⓒ 그리스도교(낭만적)
                   ② 종교(표상)   ⓐ 자연 종교(중국 유교, 인도 힌두교, 불교)
                                  ⓑ 개별 종교(유대교, 그리스 로마의 종교)
                                  ⓒ 절대 종교(그리스도교)

누구보다도 순수한 그리스도인의 견지에서 고대와 중세의 신가념을 사유하였고, 신과 세계의 통합에 관한 직관을 훌륭히 서술해냈다. 그를 그토록 반대하고 비판하던 포이어바흐조차도 "헤겔의 철학 안에는 모든 것이 들어있다."[96]라고 말할 정도다. 헤겔의 변증법적 사고를 통해 세상과 역사는 매일매일 하느님 안에서 그리고 하느님과 함께 발생하고 진전해가는 역동적인 과정으로 인식되었다. 모든 사건은 이유와 까닭, 사연을 간직한 것으로 읽혔다. 만사는 또다시 의미로 충만해졌다. 헤겔은 역사와 철학이 그리하여 마침내 자신에게까지 이르렀노라 자부했다. 누가 그보다 잘할 수 있을까?

그러나 헤겔의 생각은 다방면 상반되게 해설될 소지를 안고 있었다. 그가 사망한 직후 전개된 우파와 좌파, 중도파의 격렬한 논쟁은 그의 철학이 지닌 다중성으로 인한 것이었다. 헤겔의 절대 통합에 이은 절대 분열은 앞선 힘이 강한 바로 그만큼 반응의 힘도 강한 진자운동과 같았다. 덕분에 헤겔은 반대자들을 통해서도 또다시 지구의 표면을 바꿔놓은 인물이 되었다.[97] 우파와 좌파 모두 충실히 사유하고 치열하게 토론했다. 특히 감시

---

③ 철학(개념)　ⓐ 자연적 자유(인간 보편적 의욕력)
　　　　　　　　ⓑ 자의적 자유(자신의 결정능력)
　　　　　　　　ⓒ 보편적, 이념적으로 지양된 자유

96) L. Feuerbach, *Sämtliche Werke, II*, 227.
97) 참조: 폴 틸리히, 『프로테스탄트 사상사』, 송기득 역, 한국신학연구소, 1980. "마르크스도, 니체도, 키르케고르도, 실존주의도, 혁명운동도 헤겔에 대한 직·간접의 의존을 보지 않고서는 결코 이해할 수 없다. 그를 반대하는 사람들까지도 그를 공격하는데 그의 범주를 사용했다. 그리하여 헤겔은 어떤 의미에서, 철학 내부의 한 학파나 종교에 관한 신학 내부의 한 사고방식의 중심과 전환점이라기보다는 직·간접으로 우리의 전세기에 영향을 주었던 세계사적 운동의 중심과 전환점이었다고 하겠다."(142)

와 추방을 겪으면서도 소신을 다한 좌파 인사들의 꺾이지 않는 정신은 서구사상사에 사유의 전환과 세대의 교체를 불러왔다. 그리고 그것은 철학사에 있어 분수령을 의미하였다. 헤겔을 끝으로 전통적 의미의 철학, 형이상학으로서의 철학, 관념론적 세계관, 보편적 역사관은 전환과 해체의 소용돌이에 빠지게 되었다. 바탕에서는 공통으로 전래의 철학을 비판하면서도 방향이 달라 서로 충돌하고 대립하며 등장한 새로운 사조를 일컬어 현대철학이라 부른다. 실존주의(키르케고르, 니체), 생의 철학(딜타이, 베르그송), 실용주의(제임스, 듀이), 분석철학(럿셀, 비트겐슈타인), 그리고 특히 유물론(포이어바흐, 마르크스, 엥겔스)이 그러하다. 아래에서는 헤겔의 생각과 위업을 긍정하고 적극적으로 수용하던 우파(개신교 신학계)의 입장, 비판적으로 반발하던 키르케고르, 실존주의와 역사주의, 그리고 급진적으로 부정하고 나서던 헤겔 좌파의 흐름과 신관을 그 특성에 따라 나누어 약술하고자 한다.

2) 헤겔 우파

서양철학은 객관적 진리가 존재한다고 전제하고 그에 도달하고자 떠난 정신의 여행, 대상적 존재를 동경하고 추적하는 여행이었다. 아르케(희랍 자연철학), 로고스(헤라클레이토스), 이데아(플라톤), 그리고 그리스도교의 신이 그 결정체(結晶體)였다. 이들은 모두 철학을 하는 정신에 자립적인 타자로서, 역사 밖의 실체로서 마주 서 있었다. 그러나 헤겔은 역사를 절대자의 자기현시, 자기실현의 과정으로 파악함으로써 관념론적으로나마 일원화하고 하나의 체계에 담아내는 데 성공하였다. 그는 적어도 하느님이 세계로부터 추방되지 않도록, 그리하여 '하느님 없는 세계'와 마찬가지로 '세계 없는 하느님'이 되지 않도록 애쓴 위인이었다.[98] 이러한 헤겔의 노력을 긍정적으로 수용하는 이들은 헤겔의 사유가 신학과 철학에 새로운 패러다임을 불러오기에 충분하다고 평가했다. 이들은 (괴셸, 가블러, 픠르스터, 피셔, 로젠크란츠 등) 헤겔 철학의 일부를 비판하고 흠을 지적하면서도 전체적으로는 종교와 철학의 화해를 모색하고 국가 통치 이념으로서의 그리스도교를 옹호하는 헤겔의 사상이 근대의 언덕을 넘을 힘을 지니고 있다고 여겼다. 이들은 헤겔의 변증법적 사고를 신학에 적극적으로 적용하고, 헤겔의 저서를 출판하는 일에 앞장섰다. 물론 중세의 사람들도 신과 인간 사이의 절대적 차이를 인정하면서도 동시에 서로의 관련성 또한 놓치지 않으려 하였다. 그리하여 둘의 관계가 상반되거나 무관하지 않고 '유비적'이라고 해명해왔다. 이제 헤겔 이후의 신학자들은 여기서 나아가 대립과 모순의 관계 일체를 변증법적으로 사유함으로써 고리상의 여러 난제가 해결되는 것을 반기고, 그것이 지닌 추동력을 적극적으로 활용하고자 하였다. 여기서는 종교에 대한 헤겔의 철학적 지양이 곧 종교의 소멸이나 폐기를 의미하는 것으로 해석되지 않고, 도리어 계몽주의의 비판에 맞서 종교의 정당성을 긍정하는 해석으로, 종교를 세계화하고 보편타당한 것으로 실현하는 모범답안으로 옹호되었다.

    헤겔이 살던 시대는 프랑스 혁명 직후로서 정치, 도덕, 사회 차원의 세속화가 급격히 가속되고 있었다. 격변기의 사람들에게 이전의 세계관, 신관, 인간관은 권태롭고 덧없고 무상한 것으로 체험되고 있었다. 그러한 시대에 헤겔의 사상은 지성적으로 성실하게 임하려는 사람들, 인간적이면서

---

98) 참조: G.W.F. Hegel, *Philosophie der Religion*, Bd. I, I. Teil, 148. "Ohne Welt ist Gott nicht Gott."

도 신앙적이고, 계몽주의적이면서도 종교적이고, 전통에 뿌리를 박고 있으면서도 동시에 진보적이고자 하던 사람들에게 길을 밝히는 등불과 같았다. 헤겔은 그리스도교의 진리를 새롭게 현재화해 냈다는 평가를 받았다. 그것은 경탄과 존경을 받을만한 것이었다. 그는 신앙과 계몽주의 사이에서 분열이 아니라 차별화된 단일성을, 합리주의와 감성적 종교 사이에서 양자택일이 아니라 통합을 이룩하는 게 가능함을 보여주었다. 그는 성경과 자연종교 양측이 화해하고 신학과 철학이 협력할 새로운 힘을 제공하였다. 가톨릭 신학에서 중세의 토마스 아퀴나스가 차지하는 비중을 프로테스탄트 신학에서는 헤겔이 차지한다는 평가는 과장이 아니다.[99] 토마스가 아리스토텔레스의 합리적 사고를 수용하는 가운데 사유 체계를 일목요연하게 정돈함으로써 중세기를 뚫고 나갔다면, 헤겔은 변증법적 사유로 근대를 이끄는 동시에 넘어서게 하였다. 헤겔은 신앙과 이성, 성경의 신과 철학의 신 사이의 대립을 중재하고자 애를 썼다. 그의 체계를 향한 짜임새 있는 기획, 종합을 향한 충실한 노력은 지극히 존중되어야 한다. 그는 신과 세계의 단일성, 신의 '되어감', 그리고 신의 변증법을 말함으로써 희랍 형이상학의 신관을 극복하였다. 헤겔은 실재적인 것은 무엇이든 구체적으로 표현되어야 한다고 보았다. 하느님도 마찬가지다. 그는 신이 현실적 실재로서 드러나기 위해서는 타자로 설정되어야 했으며, 이에 창조가 신의 본질 자체가 구현되는 과정이고, 예수 그리스도의 육화도 바로 이것을 의미한다고 보았다. 예수 그리스도는 그런 뜻에서도 하느님인 동시에 인간이

---

99) 참조: K. Barth, *Die protestantische Theologie im 19. Jahrhundert*, Zollikon-Zürich, 1952², 343.

다. '삼위일체'는 현실성 없는 추상의 이론이 아니라 세계사를 관통하는 하느님의 '경륜'(Oikonomia)에 관한 살아있는 교리다. 비 그리스도교들은 외딴 종교가 아니라 그리스도교의 전(前) 단계요 선-주자(vor-läufig)로서 완전한 그리스도고를 향해 달려온 종교들이다.

  헤겔에 대한 이의와 비난이 수없이 많을 수 있지만, 헤겔 덕분에 하느님의 세계성과 역사성이 새롭게 정립된 사실을 놓쳐서는 안 된다. 플라톤은 이념 세계와 감각 세계, 시공간 밖의 영원불변과 시공간 안의 변화를 분리하고, 신에게 절대적 부동적 불변적 속성을 부여하였다. 아리스토텔레스도 신은 순수 현실태로서 불변적이며, 일체의 변화에서 벗어난다고 이해하였다. 모든 운동은 변화를 의미하는 것이고, 그것은 그 자체로 미완성임을, 아직 실현되지 않은 가능태임을 뜻했다. 그러기에 변화와 운동은 완전해야 할 신에게는 모순되는 것이었다. 완전한 부동의 존재에게 '되어감'은 그 자체로 불완전을 의미하는 것이기 때문이다. 플로티노스는 존재의 등급에 대한 체계를 통해 플라톤의 경직된 생각을 상당히 극복하였다. 그러나 그 역시 신이 절대 고정적이며 불변한다고 보았다. 그리스도교 신학은 희랍의 불변성에 관한 표상을 다방면으로 수정하였다. 교부들에게 있어 하느님은 늘 살아있는 신이었다. 그러나 그리스도교 신학은 여전히 희랍의 불변성 표상에 묶여 있었다. 변화는 그리스도교 신학에도 일종의 결함을 의미하는 것으로 이해되었다.[100] 계몽주의 이후에야 사람들은 본격적으로 우주의 되어감(칸트), 인류의 되어감(레씽), 자연과 인류의 되어감(헤겔)에 관심을 기울이게 되었다. 그리하여 (피히테와 쉘링을 거쳐) 헤겔 이후에는

---

100) 참조: J. 몰트만, 『십자가에 달리신 하나님』, 김균진 역, 한국신학연구소, 1979, 284-296.

되어감의 철학, 삶의 철학, 발전의 철학, 역사의 철학이 포괄적으로 설계되기에 이르렀다. 여기서 나아가 생물의 진화과정에서 출발하여 하느님의 세계 내 발전과 진보, 상승과 전진의 의미를 보기에 이른 이가 화이트헤드와 떼이야르였던 것이다. 헤겔의 삼위일체에 관한 역동적 이해, 세상 고통에 관한 변증법적 이해는 지금도 특히 개신교 신학자들에게서 호의적으로 영향을 미치고 있다.

3) 실존주의와 역사주의

하느님의 완전성에는 그의 존재가 필연적으로 전제된다는 안셀무스의 생각에서 드러났듯, 중세인들에게 완전한 존재란 본질과 실존을 하나로 결합해 있는 존재였다. 그러나 점차 본질(essentia)과 실존(existentia 하느님으로부터 창조되어 밖으로 나온 피조물의 존재)을 구별해야 한다는 의견이 비등해졌다. 칸트는 순수이성으로는 본질 자체를 알 수조차 없다고 주장하면서 이 둘의 분리를 선을 그어 확연히 하였다. 이 둘을 다시 통일체로 결합하고자 한 이가 헤겔이다. 절대정신은 인식할 수 없는 '본질'로만 머물지 않고 자신을 유한세계, 곧 '실존'으로 드러냄으로써 큰 차원에서 하나를 이루는 것이다. 그런데 하느님의 이 같은 변증법적 전개를 구체적으로 실감하기는 어렵다. 순수한 존재와 무가 어떻게 '되어감'으로 종합되는지에 관한 현실적 설명이 생략된 때문이었다. 여기서 헤겔 철학은 실존을 놓친 관념적인 사유로 평가되기에 이르렀다. 이러한 헤겔의 절대정신에 반발하여 인간의 실존을 철학의 출발점으로 삼는 이들이 많이 등장하였다. 각 실존적 처지에서 기점을 달리하며 등장한 대표적인 이들이 키르케고르, 마르크스, 니체다. 이들의 속사정은 아래의 각 장에서 독립적으로 소개될 것이다.

헤겔에게 세계 역사는 절대자가 자기를 실현하고 계시하는 변증법적 진술 과정이고, 그 현장은 날실과 씨실로 양탄자가 짜이는 바와 같이 이념과 개인의 정열로 펼쳐진다. 세계에 내재하는 실체는 이성이므로 세계사의 발전은 객관적이고 필연적이다. 그런데 실제 역사에 있어서는 이념의 보편성과 개인의 특수성이 필연과 자유라는 이름으로 대립을 이루는 것처럼 보인다. 여기서 이념과 인간의 자유는 어떻게 융합될 수 있는가 하는 문제가 제기된다. 헤겔은 그의 『역사 내 이성』(역사철학)에서 이 같은 자유와 필연의 모순을 '이성의 간계'(List der Vernunft)[101]라는 명제로 해결하려 하였다. 그에 의하면 역사상 자유와 필연은 양립한다. 역사는 주관적으로는 자유이지만 객관적으로는 필연이다. 또 개인적으로는 자유이지만 전체적으로는 필연이다. 각 개인은 자기의 욕망, 열정, 이해에 따라 목적을 추구한다는 점에서는 자유롭고 이기적이다. 그런데 이 개인의 자유로운 행위가 동시에 역사적 결과를 가져오기에 설명이 필요해진다. 예컨대 세계사적 개인들, 즉 영웅들은 다만 자신의 목적을 추구한다. 이들은 세계정신의 목적을 환히 알지 못하고, 진정한 역사의 주체요 결론으로 임하는 것도 아니다. 헤겔에 따르면 이들은 역사의 실행자이지만 실제로는 세계정신의 대행자에 지나지 않는다. 스스로는 의식하지 못하는 보편적 목적을 수행할 뿐이어서 더 높은 필연성의 희생자이고 역사 진보를 위한 도구에 지나지 않는 것이다. 그 본보기로 나폴레옹은 자신의 열정과 야심을 다해 유럽 제국을 정복하다가 실패했는데, 그것이 그가 의도하지 않은 결과를 낳았다.

---

101) G.W.F. Hegel, *Vorlesungen über die Philosophie der Geschichte*, Theorie Werkausgabe in zwanzig Bänden, Eva Moldenhauer, Karl Markus(ed.), Ffm., 1969ff, 12. 49.

유럽 내 시민사회의 형성을 촉진함으로써 세계사의 진보, 곧 그 시대의 정신을 실현하는 데에 이바지한 것이었다. 이처럼 개인은 늘 희생을 감수하고 강요된다. 반면, 세계정신은 자신의 외화로 인해 생겨나는 부담을 스스로 짊어지지 않고 개인들의 열정에 지운다. 민족과 개인들은 새로운 자리를 만들어 주기 위해 현장에서 스러져 간다.[102] 그러나 세계정신은 매 순간 충만해 있다. 그러기에 매 순간은 시간의 완성된 종말이다. 그런데 이처럼 매 순간이 세계정신의 적절한 때(Kairos)인 것이라면, 거기서는 선(善)이 수행되고 있다고, 가장 심각한 재앙 역시 선한 의미를 지니고 있다고 보아야 한다. 왜냐면 세계정신이 그 모든 불행과 부정을 거치고 관철하여 자기를 전개하고 완성해 가는 것이기 때문이다. 헤겔은 이 교활한 세계정신의 도도한 행진을 주시하고 관찰하는 일이야말로 철학자의 안목이요 식견이고 과제라고 보았다.

이처럼 그 오랜 시간 지상의 광대한 제단에 올려진 희생들이 세계정신의 자유 실현이라는 목적을 위한 것이었다는 헤겔의 생각은 많은 비판을 불러왔다. '이성의 간계'야말로 헤겔의 역사철학이 지닌 아킬레스건이 아닐까? 헤겔 이후의 세대(마르크스뿐만 아니라 사비니, 랑케, 드로이젠, 그리고 부르크하르트)는 이렇게 전체 역사가 정신의 변증법적 자기 전개 현장이며, 그리하여 세계사 안에서 만사가 이성적으로 진행되고 있다는 헤겔의 주장을 호의적으로 받아들일 수가 없었다. 더 큰 자유를 향한 정신의 자기 완성과정을 위해 그토록 무수한 개인과 민족이 몰락한다는 것인데, 이 세계사를

---

102) 참조: 같은 책, 세계사적 인물들의 생애는 대개 힘겨운 수고와 노고로 가득하다. 그들은 "알렉산더처럼 요절하거나 씨이저처럼 살해되거나 아니면 나폴레옹처럼 세인트 헬레나로 유배된다."(47)

어떻게 이성적인 것으로 본단 말인가? 역사상 그 많은 재앙과 전쟁, 불의와 부조리, 불행과 눈물, 소외와 굶주림을 그렇게 무심하게 평가할 수는 없다. 또 각종 범죄와 해악이 변증법적으로 무마되거나 합리화될 수는 없다. 세상의 고통과 불행이 삼위일체 하느님 내의 변증법적 계기라는 사변이나 변명은 실제 현실을 사는 이들에게 그 어떤 위로도 되지 않는다.[103] 예컨대 랑케(L.v. Ranke 1795-1886)에게는 역사상 각 시대와 인물들을 보편 목적에 이르기 위한 그 어떤 단계나 수단으로 해석해서는 안 된다. 그것은 직접 하느님에게 속할 정도로 그 자체로 중요하고 고유한 가치와 독립된 의미를 지닌다. 이에 랑케는 발생한 사실을 있는 그대로 객관적으로 기술하고 정리할 것을 강조하였다. 현장의 사실을 떠난 사변적 역사 기술은 그 자체로 허구가 되기 때문이다.

4) 키르케고르

헤겔의 생각이 훌륭한 체계를 갖추고는 있지만, (헤겔 본인의 의도와 취지와는 상관없이) 도식적이라는 지적이 많이 제기되었다. 그의 체계 안에서는 절대정신, 곧 신도 자신의 포로가 되어있지 않은가? 신마저 헤겔의 도식을 강요받고 있는 게 아닌가? 그는 인간에 의해 들여다보인 틀에 맞추어 기능해야 하고, 의무처럼 자신을 유한세계로 드러내야 하는 게 아닌가? 이러한

---

103) 참조: 한스 큉, 『믿느이다』, 이종한 역, 분도출판사 1999, 123-135 예컨대 헤겔에게서 영감을 받아 "고통당하는 하느님"(B. 회퍼), "십자가에 달리신 하느님"(E. 몰트만), "하느님의 죽음"(E. 융엘)을 얘기하는 일부 개신교 신학자들의 주장은 한스 큉에게는 신·구약성경을 떠나 하느님의 신성을 "바겐세일"하는 처사요 "뻔뻔스러운 사변"(124)일 뿐이다.

신은 변증법의 필연성에 가두어진 것이 아닌가? 예컨대 키르케고르(1813-1855)에게 아브라함의 하느님, 이사악과 야곱의 하느님, 예수 그리스도의 하느님, 바로 은총의 하느님은 체계 속에 가두어져 있지도 않고, 도리어 체계를 파괴하는 신이다. 모든 사람의 제각기 다른 현존을 포괄하는 체계란 존재하지 않는다. 체계란 구체적 현존과 개체를 사라지게 하는 공허한 개념일 뿐이다.

키르케고르는 세계사 전체에 타당한 보편적 진리를 추구하는 헤겔에 반대하여 세계사에서 분리된 개인을 주목하고, 지금 그리고 여기의 구체적 실존적 진리를 강조하였다. 그는 인간을 이성적 동물이나 사회적 동물이라 하지 않고 '실존'이라 불러 실존철학의 아버지가 되었다. 그에게 개인의 실존, 희망과 절망, 고뇌와 환희에 무관심한 철학적 보편적 진술들은 무의미하고 공허할 뿐이다. 헤겔이 역사상 드러나는 하느님의 통치를 정당화하는 데에 관심을 기울였다면, 키르케고르의 관심은 개인의 내면과 신앙적 결단에 쏟아졌다. 그는 절대정신의 보편성에 대립하여 단독자의 주체성을 내세웠다. (같은 이유에서 키르케고르는 마르크스가 주장하는 보편적 인류, 종, 민중, 계급 등의 개념도 거부하였다. 인간 집단의 사회적 모순이 해결된다 해도 개인의 궁극 상황은 여전히 절망적일 수 있기 때문이었다). 성경은 단 한 번밖에 없는 자기 존재의 고유성과 개체성을 대중 안에 녹여 넣거나 망각하지 않기를 바라고, 각 사람이 하느님 앞에서 자기 자신으로, 곧 단독자로 실존하기를 요구한다. 하느님은 대중이 아니라 각 사람에게 말하고, 각 사람이 회개할 것을 기대한다. 성령도 각 사람에게 내리고, 그 행위에 따라 각 사람을 심판한다. 각자는 유일회적 실존으로서 집단화·보편화·획일화·평준화되어서는 안 된다. 그것은 인간의 폐기를 뜻한다. 다른 누구도 나와 동일하지 않다.

누구도 하느님 앞에서 나를 대신할 수 없다. 하느님 앞에서 나를 책임질 자는 나 자신이다. 진리는 단독자로서의 각자가 하느님 앞에서 자신을 결단하는 순간에 드러난다. 그것은 대중(혹은 우리)이 아니라 각자가 주관적으로 체험하는 것이다. 대중은 공중, 집단, 무리, 천민의 다른 이름일 뿐이다. 관건이 되는 것은 단독자의 실존이고 신앙적 결단이다.[104] 진리는 각 사람의 내면에서 실존적으로, 그리고 동시적으로 발생한다. 구원의 진리도 우리가 그리스도에 사로잡혀 동시적으로 될 때 타당성을 갖는다. 그 순간 그 옛날 일어난 구원이 지금 현재의 나에게도 구원으로 경험되는 것이다.

키르케고르는 신학과 철학의 헤겔식 화해 및 종합에 반대하고 오히려 분리와 대립을 강조하였다. 신앙과 사고는 상호 보완하기보다는 대립하고 모순되기 때문이었다. 키르케고르의 눈에는 헤겔이 건물의 기반을 검토하는 대신 건물의 미화에 열중하고 미봉하는 것처럼 보였다.[105] 설사 헤겔

---

104) 참조: S. Kierkegaard, Abschmitt "Soeren Kierkegaard", K. Löwith(Hg.), *Die Hegelsche Linke*, Stuttgart Bad-Cannstatt, 1962. 개인을 보편 역사의 과정에 녹여 평준화하거나 세계정신의 도구로 매몰하는 헤겔의 사유에 반발하여 키르케고르는 개인의 고유성과 유일회성, 곧 단독자를 강조하였다. '개별자', '단독자'는 키르케고르 사색의 중심개념, 자신의 묘비에 써거 달라고 할 정도로 중시하던 개념이다. "'단독자'의 범주는 내가 나중에 착안한 것이 아니라, '내가 그것과 함께 시작하는 것', 곧 나의 출발점이요, 이에 대한 주목을 환기하는 것이 나의 과제다. 단독자의 범주가 없다면, 이 범주를 사용하지 않는다면, 나의 문필 활동은 계속되지 않을 것이다. '단독자의 범주'는 나 자신의 이름으로 이루어진 나의 문헌 활동의 시작을 나타낸다."(279); 김권일, 『키르케고르와 그리스도교』, 대전가톨릭대학교출판부, 2020, 61-70.

105) 참조: S. Kierkegaard, "The Sickness unto Death", *Fear and Trembling and the Sickness unto Death*, Walter Lowrie(tr.), Princeton Univ. Pr., 2013, 235-468. "어떤 사상가는 하나의 거대한 건물, 체계, 곧 모든 존재와 세계사 등을 포괄하는 체계를 세운다. 그런데 그의 개인적 삶을 보면, 놀랍게도 우리는, 그 자신은 높은 천장이 있는 거대한 궁전에 살지 못하고 그 옆에 있는 헛간이나 개집 혹은 기껏해야 문지기 방에 살고 있다고 하는, 이러한

이 학문을 거대한 체계로 집대성했다고 하더라도 그 체계는 실존과는 아무 관계가 없다. 키르케고르의 견지에서 보면 헤겔이 죽어야 그리스도교가 산다. 개인의 결단과 책임을 강조하는 키르케고르에 의하면 그리스도교 신앙은 그 어떤 객관적 진리나 총체가 아니라 이해될 수 없는 '역설(패러독스)'이다. 신앙은 이성적, 철학적 사고가 닿을 수 없는 하나의 역설, 영원한 역설이다. 그는 사고(思考)가 중지되는 거기서 비로소 신앙이 시작된다고 보고, 신앙과 이성을 철저히 대립시켰다. 신앙과 이성의 이와 같은 대립을 키르케고르는 『아브라함에 대한 찬양』에서 강조하였다. 인간의 이성적 사고에 비추어 볼 때 아브라함의 생애는 '어처구니없는 것'(das Unsinnige)이다. 아브라함은 믿음 속에 하느님의 약속을 받아 자기 조상들의 본토를 떠나 나그네가 되었다. 아들을 희생제물로 내놓으라는 하느님도, 내놓으려는 아브라함의 각오도 합리적 도덕적 추론을 산산이 부스러뜨린다. 아브라함은 하나는 버리고 다른 하나를 선택하였다. 즉 이성을 내어버리고 신앙을 취하였다.[106] 예수 그리스도 안에서 이루어진 하느님의 육화도 정상적인 인간의 이성에게는 자명하거나 이해될 만한 것이 아니라, 가장 엄격한 의미의 역설, 절대적인 역설이다. 이 역설은 하느님과 인간 사이의 절대적인 차이에 관련되어 있다. 하느님이자 인간인 예수 그리스도는 모든 인간과는 질적으로 다르며, 사고의 대상이 아니라 신앙의 대상이기를 요구한다. 예수 그리스도 안에서 종의 모습을 취한 하느님은 철학과 사변의 인식대상이 아니다. 그는 인간의 사고를 벗어난 다른 자, 절대적으로 다른 자

끔찍하고 우스꽝스러운 사실을 발견하게 된다."(320)

[106] 참조: S. Kierkegaard, *Furcht und Zittern*, Gesammelte Werke, Düsseldorf/Köln, 4부 1950, 59.

이다.[107] 인간의 이성에 대하여 하느님은 알다가도 모를 뿐이고, 그 앞에서 이성은 무력할 뿐이다. 이성이 절대적으로 다른 분, 이 역설과 부딪쳐서 굴복될 때 신앙이라고 하는 "저 행복한 고뇌"[108]가 시작된다. 신앙은 (논리적, 철학적인) 인식이 아니다. 따라서 신앙과 철학은 별개다.[109]

이러한 입장의 키르케고르에게 종교와 철학, 신앙과 이성에 대한 헤겔의 화해는 그리스도교 신앙의 지양과 종교의 폐기를 의미하는 것이었다.[110] 사실 적지 않은 사람들이 헤겔의 사고가 종교를 철학에 지양시키는 결과를 초래한다고 지적하였다. 이미 칸트는 미래에는 철학이 신학의 범주 안에 머물지 않고 벗어나 자신의 햇불을 드높일 것이라 보았었다. 이 햇불은 과연 독일의 관념론 철학자들에게서 활활 타올랐다. 헤겔은 그중에서도 특별한 인물로 꼽힌다. 앞서 본 바와 같이 헤겔은 종교를 새로운 시대에 어울리는 정교하면서도 모든 것을 포괄하는 철학 안에 종합하고자 했다. 그에게 있어 실질적 역사의 수행자는 종교가 아니라 철학이다. 철학은 종교가 표상으로 지시하는 진리의 내용(신)을 보편타당한 개념(절대정신)으로써 파악하고 표현한다. 최종적이고 전체적인 진리를 내포하는 것은 종교가 아니다. 종교는 사람들이 철학을 향해 가도록 안내할 뿐이다. 예컨대 그리스도교는 자유의 이념을 감각 수단을 통하여 표상할 뿐이다. 이 표상 내용을 개념과 사고로 파악하고 실현해가는 것은 철학이다. 철학에 비한

---

107) 참조: S. Kierkegaard, *Philosophische Brocken, De omnibus dubitandum est*, 10. Abteilung 1952, 42.
108) 앞의 책, 56.
109) 참조: 앞의 책, 58.
110) 참조: 김균진, 『헤겔철학과 현대신학』, 대한기독교출판사, 1980, 11-35.

다면 종교는 하나의 잠정적 형상을 제시할 뿐, 궁극적 진리에 이르려면 철학에 지양되어야 한다. 헤겔의 이와 같은 종교와 철학의 관계설정은 다음과 같은 질문을 제기하게 한다. 철학인 동시에 신학이라고 주장하는 헤겔의 철학은 무엇을 말하려는 것인가? 헤겔에게서는 신앙이 지식으로, 성경의 하느님이 철학의 절대자로 변경된 게 아닌가? 종교와 철학의 그런 화해가 신학적으로도 타당한가? 일부 학자들은 이 점에서 헤겔이 종교와 신학을 철학으로 비판하고 있었다고, 혹은 해체하고 지양하고 있었다고, 종교와 신학의 내용을 더 적절하게 표현하고 실현할 방법 및 형식을 철학에서 보고자 함으로써 종교를 하위적인 것, 혹은 불필요한 것으로 만들었다고 본다.[111] 여기서 종교는 본연의 철학에 이르기 위한 임시적인 국면, 미발육된 단계의 철학으로 전락한다. 이들에게 헤겔의 철학적 타협은 잠재적 종교비판으로서 그리스도교 진리의 명백성을 흐리게 할 뿐이다.

5) 헤겔 좌파(청년 헤겔파)

헤겔 철학의 진보적인 측면을 구체화하고 현실화하려는 목적으로 모인 젊은이들(루게, 포이어바흐, 슈티르너, 스트라우스, 바우어, 헤스, 프루츠, 마르크스)의 연구모임('박사클럽', '졸업생 클럽', '자유인')이 있었다. 이들은 헤겔 철학의 관념성을 거부하고 구체적 현실, 감성, 물질, 인간을 주목하는 데 일치하였다. 이들은 헤겔의 체계와 결론에야말로 변증법의 역동성을 적용하여 다음 단계로 나아가는 일, 곧 헤겔의 철학을 부정함으로써 실현하는 일이 곧

---

111) 참조: K. Löwith, "Hegels Aufhebung der christlichen Religion", *Hegel-Studien*, Beiheft I, Bonn 1964, 196; 칼 뢰비트, 『헤겔에서 니체에로』, 강학철 역, 민음사, 1985, 378-384.

헤겔의 사상에 충실을 기하는 길이라고 보았다. 모든 철학 체계는 역사적인 조건에 의해서 부정되고 극복됨으로써 상향적으로 진보한다고 헤겔 자신이 말하지 않았던가? 철학에도 역사에도 완성이나 종결은 없는 것이다. 이제 이들에게 헤겔은 구약의 인물이어야 했다. 이들은 헤겔 사상 안에 숨겨진 혁명의 성향을 드러내 공개하고자 하였다. 계몽과 혁명, 그리고 사회주의 이념을 앞서서 일궈낸 프랑스를 부러워하고 당대 자국의 정치 상황을 답답해하던 이 청년들은 변증법의 구조를 다름 아닌 독일의 정치·사회 현실을 비판하는 데에 활용하였다. 다만 정치권에 대한 직접적 비판이 초래할 신변의 위험성을 고려하여 우선 국가를 이념적으로 지원하는 종교를 주시하고 분석하였다. 종교의 본질적 허상을 밝혀내면 절대 국가의 기강도 허약해지리라 본 것이었다.

애초 온건한 유대 속에 파괴와 재창조를 즐기려던 이들의 생각은 시대의 격변과 전복을 꿈꾸며 급진적으로 변해갔다.[112] 그 극단성으로 인해 대학 강단 진출이 막힌 이들은 '할레연보'(1838-1841), '독일연보'(1841-1843), '라인신문'(1842-1843), '독불연보'(1844) 등의 문서 간행을 통해 의견을 표출하였으나 문서검열의 강화, 체포와 추방, 재정적 난관, 필진 사이의 이견 등의 이유로 공동의 활동은 오래가지 못했다. 연보 형태가 폐간된 이후로는 각자의 저서 출판을 통해 생각을 발표하였다. 이들 헤겔 좌파의 출판 활동은 스트라우스(D. F. Strauß 1808-1874)의 『예수의 생애에 대한 비판적 고찰』(Leben Jesu, kritisch betrachtet. 1836)과 함께 눈에 띄게 드러나기 시작했다. 프랑스 의회원의 성향을 좌파·우파·중도파로 나누어 부르던 당시의 표현을 헤겔 이후

---

112) 참조: 칼 뢰비트, 『헤겔에서 니체에로』, 강학철 역, 민음사, 1985, 82-161; 373-446.

의 움직임에 처음 적용한 이도 스트라우스였다.[113] 종교적 표상을 철학의 개념으로 높이고자 한 헤겔의 영향을 받은 스트라우스도 종교적 신화와 신앙적 상상을 그 자체로 부정하고 파괴하기보다는 철학적 진리로 드러내고자 하였다. 물론 역사비평의 방법을 도입한 그에게서는 헤겔의 경우와는 다른 결과가 빚어졌다. 계몽주의 시기의 이신론자들도 초자연적 기적을 거부하고 몇몇 성경 자료의 신뢰성을 문제 삼았지만, 그들 대부분은 아직 모든 이야기가 실제적인 사건에 관련되어 있다고 보고 있었다. 헤겔이 복음서의 상징적 내용을 사변적으로 해석하는 길을 보였다면, 이제 스트라우스는 교리나 신앙에서 벗어나 복음서를 엄격하게 역사적 문헌으로 탐구하고, '역사의 예수'(개인)와 '신앙의 그리스도'(보편 이념) 사이의 차이를 첨예화하는 일에 집중하였다. 그는 복음을 상징이 아니라 민중의 깊은 욕구를 드러낸 신화로 취급하였다. 그는 성경의 내용이 신화적 상상과 의복으로 포장되어 있다고 보고, 예수에 관한 기록의 초기에서 마지막에 이르기까지, 출생의 기적에서 부활과 승천에 이르기까지 그의 생애 전체에 서려 있는 신화들을 가려낸 다음에 기존 그리스도론에 담긴 본래의 진리를 살릴 방법을 모색하였다. 그는 성경에서 예수가 역사적 인물로서보다는 그리스도의 개념에 맞추어 해석된 것으로 보고, 육화의 교리도 한 개인이 아니라 인류에 관한 것으로 보았다. 그에게 나자렛 예수 안에 나타난 하느님의 육화는 역사 사건이 아니라 인류의 영적 과정의 한 상징적 그림이었다. 초기 그리스도교의 신약성경은 역사적 인물 예수가 죽은 후에 그를 신성과 인성을 지닌 신적 존재 곧 그리스도로 신화화한 것이었다. 여기서 그는 헤겔의

---

113) 참조: D. Strauss, *Streitsschriften*, Tübingen, 1841, III, 95.

신인(神人)에 관한 관념이 과연 그 어떤 유일무이한 개인 예수에게서 온전히 실현되었겠는지 의문을 제기하였다. 그리스도교는 그것을 예수에게 투사해 신앙해왔지만, 그러나 이제 이성적으로 생각할 때 그것은 전체로서의 인류에게가 아니고 누구에게 해당할 수 있단 말인가? 헤겔이 그토록 열을 내어 말하던 인간과 신의 단일성이 인류에게가 아니고 누구에게 부여될 수 있겠는가? 이렇게 스트라우스는 헤겔의 신인에 관한 사변적 그리스도론에 수정을 가하고, 그것을 그리스도론을 이해하는 열쇠로 삼았다.

주체에 집중하던 근대 이후의 서양 정신은 철학이 추구해 오던 실체란 철학을 하는 주체 곧 인간 자신임을, 철학이 찾아 헤매던 절대자는 바로 철학을 하는 인간 정신임을 알아차리고 각성하기에 이르렀다. 헤겔 사상의 결말은 절대자가 아니라 인간의 자아의식인 것이다. 특히 헤겔 좌파의 청년들은 헤겔의 이러한 관념론을 뒤집어 넘으면서 부쩍 인간 자신에게 집중하였다. 이들은 '인간'에 열광하였다. 예전의 사람들이 정신 밖의 실체라고 믿었던 것들은 이제 주체인 인간의 자기 전개요 자기인식의 계기로 폭로되었다. 물질이든 이데아든, 아니면 신이든, 그것은 본질에 있어 객체가 아니라 주체 자신의 여러 모습일 뿐이다. 그토록 붙잡고 입 맞추려 했던 모든 얼굴은 바로 물 위에 비친 인간 자신인 것이다. 바우어(B. Bauer 1809-1882)에 따르면, 이제까지 인류는 종교를 통해 곁눈질해왔다. 그에게 종교적 의식이란 "자기의 일반 본질을 피안의 권능으로 그리고는 실체로 보는 자기의식의 형식"[114], 인간의 "자기의식의 활동과 현현형식(顯

---

114) B. Bauer, *Die Posaunen des jüngsten Gerichts über Hegel, den Atheisten und Antichristen*, Die Hegelschen Linke, K. Löwith(eingeleitet), Stuttgart-Bad Cannstadt, 1962, 123-225, 219.

現形式)"¹¹⁵, "인간 정신의 산물"¹¹⁶에 불과하다. 종교의식은 분열된 정신의 객체화 작업이고, 그래서 언제나 모순된 상태로 존재할 수밖에 없다. 복음서와 교리들이 인간 세계와 모순되고 상식에 어긋나는 이유는 그 때문이다.¹¹⁷ 특히 헤겔이 말하는 하느님은 "사고의 외부에 주어진, 그리고 그 자체로서 존속하는 대상이 아니라 오직 일반자로서 사고의 활동 안에 존재할 뿐이다."¹¹⁸ 그는 인간 자신의 본질에 불과하다. 그는 "단지 인간의 자기의식 발전의 한 계기이고"¹¹⁹ "자기의식의 창조물"¹²⁰에 지나지 않는다. "그것은 곧 나이다."¹²¹ "나, 사고하는 자, 나를 고양하는 자, 활동하는 일반자와 나, 직접적인 주체는 단 하나의 인간 나에 불과하다."¹²² "그리스도교는 인간에게 가장 많은 것, 다시 말해서 모든 것을 약속하고도, 인간에게서 가장 많은 것, 즉 모든 것을 빼앗아 간 종교다."¹²³ 바우어의 눈으로 볼 때 앞서 이러한 흐름을 더욱 조장한 헤겔이야말로 악마적 기만을 숨긴 정작의

---

115) 같은 책, 65.

116) 같은 책, 105.

117) 참조: D. 맥렐란, 『청년 헤겔운동』, 홍윤기 역, 학민사, 1984, 93.

118) B. Bauer, *Die Posaunen des jüngsten Gerichts über Hegel, den Atheisten und Antichristen*, Die Hegelschen Linke, K.Loewith(eingeleitet), Stuttgart-Bad Cannstadt, 1962, 123-225, 137.

119) H.-M. Saß, *Untersuchungen zur Religionsphilosophie in der Hegelschule 1830-1850*, Diss. Münster, 1963, 128.

120) B. Bauer, *Hegels Lehre von der Religion und Kunst von dem Standpuncte des Glaubens aus beurtheilt*, Leipzig 1842, Nachdruck Aalen, 1967, 224.

121) B. Bauer, *Die Posaunen des jüngsten Gerichts über Hegel, den Atheisten und Antichristen*, Die Hegelschen Linke, K. Löwith(eingeleitet), Stuttgart-Bad Cannstadt, 1962, 123-225, 138.

122) 같은 책, 147.

123) B. Bauer, "Die Fähigkeit der heutigen Juden und Christen frei zu werden", G. Herwegh(ed.), 21 Bogen aus der Schweiz, Zürich/Winterthur, 1843, 69.

무신론자도 반(反) 그리스도인이었다. 헤겔 좌파가 헤겔을 정확히 이해하였든 오해하였든 그 반발의 경향은 나름의 추세를 형성하고 뭉쳐가고 있었다. 그리고 바로 이러한 시대의 기세와 흐름을 절정으로 몰아서 집약한 이가 포이어바흐였다.

제4장

종교 - 인간학

포이어바흐

"인간에게는 인간이 신이다."

이제 우리는 본격적으로 무신론을 거론하게 되었다.[124] 살펴본 바와 같이 근대적 무신론의 조짐은 16세기까지 소급한다. 교회 내부의 불일치와 종교전쟁은 그리스도교 신 신앙의 가신성(可信性)을 온통 뒤흔들어 놓았고, 신대륙과 타 종교의 발견은 그리스도교에 대한 상대화와 무관심을 불러왔다. 게다가 계몽주의와 새로운 천체우주관은 신앙보다는 이성의 힘에 의지하게 하였다. 근대의 요란한 발견과 잡다한 생각들은 헤겔과 함께 종합과 화합에 이르러 가지런히 정리되는 듯했다. 그러나 헤겔의 위업이 절정에 이

---

124) 무신론의 뿌리와 동기가 워낙 각양각색이어서 일목요연하게 규정하기는 어렵다. 본서는 신이 유일하고 인격적이며 세계를 초월하고 만사를 꿰뚫고 이끌어 간다고 보는 유일신론만이 아니라, 넓은 의미로 종교(그리스도교) 자체를 합리적으로 비판·부정·해체하려는 입장과 태도 그리고 방식을 염두에 두고 있다. 참조: A.K. Wucherer-Huldenfeld(1-5), J. Figl(6-7), "Der Atheismus", W. Kern, H.J. Pottmeyer, M. Seckler(Hg.), *Handbuch der Fundamentaltheologie* 1, Freiburg/Basel/Wien, 1985, 95-116.

른 순간 곧 위기와 분열이 시작되었다. 그 가파른 비탈길을 막아설 버팀목은 없었다. 헤겔은 그의 방식이 드높이 긍정적으로 평가될수록 더욱 심한 불화의 제공자가 되는 숙명을 안게 되었다. 이러한 거대한 세속화의 소용돌이 속에서 지식인들 대화에 무신론이 등장하였다. 이들은 일반적으로 자신을 진보된 자, 종교적 유아기를 극복한 자로 자부하는 이들이었다. 독일어권에서 본격적으로 무신론을 거론하던 많은 주자 중에서도 포이어바흐(L. Feuerbach 1804-1872)의 위치와 역할이 돋보였다. 그가 근대 무신론의 교부라 불리는 이유는 그의 주장이 매우 조직적이고 설득력을 갖추고 있었고, 감각과 심리를 강조하는 그의 인간학적 기점이 이후의 모든 무신론적 흐름에 물을 대는 저수지와 같기 때문이었다. 그는 헤겔 좌파 사이에 산발적으로 제기되던 종교비판의 길목에서 무신론의 이정표가 될 저서들을 발표하였다. 우선 청년 헤겔파의 정신을 담아 『죽음과 불멸성에 관한 고찰』(1830)을 발표하였다.[125] 영혼의 불멸성을 부정하는 이 책이 가져올 충격을 고려하여 익명으로 출간하였는데 그의 이름은 오히려 더 많은 이에게 알려져 교수직을 잃고 강단에서 제명되고 말았다. 이어 헤겔의 철학과 그리스도교 신학을 거슬러 발표한 『그리스도교의 본질』(1841)[126], 그리고 그 내용을 보강한 『종교의 본질』(1851)은 무신론을 대중 사이에 일반화하였고, 이후 그와 같은 글과 말이 봇물 터지듯 쏟아지게 하였다. 시대의 반항아들에게는 관념

---

125) 그의 책은 영혼 불멸의 교리가 이기주의의 산물이고, 개인의 영혼은 사멸하고 인류의 혼만이 불멸한다고 자극함으로써 정부에 의해 유포 금지되고 압수되었다.

126) 『그리스도교의 본질』이라는 서명은 출판업자 뷔간트(Ditto Wigand)의 권고에 따른 것으로 알려진다. 원래 자신의 책이 지닌 의미와 파급력을 예상한 포이어바흐는 칸트의 『순수이성 비판』(1781)에 견주어 적어도 부제(副題)만큼은 『순수 비이성 비판』이라 붙이고자 했었다.

론과 신에서 벗어나 현실의 자신에게 집중하라는 그의 독려가 마치 화약통에 불티를 던지는 것과 같았다. 그의 깃발에 새겨진 표지는 실재에 관한 관념론을 타파하고 신에게서 벗어나 인간 자신에게 집중하라는 것이었다.

본서는 포이어바흐의 주장에 대한 검토를 그의 생각을 계승하고 극단화한 후발자들, 곧 마르크스, 니체, 프로이트의 결론까지 듣고 나서 함께 하고자 한다. 포이어바흐의 종교비판이 같은 방향에서 이들에게서 더욱 분명하고 적나라하게 드러났기 때문이다.

1. 관념론을 버리고 감각 현실로

포이어바흐는 한때 헤겔이 "교사의 본분이 무엇인지를 알려준 유일한 사람"이라며 존경하였으나, 이내 그로부터 "결연히 이주"하고 말았다.[127] 그는 관념론에 대한 반동 속에 감각적, 구체적, 개별적인 것을 참된 실재라고 간주하고, 그에 대한 열정에 사로잡혔다. 그에게 헤겔 철학은 있는 그대로의 현실을 보지 못하는 관념적이고 추상적인 사변, 따라서 뒤집혀야 할 생각에 불과하였다. 그에게는 헤겔 철학이 본질을 비본질로, 또 비본질을 본질로 호도하는 것으로 보였다. 헤겔이 주장하던 바와는 달리 감각은 비실재적이지도 않고 빈곤하지도 않다. "나는 인간을 자연과 분리하는 관념론을 증오한다."[128] 그는 초감각 차원의 관념이 아니라 경험, 물질, 감각, 현실

---

127) 칼 뢰비트, 『헤겔에서 니체에로』, 강학철 역, 민음사, 1985, 92.
128) 루트비히 포이어바흐, 『종교의 본질에 대하여』, 강대성 역, 한길사 2006, 85. 포이어

을 진지하게 보았고, "추상에서 구체로, 생명에서 실제 살아있는 것으로, 인간성에서 구체적인 인간으로, 의식에서 현실적 객체로의 이행"[129]을 주장하였다. 그에 따르면, 인류가 다시 전심으로 자기 자신에게, 자신의 세계와 현재에 주력하기 위해서는 이제까지의 피안과 차안의 분열이 헤겔에게서처럼 관념 안에서가 아니라 실제 현실에서 지양되어야 한다. 피안에서의 불

바흐는 같은 맥락의 발언을 어디서나 반복하였다. 참조: L. Feuerbach, *Das Wesen des Christentums*, E. Thier(Hg.), Werke in sechs Bänden, Bd. 5, Frankfurt a. M., 1976, 400-401. "나는 절대적인 사변, 비물질적이며 자기 자신으로 만족하는 사변, 그의 자료를 자기 자신으로부터 가져오는 사변을 절대적으로 거부한다. 나는 더 잘 사유할 수 있기 위해 머리에서 눈을 제거하는 철학자들과는 근본적으로 다르다. 사유하기 위해 나는 감성이 필요하다. 무엇보다도 나는 눈이 필요하다. 나는 언제나 감성의 활동을 통해서만 얻을 수 있는 자료들에 생각들을 근거시키고자 한다. 나는 사상으로부터 대상을 끌어내지 않고 대상으로부터 사상을 끌어내고자 한다. 대상은 우리의 머리 바깥에 실존하는 것일 뿐이다. […] 나는 헤겔철학과는 정반대로 현실주의와 물질론이 타당하다고 생각한다."; 루트비히 포이어바흐, 강대성 역, 기독교의 본질, 한길사 2008. "나는 사변철학이 스스로와 종교 사이에 구축한 가상의 일치를 여지없이 부숴버렸다. 나는 사변철학이 종교와 일치되기 위하여 종교로부터 참된 본질적인 내용을 박탈했다는 것을 증명했다."(38); "나는 일반적으로 절대적이고 비물질적이며 자기 만족적인 사변, 곧 그 자체로부터 재료를 끌어내는 사변을 무조건 배척한다."(43); (L. Feuerbach, "Grundsaetze der Philosophie der Zukunft", Werke in sechs Bänden, 3. Kritiken und Abhandlungen II(1839-1843), Ffm., 1975(247-322) "'나는 추상적인, 사유하기만 하는 존재자이며, 신체는 나의 본질에 속하지 않는다'라고 하는 명제를 낳은 철학이 자신의 출발점으로 가지고 있었다면, 새로운 철학은 이와는 반대로 '나는 현실적 감각적 존재자이며 신체는 나의 본질에 속한다. 실로 신체의 총체가 나의 자아이며 나의 본질 자체이다'라는 명제와 더불어 시작한다."(302); (루트비히 포이어바흐, 강대성 역, 기독교의 본질, 한길사 2008. "진리는 인간이며 추상적인 이성이 아니다. 진리는 삶이며 종이 위에 머물고 종이 위에서 완전한 실존을 발견하는 사상이 아니다."(40); (L. Feuerbach, *Sämtliche Werke*, W. Bolin, F. Jodl(Hg.), 2. Aufl., 10 Bände, 1959ff. Stuttgart/Bad Cannstatt 1959 II. "진리, 현실, 감성은 동일한 것이다."(296)

129) 정의채, "현대 무신론의 존재론적 고찰", 『현대 무신론』, 그리스도교 철학연구소(편), 분도출판사, 1982 9-56, 27.

멸 대신에 오늘 여기에서의 새 삶을 말할 일이다. 직접적이고 확실한 것은 오로지 감각, 감정의 대상뿐이다. 감각만이 현존을 보장해준다. 데카르트의 합리주의적 선언 'cogito ergo sum'은 'sentio ergo sum'이라는 감각적 선언으로 교정되어야 맞다. 사유의 추상화 속에서만 존재하는 보편개념이란 존재하지 않는 것, 없는 것이다. 플라톤의 이데아, 헤겔의 정신, 그리스도교의 신은 독자적인 본질이나 고유명사가 아니라 개체성의 속성일 뿐이다.[130]

이러한 입장 앞에 이제까지의 종교적 주장이 성립할 수 없음은 물론이었다. 자연의 의지와 목적을 찾는 신학은 "자연을 고찰하는 낡은 방식"[131]일 뿐이다. 자연은 조건이나 원인에 따라 결과를 도출할 뿐이다. 산소가 존재하기에 불과 생명이 존재하는 것이지 불과 동물의 호흡을 유지하기 위해서 산소가 존재하는 건 아니다.[132] 산소는 자연의 본질에 속하는 것, 그저 존재하기 때문에 존재한다. 세상의 근거가 신에게 있다는 주장은 순진한 착각의 소산이다. 신이 존재한다면 오히려 세상의 근거가 폐기되는 것이다. 신이 세계의 창조주요 유지자라는 믿음은 자연에 대한 인간의 무지에 기인하고, 인류 유년기에 속할 그러한 주관적 표상은 인간의 상상이나 꿈속의 본질에 지나지 않는다.[133]

---

130) 참조: 루트비히 포이어바흐, 『종교의 본질에 대하여』, 강대성 역, 한길사 2006, 196; 263. 포이어바흐는 헤겔이 신학을 철학으로 지양하는 가운데 도리어 신학을 고양했다며 '음흉한 신학자'(der hinterlistige Theologe)라 불렀다. 그러나 스티르너는 정작 종교를 비판하면서도 종교에서 벗어나지 못하는 포이어바흐야말로 '신심 깊은 무신론자'(der fromme Atheist)라고 비난하였다.
131) 참조: 루트비히 포이어바흐, 『종교의 본질에 대하여』, 50.
132) 참조: 같은 책, 203.
133) 참조: 같은 책, 215.

2. 인간의 해방

앞서 살핀 바와 같이 헤겔 좌파의 징검다리를 건너는 동안 신에 관한 의식은 인간에 관한 의식으로 변모되었다. 관건이 되는 것은 "그 어떤 추상적인 것, 다만 생각되고 상상되는 것이 아니라 실제적인 것, 혹은 차라리 가장 현실적인 본질, 가장 실제적인 존재, 곧 인간"[134]이다. 인간에게 최고의 본질, 첫째가는 대상, 진리에 대한 기준은 오로지 인간일 뿐이다.[135] "대상의 의식은 인간의 자의식이다. […] 대상은 인간의 노출된 본질이며 인간의 진실한 객관적 자아이다."[136] 신마저도 "인간 자신의 본질이다. 인간을 압도하는 대상의 힘은 인간 자신의 힘이다."[137] 고도의 열정과 남다른 방식으로 포이어바흐가 추진한 것은 결국 인간학이었다.[138] 인간학이란 인간을 위한 인간의 철학이다. 철학의 출발점이자 종교의 시작, 종교의 중간, 종교의 종점은 신이 아니라 인간이다.[139]

헤겔이 소외개념을 절대정신에 적용하였다면, 포이어바흐는 피와 살을 가진 인간에게 적용하였다. 소외란 인간 자신에게 속하던 것을 상상을 통해 상실하는 현상을 지적하는 개념이다. 지혜, 동경, 정의 그리고 사랑

---

134) L. Feuerbach, *Weser. des Christentums*, 37.
135) 참조: Ibid, 148.
136) 루트비히 포이어바흐, 『기독교의 본질』, 강대성 역, 한길사 2008, 66.
137) 같은 책, 67.
138) 참조: L.포이어바흐, 『종교의 본질에 대하여』, 63. "나의 학설은 '신학은 인간학이다.'라는 말로 요약될 수 있다."
139) 참조: 루트비히 포이어바흐, 『기독교의 본질』, 301.

등은 인간의 고유성을 지칭하는 속성들인데, 지금까지 사람들은 달리 상상해 왔다. 인간은 자신의 속성을 자신 밖 신이라는 가상의 객체에 투사해 왔다. 신은 인간의 드러나고 표출된 내면이요, "소외된 자신"[140], "인간을 신격화한 본질"[141]에 불과하다. 신이 자기의 모상에 따라 인간을 창조한 것이 아니라, 인간이 자신의 모상에 따라 신을 투사한 것이다.[142] 인간은 투사기(投射機)요 신은 투사물이다. 신은 인간의 거울 속 인간 자신이다. 그래서 역사상 사람들이 다양했던 만큼 신도 다양했고, 또 그만큼 종교도 다양했다. 종교의 기반과 본질은 결국 인간의 환상, 자기분열, 현혹, 모순, 궤변이었다.[143] 인간은 신이 존재한다는 것을 완전하게 인식할수록 더욱 소외된다. 그리스도교가 완전한 종교라는 말은 그리스도교가 인간을 완전하게 소외시키고 있다는 것을 의미할 뿐이다.

포이어바흐는 이러한 시각을 전체 신학에 적용하였다. 신앙인은 자신의 지식이나 능력을 초월하는 것을 초인간적이라 여기고 신이라 불러왔지만, 실제로 신은 인간 전체, 즉 유로서의 인간의 본질에 불과하다. 인간은 자신의 본질을 그 어떤 자기 바깥에 존재하는 것으로, 그리고 자기 자신에게서 떨어져 있는 것으로, 그것을 자립적인 형상으로 투사하고, 그것을 신이라 명명하고 기도해왔다. 짧게 말해, 신은 인간이 투사한 표상, 상상과 환상의 소산 외의 다른 게 아니다. 신은 인간의 내면 곧 인간 자신이 언표

---

140) L. Feuerbach, *Wesen des Christentums*, 76. 참조: 루트비히 포이어바흐, 『기독교의 본질』, 76(L. Feuerbach, *Wesen des Christentums*, 51).
141) L. 포이어바흐, 『종교의 본질에 대하여』, 63.
142) 참조: L. 포이어바흐, 같은 책, 276; 286.
143) 참조: L. 포이어바흐, 『기독교의 본질』, 375.

된 것이고, 종교는 인간의 숨은 보물 곧 내면을 드러내는 것이다. 신은 인간의 투사된, 대상화된 상(像)일 뿐 그 어떤 것도 아니다. 신적인 것은 피안을 향해 투사된 인간의 것이다. "도덕적으로 완전한 본질로서의 신은 도덕의 이념이 실현된 것, 도덕률이 인격화된 것, 인간의 도덕적 본질이 절대적 본질로서 정립된 것에 불과하다. 그것은 결국 인간 자신의 본질이다."[144] 신의 속성인 사랑, 지혜, 정의, 불멸은 실제에 있어 인간의 속성이다. 인간은 투사된 신의 속성을 빌어 자신의 자유, 무제한, 불사불멸을 찬미하고[145], 자신에게 기도하는 것이다. 자기 느낌을 숭배하는 것이다. 고통에 민감하고 빈곤한 사람일수록 신을 풍부하게 상상하고 있지 않은가. 소원이 없다면 신도 종교도 없을 것이다. 그러므로 새로운 법칙, 참된 세계관의 전환점이 되는 명제는 "인간에게는 인간이 신이다."(Homo homini deus est)[146]라는 것이다. 인간이야말로 신학의 정수(精髓)요, 암호를 해독하는 열쇠다[147] 근대의 과제란 신학을 인간학으로 변형하고 해체하는 일인바 그것은 신을 인간화함으로써 실현될 일이다.[148]

---

144) L. 포이어바흐, 같은 책, 120.

145) 참조: L. 포이어바흐, 기독교의 본질, 237. "그리스도의 부활은 인간이 죽은 뒤에 자신의 인격이 계속된다는 것을 직접 확신하려 하는 인간의 욕구가 채워진 것이며 감성적이고 의심할 수 없는 사실로서의 인격적 불멸을 의미한다."

146) L. Feuerbach, *Wesen des Christentums*, W. Schuffenhauer(Hg.), Gesammelte Werke, Bd. V, Berlin, 1973, 326.

147) 참조: L. Feuerbach, Ibid, 408.

148) 참조: L. Feuerbach, *Grundsätze der Philosophie der Zukunft*, 1843, W. Bolin, F. Jodl(Hg.), Sämtliche Werke, Zweitaufl. H.-M. Sass(Hg.), Bd.II, 245.

3. 신앙의 원리와 속성

포이어바흐에게 신앙은 인간의 자기분열, 자아도취, 허영에 들뜬 욕구에 불과하다. 신앙 속에는 당파적이고 배타적인 "악의 원리가 들어있다."[149] 신앙은 본성상 "인간을 제한하고 편협하게 만들어 다른 것, 자기와 구분되는 것을 정당하게 평가할 자유와 능력을 인간에게서 박탈해간다."[150] 신앙은 다만 신앙이 있는 사람들과 동화하고 신앙이 없는 사람들을 악의적으로 밀쳐낸다. 그것이 사랑과 휴머니즘 그리고 정의감에 의해 제어되지 않으면 필연적으로 증오와 박해로 이어지게 되어있다. 신앙인들은 "하나만이 진리이며 한 사람만이 신이고 한 사람만이 신의 아들이 되는 독점권을 갖는다. 다른 모든 것은 무고 오류고 망상이다. 야훼만이 참된 신이다. 다른 모든 신은 아무것도 아닌 우상들이다."[151] 신앙은 특수한 자부심과 명예를 부여해서 다른 사람들보다 우월하다고 생각하게 한다. 신앙인의 겸손은 그저 외양을 위장한 거만일 뿐이다. 심판하고 저주하는 신앙의 본성은 어디서나 똑같다. 이슬람교도들은 믿지 않는 사람을 불과 칼로, 그리스도교인들은 지옥의 불로 섬멸하려 한다. 스스로와 반대되면 여지없이 태워버리는 이 신앙의 불이 대상적으로 투사된 그것이 신의 분노이고 지옥이다. 지옥은 믿는 자들이 믿지 않는 자들을 섬멸하려 던지는 시선의 불꽃, 그 이글거리는 분노다. 이러한 지옥을 고안해 낸 것은 신앙이지 사랑이

---

149) L. 포이어바흐, 강대성 역, 기독교의 본질, 398.
150) 같은 책, 393.
151) 같은 책, 392.

나 이성이 아니다. 지옥, 그것은 사랑에게는 소름 돋는 전율이고 이성에게는 공허한 불합리가 아닌가.

　본연의 사랑은 어떤 제한도 용인하지 않고 모든 특수성을 넘어서는 법이다. 특수한 현상에 기초하는 사랑이란 그 사실로 이미 사랑의 본질에 어긋나는 것이다. 인간을 사랑하는 것은 인간이기 때문일 뿐이다. 인간은 자기 목적적이며 이성을 지닌 본질이라는 점 때문에 사랑의 대상이다. 이것이 유의 법칙이며 예지다. 사랑은 직접적인 것, 독자적이고 그 자체로 충분한 것, 생득적인 척도와 기준을 지니고 스스로 판단한다. 그러나 그리스도교의 사랑은 그것이 그리스도교적이어야 하는 특수한 사랑이다. 사랑 그 자체를 최상의 법칙으로 삼지 않는 그런 사랑은 진리의 의미를 모독하는 사랑이다. 그리스도가 우리를 사랑했기 때문에 우리가 서로 사랑해야 한다는 그 사랑은 고란된 사랑, 꾸며진 사랑, 흉내 낸 사랑, 사랑이 없는 사랑이다. 사랑의 이념은 결코 그리스도교와 더불어서 그리고 그리스도교를 통해서 처음으로 인류의 의식 안에 들어온 게 아니다. 그리스도교는 사랑의 소유주가 아니다. 사랑이 그리스도를 존귀하게 했지, 그리스도가 사랑을 빛나게 한 게 아니다. "인간을 인간이기 때문에 사랑하는 자, 유의 사랑과 유의 본질에 상응하는 보편적인 사랑으로 올라서는 자", "그가 바로 그리스도다."[152]

---

152) 같은 책, 419.

4. 인간신론

포이어바흐의 무신론은 인본주의의 결실이요 그 결론이었다. 이제 할 일은 무엇인가? 인간의 자기소외와 빈곤화를 되돌려 놓는 일 외에 다른 무엇이겠는가. 초자연적이고 반이성적인 신의 본질을 인간의 것으로 바꿔놓는 일 이외에 다른 무엇이겠는가! 신에 대한 신앙과 사랑으로 힘을 소모하는 대신 전적으로 인간을 사랑할 일이고, 피안이 아니라 차안에서 인간다운 세계를 건설할 일인 것이다. 종교는 사실을 희생시킨다. 종교는 인간이 직선으로 갈 목표에 구불구불 우회로를 통해 도달하게 한다.[153] 종교의 발전이란 만사를 처음에는 신에게 주다가 인간에게 돌려주는 과정, 신을 거부하고 인간 자신을 긍정해가는 과정이다. 이러한 과정을 이제 끝내야 한다. 그러기 위해서는 종교의 설명을 뒤집을 일이다. 즉 종교의 서술어들을 (지성, 도덕성, 사랑, 고난) 본연의 주어로 삼아야 한다. 종교가 수단으로 설정해오던 것을 목적으로 삼을 일이다. 어차피 환상을 파괴하고 투명한 진리의 빛을 눈앞에 갖게 되면[154] 종교의 속살과 핵심은 다름 아닌 무신론이라는 사실을 알게 될 것이다.

여기서 간과할 수 없는 사실이 있다. 포이어바흐가 말하는 무신론의 취지는 단순히 신을 부정하는 데 있지 않고 참된 휴머니즘을 긍정하고 강조하는 데 있다. 그것은 그저 신과 종교의 환영(幻影)을 거부하는 것이 아

---

153) 참조: 같은 책, 298.
154) 참조: 같은 책, 427.

니라 인간의 참된 본질을 부각하고 사랑하기 위한 것이다.[155] "내가 무신론자라는 것 외에 나에 대해서 말할 것도 없고 알고 있는 것도 없는 사람은 나에 대해서 전혀 아무것도 말할 것도 없고 알지도 못하는 사람이다. 신이 있는지 혹은 없는지에 관한 문제는 17·8세기의 문제이지 지금 19세기의 문제가 아니다. 내가 신을 부정하는 것은 내가 인간의 부정을 부정하는 것을 뜻한다. 나는 실제의 삶에서 필연적으로 인간의 부정을 낳는 환상과 천상의 인간 처지 대신, 구체적이고 현실적이며 이에 따라 정치적이고 사회적인 인간의 처지를 설정한다. 신의 존재와 비존재의 문제는 나에게 있어서는 그저[…] 인간의 존재와 비존재의 문제일 뿐이다."[156] 인간 본연의 참된 가치를 인간에게 되돌려 주어야 한다. 인간이 없는 인간에 관한 사변은 거짓이요 위선이다. 그러기에 "'무신론'(Atheismus)보다 '인간신론'(Anthropotheismus)이라는 표현이 적합하다."[157] 어차피 새 시대에는 (인간학으로서의) 철학이 새롭고 참된 종교가 될 것이다. 그토록 좋은 것이 가까이 있는데 무엇 때문에 멀리서 방황할 필요가 있겠는가! 신 대신에 인간에 대

---

155) 참조: 안현수, 『인간적 유물론』, 서울, 1991, 181-183.
156) J. Speck, 『근대 독일철학』, 원승룡 역, 서울, 1988², 210에서 재인용; 참조: H.J. Störig, *Kleine Weltgeschichte der Philosophie*, Stuttgart, 1974. "중요한 문제는 하느님이 존재하느냐 존재하지 않느냐가 아니라, 인간이 존재하느냐 존재하지 않느냐다. 하느님이 우리와 동일한 본질인지 아닌지의 문제가 아니라, 우리 인간이 서로 같은지 같지 않은지의 문제다. 어떻게 인간이 하느님 앞에서 의로움을 발견하는가의 문제가 아니라, 어떻게 인간 앞에서 의로움을 발견하는가의 문제다. (성만찬의) 빵 안에서 우리가 주님의 몸을 모시는지 모시지 못하는지, 어떻게 모시는지의 문제가 아니라, 우리 자신의 몸을 위해 빵을 얻는 문제다. 하느님의 것을 하느님에게, 황제의 것을 황제에게 돌려주는 문제가 아니라, 인간의 것을 마침내 인간에게 돌려주는 문제인 것이다."(344)
157) L Feuerbach, *Das Wesen des Christentums*. 4.

한 사랑을, 신 대신에 인간 자신에 대한 믿음을, 피안 대신에 온전한 차안을! 만년의 포이어바흐는 자신의 인생 과제를 다음과 같이 밝혔다. "내 강의와 저술의 목적은 다 같이 인간을 신학자가 아닌 인간학자로, 신을 사랑하는 자에서 인간을 사랑하는 자로, 내세의 수험생에서 현세의 학생으로, 군주제와 귀족제의 종교적 정치적 하인에서 자유롭고 자신감에 찬 지상의 시민으로 만드는 것이다."[158]

---

158) L. Feuerbach, *Vorlesungen über das Wesen der Religion* (gehalten 1848/49 in Heidelberg), *Gesammelte Werke Bd.VI*, Berlin, 1967, 30f; 루트비히 포이어바흐, 종교의 본질에 대하여, 401.

제5장

종교 – 사회·정치

마르크스

"철학자들은 세계를 다양하게 해석해 왔을 뿐,
문제는 변혁하는 데 있다."

헤겔은 근대의 사회와 인문 전 분야를 포괄하면서 깊숙이 파고들어 거대한 비판 사상이 된 계몽주의의 흐름을 그리스도교에 우호적인 방향으로 이끌어 근대를 완성하였다. 그러나 우리는 서구인의 생각이 헤겔의 사후 얼마 되지 않아 세속화의 급경사를 타고 븐기했으며, 그중 특별히 교회를 비판하고 반대하는 쪽으로 접어든 줄기를 주목하는 가운데 포이어바흐가 그 이정표 역할을 단단히 했음을 확인하였다. 포이어바흐가 가리키는 방향은 또렷했다. 그의 주장이 지닌 제어할 수 없이 큰 힘은 후발자들의 성향과 여건에 따라 각 분야로 분출하여 끝장에 가닿았다. 그가 증시한 현실과 감각, 인본주의, 심리적 투사론은 이후의 후발자들, 곧 마르크스, 니체, 프로이트를 통해 적나라하게 현실화하였다. 이들은 포이어바흐의 자극을 각기 다른 방향으로 극단화함으로써 특색을 갖춘 인물이 되었다. 이들에게 포이어바흐는 단순히 헤겔에서부터 출발하여 중간에 거쳐 간 간이역이 아니었다. 이들은 포이어바흐가 용기 내어 걷던 쪽으로 흐르다가 낙차 큰 폭포가 된 이들, 포이어바흐의 아이들이었다.

우리는 포이어바흐에게서 받은 영감과 비전이 물질적 정치·사회·역사관(마르크스), 인본주의(니체), 심층 심리분석론(프로이트)의 향방으로 첨예화한 그 흐름을 고찰하고자 한다. 우선 마르크스가 접어든 길을 추적하고자 한다.

1. 관념론에서 물질주의로

애초 마르크스(K. Marx 1818-1883)[159]도 헤겔 철학에 심취해 열렬히 추종하던 '헤겔 학도'였다. 헤겔에 대한 마르크스의 비판을 제대로 이해하려는 자는 마르크스가 얼마나 헤겔의 덕을 보았는지를 잊어서는 안 될 것이다. 헤겔의 변증법과 역사가 없었다면 그의 물질주의[160]는 무엇이 되었을까?

---

159) 우선 전집 K. Marx, *Werke-Schriften-Briefe* H.-J. Lieber, P. Furth(Hg.), Bd.I-VII, Darmstadt 1962ff)을 인용하며, '*Werke*'로 표기한다. 여기에 있지 않은 텍스트들은 K. Marx, F. Engels, *Historisch-kritische Gesamtausgabe*, D. Rjazynov, V.Adoratski(Hg.), im Auftrag des Marx-Engels-Instituts in Moskau에서 취하며 *MEGA*로 표기하며, 여기에도 없는 것은 K. Marx, F. Engels, *Werke, Institut für Marxismus-Leninismus beim Zentralkommitee der SED*, Berlin 1956-1971를 MEW로서 표기 인용할 것이다.

160) 참조: 배영호, 『신학의 주제로서의 맑스주의』, 가톨릭대학교출판부, 2000, 118-159. 관념론이 인간의 정신과 의식이 그의 존재를 결정한다고 보는 데 반해 물질론 혹은 물질주의는 물질적 조건과 생산 관계가 정신과 사유, 그리고 역사를 결정한다고 주장한다. 이데올로기를 탈피하려던 마르크스는 아직 이러한 물질주의의 단계에 머물러 정신이나 의식 자체를 부인하지는 않았다. 물론 마르크스의 이러한 입장은 곧 정신은 물질의 산물일 뿐이며 물질만이 영원히 있다고 보는 엥겔스의 극단적 유물론에 근접해가고는

마르크스의 세계사에 대한 일관된 변증법적 관찰은 헤겔에게서 학습한 것이었다. 또 인간의 사회적 본질에 관한 새로운 평가, 노동의 의미에 관한 깨달음, 인간의 소외에 대한 통찰 등 수많은 것을 마르크스는 헤겔에게서 습득하였다. 그러나 마르크스는 헤겔의 관념론적 사고를 비난하는 '헤겔당원'이 되었다.[161] 그는 헤겔의 생각을 뒤집어 물구나무 세우고자 하였다. 그는 우선 헤겔처럼 '세계를 철학적이게' 하는 일이 아니라 '철학을 세계적이게' 하는 일, 헤겔 철학의 합리적 핵을 둘러싼 신비적 껍질을 벗겨내는 일이 시급하다고 보았다. 그리하여 변증법을 긍정하면서도 머리어서만 전개되는 신이념의 추상적 변증법이 아니라, 거꾸로 물질의 실제 구체적 변증법(변증법적 물질론)을 선택하였다. "생각으로는 아무것도 가능하지 않고, 실제적으로는 모든 것이 가능하다."[162] 그는 또 헤겔식 역사관을 긍정하면서도 역사란 절대정신의 추상적 역사가 아니라, 역사의 참된 주체인 인간(프롤레타리아)과 사회의 실제 구체적 역사(물질론적 역사관)여야 한다고 보았다. 관건은 관념적 유희가 아니라 실제적 변혁인 것이다.

마르크스에게 가치를 규정하는 것은 일차적으로 정신이 아니라 물질이다. "물질적 생활의 생산양식이 사회·정치·정신적인 생활 과정 일반의

있었다.
161) 헤겔의 사상에 호감을 표하고 적극적으로 수용하던 이들은 대개 '헤겔의 사람'(Hegelianer)이라고 불렸다. 그러나 곧 지속해서 추종하고 옹호하던 헤겔우파(Rechtshegelianer)는 '헤겔파'(Hegeliter)로, 헤겔을 떠나 반발하며 혁명을 추구하던 젊은 좌파의 무리(Linkshegelianer, Junghegelianer)는 '헤겔당원'(Hegelinᴈe)이라고 나뉘어 불렸다.
162) 발터 케른, 『무신론 마르크스주의 그리스도교』, 김진태 역, 가톨릭대학출판부, 2009, 182.

조건이 된다. 인간의 의식이 그의 존재를 규정하는 것이 아니라, 반대로 그의 사회적 존재가 그의 의식을 규정한다."[163] 역사는 물질적 가치를 추구하는 인간의 행위, 즉 경제적 생산행위와 그로 인해 성립하는 제 생산 관계에 따라 전개된다. 의식은 생활에, 이데올로기는 생산 관계에, 부르주아는 프롤레타리아에, 곧 상부구조의 본질은 하부구조에 의해 규정된다. 궁극적으로 정신세계는 물질세계의 반영에 불과하다. 관념론은 이 관계를 소홀히 했다. 인간의 세계는 추상적 사고의 세계가 아니다. 구체적 사회적 관계들이 그의 세계이다. 노동은 의식의 자기생산이 아니라 노동자의 실제적 작업이다. 인간의 소외는 사고의 소외가 아니라 노동과정에서 발생하는 실제적 소외이다. 그리고 이 잔인한 소외의 지양 역시 사고 안에서가 아니라 삶 안에서 실제로 일어나야 한다.[164] 이 사실에도 불구하고 사회의 현실화가 지연되는 이유는 고착된 이데올로기 때문이다. 이데올로기는 허위를 진리로 둔갑시켜 현실의 계급 갈등과 지배구조를 은폐하는 지배계급의 수호천사, 마술을 부리는 유령이다.[165]

---

163) K. Marx, *Zur Kritik der politischen Oekonomie*, MEW Bd. 13. Vorwort.
164) 자신을 황혼 녘에 날갯짓을 시작하는 '미네르바의 부엉이'(법철학)로 은유한 헤겔과 달리 마르크스는 자신을 '갈리아의 수탉'으로 의식하였다. 자신은 저녁이 아니라 새벽의 존재라는 것이다. 일을 끝내고 정리하면서 전모를 관념적으로 깨달을 게 아니라 남보다 일찍 앞서 현실적으로 일을 도모하고 사건을 일으킬 일이라는 것이다.
165) 참조: K. Marx, *Das Kapital*, 1장 4절. 마르크스에 따르면 상품에도 노동의 단순한 사회관계(생산과 교환)를 실재하는 사물처럼 나타나게 하는 유령이 숨어 있다. 유령은 상품을 단순한 사물에 그치지 않고 신비한 "사회적 상형문자"(88)로 만들고, 그 사용가치를 교환 가치로 변형시킨다. 이로써 본래의 상품은 소외되고 상실된다. 교환 가치로서의 상품은 동시에 초감각적이기도 하다. 가령 목재를 가공하여 책상을 만들면, 이 상품은 초감각적 성격의 물건이 된다. "책상은 자신의 다리로 마루 위에 서는 것에 멈추지 않는다. 그것은 다른 상품에 마주하여 물구나무서기도 하고, […] 기묘하게 그 목재

종교를 대하는 데 있어 마르크스는 헤겔에 반대하는 포이어바흐의 편에 섰다.[166] 그에게 포이어바흐는 "옛 철학의 정복자"[167]다. 마르크스는 포이어바흐의 종교비판에 온전히 동의하였다. 포이어바흐와 함께 "독일에서 종교에 대한 비판은 사실상 끝났다. 그리고 종교에 대한 비판은 모든 비판의 전제이다."[168] 포이어바흐에게는 여전히 분석대상이던 무신론이 이제 마르크스에게는 더는 근거를 대거나 진지하게 토론할 필요도 없이 종료된 자명한 사실이었다. 마르크스에게도 신이란 소외된 인간의 투영일 뿐이고, 종교는 "아직도 자신을 발견하지 못했거나 자신을 다시 상실한 사람이 갖는, 인간의 자기의식, 자기 존중일 뿐이다."[169] 그러나 마르크스는 포이어바흐의 의견에 만족하는 선에서 멈추지 않았다. 『포이어바흐 명제』가 그것을 제시한다. 포이어바흐의 『미래 철학의 근간』과 『그리스도교의 본질』이 "사회주의에 하나의 철학적 바탕을"[170] 부여하기는 했지만, 아직 본연의 사회비판은 시도조차 하지 않은 때문이었다. 마르크스는 헤겔과 포

대가리로부터 변덕을 부려대기에 이른다."(85) 이러한 변덕은 하나의 임의적 상품(금)이 화폐의 형태를 띨 때 극치에 이른다. 그때 물건은 생산에 요구되었던 노동의 양은 물론 그 사용가치와 무관하게 전적으로 화폐적 등가 교환의 문맥에서만 이해된다. 실재하지 않는 것을 실재하는 것처럼 요술을 부리는 이 등가적 교환의 질서는 어떤 안개 속에서 벌어지는 일과 같다. 이 안개와 같은 유령은 "사적 노동의 사회적 성격, 따라서 개별 노동자들 사이의 사회적 관계를 폭로하는 것이 아니라 도리어 그것을 물건들 사이의 관계로 나타냄으로써 은폐하는 것이다."(88) 이 관계가 물신 숭배이다.

166) 마르크스가 청년헤겔파 바우어, 슈티르너, 포이어바흐, 헤쓰로부터 받았던 영향과 그들의 인간관계에 관하여 참조: D. 맥렐란, 『청년 헤겔운동』, 홍윤기 역, 학민사, 1984.
167) K. Marx, *Kritik der Hegelschen Dialektik*, Werke I, 639.
168) K. Marx, *Kritik der Hegelschen Rechtsphilosophie*, Werke I, 488.
169) K. Marx, *Kritik der Rechtsphilosophie*, Werke I, 488.
170) K. Marx, *Brief an L.Feuerbach vom 11.8.1844*, MEW Bd. 27, 425.

이어바흐의 철학을 넘어 정치와 사회경제 관계들을 천착하고 비판하는 데까지 나아갔다.

포이어바흐가 인간을 공동체적 본질로 본 것은 옳았다. 그러나 그는 그저 개인 간의 관계, 그리고 자연과의 관계를 성찰했을 뿐 사회적 맥락은 간과하였다. 마르크스는 사회 현실의 법칙과 추진력, 사회의 물질적 조건, 노동의 역할, 생산 관계, 곧 사회·정치·경제 관계를 분석하고자 했다. 또 포이어바흐가 헤겔과 달리 구체 경험적인 감각과 육체적인 인간을 주목했던 것은 분명하다. 그러나 마르크스는 여기서 나아가 인류를 역사적으로, 즉 거대한 세계사의 과정 안에서 이해하고자 하였다. 포이어바흐가 사유보다는 감각에 비중을 두었던 것은 사실이다. 그러나 혁명적, 실천적 활동의 의미를 충분히 파악하지는 못했다. 진리는 실천을 통해서 증명될 일이다. "철학자들은 세계를 다양하게 해석해 왔을 뿐이다. 그러나 문제는 세계를 변혁하는 데 있다."[171] 포이어바흐도 계몽, 변화, 해방을 통한 사회 재편성을 기대하였고, 인간애를 통한 (종교 안에서 드러나고 있는) 이기주의의 극복을 호소했었다. 그러나 마르크스는 인간의 해방을 경제, 정치, 사회의 문제로 분석하였다. 해방은 단순히 이기주의의 문제가 아니라 경제적 강요와 사회 계급의 문제이기 때문이다. 요구되는 것은 현실적이고 실제적인 정치의 개선이다. 마르크스는 혁명에 의한 사회 재편성을 기대하고, 이를 위해 노동자계급에 호소하고, 착취당하는 프롤레타리아의 투쟁을 요구하였다. 이른바 사회주의 혁명을!

---

171) K. Marx, *Thesen über Feuerbach*, Werke II, 4.

2. 종교적 소외의 발생

마르크스는 종교라는 이데올로기가 발생하는 사회·정치적 정황을 꼬집어 언급하였다. 종교는 상위계급에 의해 억압된 민중이 한을 삭히고자 환상의 세계, 절대자의 영역으로 도피하는 방식으로 소외되는 데서 발생하고 유지된다. 포이어바흐는 교리 내용이 인간의 심리적 투사의 산물이라는 사실을 올바로 폭로하였다. 그러나 그는 아직 그것이 전도된 사회 때문인 줄은 드러내지 못했다. 마르크스에 의하면 전도된 비인간적인 사회가 그런 종교심을 일으킨다.[172] 종교는 바로 그런 사회를 정당화하고 후원하는 이데올로기로서 기성 지배계층의 지배 도구로 쓰이는 동시 피지배계층에게는 위로의 수단으로 활용된다. 종교는 "이 세계에 대한 도덕적 재가이며, 이 세계의 장엄한 보충이자 일반적 위로 근거이며 정당화의 근거이다. [⋯] 그러므로 종교에 대한 투쟁은 간접적으로 저 세계, 즉 그것의 정신적 방향(芳香)이 종교인 세계에 대한 투쟁이다."[173] 이러한 "종교는 억압받는 피조물의 탄식이요, 무정한 세계에 대한 감정이다"[174]. 종교는 억울한 사회에서 행복을 조달하는 진정제, 마취제와 같다. 그와 함께 사람들은 안도하고 행복하다는 환각에 잠긴다. "종교는 민중의 아편이다."[175]

---

172) 참조: K. Marx, *Kritik der Hegelschen Rechtsphilosophie, Werke I*, 488. "인간, 그는 결코 추상적이며 세계 바깥에 웅크린 존재가 아니다. 인간, 그는 인간의 세계이고, 국가이며, 사회이다. 이 국가, 이 세계가 종교를, 전도된 세계의식을 생산한다. 이 국가와 세계가 일종의 전도된 세계인 까닭이다."

173) 같은 책.

174) K. Marx, *Kritik der Hegelschen Rechtsphilosophie, Werke I*, 488.

175) 같은 책.

종교로 인한 소외를 어떻게 없앨 것인가. 아편만을 빼앗고 진통제를 요청하는 상태를 변화시키지 않는다면 별 의미가 없다. 환상을 필요로 하는 현실 여건을 청산해야 한다. "미몽에서 깨어나 사려분별을 획득한 인간으로 사유하고 행동하면서 자신의 현실을 형성시켜 나갈 수 있도록, 그리고 자기를 중심으로 활동하고, 동시에 자기 자신의 현실적 태양을 중심으로 활동하도록 깨우쳐야 한다. 인간이 자기 자신을 중심으로 활동하지 않는 한, 종교는 환상적 태양으로서 인간의 주위를 맴돌 것이다."[176] 다만 종교는 마르크스에게 단지 잘못된 현상의 징후요 결과일 뿐 요인인 것은 아니었다. 종교는 소외의 결과이지 원인이 아니다. 종교는 좀 더 근본적인 원인에 대한 암시에 지나지 않는다. 사람들은 억압되고 불행한 때문에 종교로 향할 뿐이다. 그러기에 종교를 비판할 것이 아니라 인간 불행의 기초를 이루는 사회·정치적 바탕을 검토하고 비판할 일이다. 그리고 그러기 위해서는 실제적 혁명이 따라야 한다. 이렇게 마르크스에게서는 철학이 준비한 종교비판이 정치 비판을 거쳐 실제의 혁명을 통해 완성될 일이 되었다.[177]

3. 종교적 소외의 극복

마르크스는 개인이 자신의 이익을 추구할 때 국가도 '보이지 않는 손'을 통해 이익을 얻게 된다는 아담 스미스의 주장을 반박하였다. 마르크스

---

176) 같은 책, 489.
177) 참조: 같은 책.

는 실제로 부(富)는 생산되지만, 과연 그게 누구에게 돌아가는지를 물었다. 산업화한 공장제와 기술의 진보에 힘입어 노동자들은 전보다 훨씬 많이 생산해 낼 수 있게 되었다. 그러나 그 생산의 결과를 소수의 자본가 집단이 독점함으로써 노동자는 착취되는 처지에 빠지게 된다. 마르크스는 초기 자본주의 체제에서 노동자와 생산품, 노동력과 노동 활동이 어떻게 소외되는지를 관찰하고[178] 생산수단을 공유하는 사회주의를 건설하면 어떤 결

---

[178] 노동하는 주체와 노동을 통해 생산되는 객체 사이에는 상호작용이 있다. 인간은 객체를 변화시키고 그것을 다른 것으로 만드는 가운데 자기 자신을 발견하는 것이다. 헤겔은 인간이 노동을 통해 자신의 잠재력을 표현하고 객관화하는 가운데 자아를 생성하고 변화하고 실현한다고 보았다. 인간은 노동하고 생산하는 과정에서 자신을 확인하며 만족하고, 동시에 다른 사람들에게도 유용한 물건을 창출하는 보람을 통해 자기의식의 상승을 경험한다. 노동은 인간의 현존을 탄생시키는 행위인 것이다. 인간은 자기 노동의 결과다. 이렇게 자아를 실현하는 노동자는 주인보다 강하다고 헤겔은 보았다. 그러나 (루소의 글을 꼼꼼히 읽은) 마르크스는 헤겔의 노동은 생각 속에서 일어나는 노동일 뿐 노동자의 현실적인 소외, 노동의 부정적 측면을 간과한다고 비판하고, 노동자의 현장에서 어떻게 소외가 발생하는지를 밝혔다. ① 노동자는 자신의 노동의 결과인 생산물에서 소외된다. 자본주의가 노동자들이 산출해 낸 생산물과 이익을 박탈하기 때문이다. 노동자들은 생명력을 노동에 투입하나, 그것을 확인할 수 있는 어떤 것도 가지지 못한다. 오히려 노동자가 자신을 많이 투입할수록 그를 부정하는 거대적인 객관의 세계는 더 강력해지고 노동자의 내부체계는 빈약해진다. ② 노동자는 자신의 노동 활동으로부터 소외된다. 노동자는 단지 생존하기 위해 일을 강요당한다. 어떤 일을 어떻게 할 것인가에 대한 선택의 여지가 없다. 자신의 창조성을 경험하기는커녕 일하는 과정에서 자신이 비참하다고 느낄 따름이다. 노동은 자신의 것이 되지 않고 타인의 것이 된다. 즐겁게 수행할 노동이 고역이 되는 것이다. ③ 노동자는 자연으로부터 소외된다. 인간은 자연 속에서 인류의 풍요함까지 인식할 수 있어야 하나, 세계는 노동자를 거부하고, 비인간화하며 적대적인 대상으로 나타난다 ④ 노동자는 타인으로부터 소외된다. 노동자는 다른 노동자들과 경쟁하지 않을 수 없다. 타인 속에 반영된 자기 인간성의 풍부함을 인식하고 맛보아야 하는데도 불구하고 오히려 생존하기 위해서 서로 싸우는 타락된 존재로 경험한다. 마르크스는 전도된 노동으로 인한 소외를 극복하기 위해 유산계급과 무산계급의 투쟁이, 생산수단의 공유화가 불가피하며, 그것이 세계사 전체를 관통하는 원리라고 보았다.

과가 나타날지를 제시하였다.

자본주의의 경영체제에서 임금노동자들의 노동은 하나의 소외된 상품이 되고 만다. 이 같은 소외관계가 계속되는 한, 종교적 소외도 연장된다. 실제 역사상 경제·사회적 발전에 따라 여러 종교적 소외의 형태가 발생해 왔다. 그러나 이러한 종교적 소외는 생산방식이 합리적으로 사회화되면 극복된다. 그것은 노동 분배(분업)의 지양과 사유재산의 폐지를 통해서 이룩된다. 일단 새로운 방식으로 노동하고(협동), 소유하면(공유), 자연과 세계에 대한 인간의 모든 관계가 변할 것이고, 자연과 사회가 인간적인 형태를 갖추게 되면 각 개인은 더 인간다워질 것이다. 이때 사회는 인간과 자연의 통일을 이룩하고 자연주의와 휴머니즘을 충족시킬 것이다(공산주의=자연주의=휴머니즘).[179] 소수의 자본가에게 자본이 집중되는 경제적 여건에서 빈곤한 프롤레타리아트의 소외가 발생하고 거기서 종교가 성행하지만, 필연의 변증법적 과정 끝에 공산주의 혁명이 도래하면 정황이 전복된다. 생산방식의 사회화를 이루고 계급이 없는 사회, 곧 완성된 공산주의를 이룩하면 노동 분배와 경제적 소외가 지양되고, 지배계급들의 억압수단인 국가는 물론 불필요한 위로수단인 종교도 저절로 없어질 것이다.[180] 종교는 적극적으로 투쟁하고 뿌리 뽑으려 힘들일 것도 없다. 공산사회에서는 종교에 대한 필요와 욕구 자체가 없어져 자동 소멸할 것이기 때문이다. 무신론의 본래 목적이 인간 존엄성을 되찾는 것인바, 공산사회에서 참된 인간이 실현되면 굳이 신을 부정할 필요조차도 없게 되는 것이다.

---

179) 참조: A.F. 맥거번, 『마르크시즘과 기독교』, 강문구 역, 서울, 1989², 44-46.
180) 참조: "An A. Ruge", *MEGA, I/1/2*. 종교는 "거꾸로 된 세상 현실에 대한 이론이기 때문에, 이 거꾸로 된 세상 현실이 무너지면 종교도 스스로(!) 무너지고 말 것입니다."(286)

4. 세계관이 된 마르크스주의(엥겔스, 레닌, 스탈린)

마르크스는 만년에 이르기까지 연구하였을 뿐 아니라 발표하고 선동하였다. 그러나 사회 혁명은 도래하고 있었던가? 바로 고도로 산업화한 영국에서, 마르크스의 경제 이론에 따르면 우선 변혁이 뒤따랐어야 할 그곳에서 역사는 반대로 흐르고 있었다. 그렇게 사회주의 혁명의 도래가 지체되거나 불가능하게 보일수록 마르크스 편에서는 더욱 강력한 이론적 보강이, 구속력 있는 교의가, 이념적 세계관이 필요해졌다. 실제로 노동자 운동은 수만 명의 조직원을 갖춘 당의 모습을 띠게 되었고, 이를 관리하고 세를 불리려면 공동의 강령, 조직의 통합과 강화를 위한 이념이 요청되었다. 마르크스 본인은 이데올로기 그 자체를 참아내기 어려워했건만, 이제는 기존의 취지와 이념을 보강할 강력한 이데올로기가 모색되었다.

세계관으로서의 변증법적·사적 유물론의 수립 작업은 엥겔스에 의해 주도되었다. 마르크스가 정치이론과 국가에 대한 비판을 통해 '공산(共産)사회'라는 개념을 세웠다면, 엥겔스는 '공산주의'라는 이념에 도달하였다. 엥겔스는 자본주의 사회에 대한 마르크스의 비판 차원을 넘어 무신론적이고 유물론적인 세계관, 곧 변증법적·사적 유물론을 정립하였다. 마르크스의 『자본론』 못지않게 읽히고 영향을 준 그의 책 『반-듀링론』이야말로 일반 세계관으로서의 유물론을 집성한 고전, 전체 공산주의 운동의 교과서가 되었다.[181] 엥겔스는 물질에 포괄적인 의미를 부여하였다(유물론). 물질은 자연과 역사, 그리고 인간의 삶과 사유를 설명하는 데 유일하거나 최소

---

181) 참조: 맥거번, 『마르크시즘과 기독교』, 77-131.

한 보다 우선적인 요소다. 신, 정신, 영혼, 의식, 이념이란 모두 비실재적이거나 물질의 산물에 불과하다. 물질적이고 감각적인 세계가 유일한 현실이며, 의식과 사유는 뇌수, 즉 물질의 결과에 지나지 않는다. 정신은 가장 높은 단계에 있는 물질의 형태일 뿐이다. 자연보다 우선하는 신이나 정신은 필요하지 않다. 물질은 그 자체가 창조되지도 않고 파괴될 수도 없이 영원한 것이기에 물질의 기원에 관한 어떠한 설명도 필요하지 않다. 세계는 물질에 의해서 완벽하게 설명될 수 있다.[182] 유물론이 세계의 문제를 해결

---

182) 엥겔스의 의견을 요약하자면 아래와 같다. 물질이 존재하는 양식이 운동이다. 운동하지 않는 물질은 어디에도 존재하지 않으며 또 존재할 수도 없다. 운동하지 않는 물질이란 물질이 없는 운동처럼 생각할 수조차 없다. 따라서 운동은 물질 그 자체와 마찬가지로 창조될 수도, 파괴될 수도 없는 것이다. 물질은 진화, 즉 자연과 역사에서 더욱 높은 단계의 형태를 향해 운동한다. 자연은 자체 안에 궁극적 목적을 지니고 있으며, 필연적으로 단순한 물체에서 더 복잡하게 사고하는 존재로 발전해 왔다. 엥겔스는 자연의 변증법적 운동 과정이 세 측면에서 입증된다고 믿었다. ① "대립물의 통일과 투쟁." 모순은 모든 현실 속에 존재한다. 상충하는 요인들이 만들어내는 긴장이 모든 현실의 특징이다. 자석에 있어서 당기는 힘과 미는 힘, 원자에 있어서 양극과 음극, 사회에 있어서 지배계급과 피지배계급 등 어느 한 요소가 균형을 깨고 다른 요소를 지배하려 할 때 변화가 일어난다. ② "양(量)의 질(質)로의 전환." 양적 변화가 일정한 점에 이르게 되면, 새로운 질로의 비약이 일어난다. 단순한 온도의 양적인 변화가 물을 증기로, 얼음을 물로 변화시키는 질적 변화를 창출해 내는 바와 같다. 같은 원자로 구성된 분자조직에서 원자의 양적인 차이로 인해서 아주 다른 화학 혼합물이 생성된다. N_2O는 아산화질소이지만 N_2O_5는 오산화질소이다. 이와 마찬가지로 사회에서는 생산양식의 변화가 결국 사회경제의 구조에 근본적인 변화를 일으킨다. 증가하는 프롤레타리아트의 수가 어느 단계에 이르게 되면 계급 관계의 전반적인 변혁을 필연적으로 불러올 수밖에 없다. ③ "부정의 부정." 부정의 부정이라는 헤겔의 법칙은 타락과 구원이라는 종교적 개념에 근거한 모방이론에 지나지 않는다. 이 법칙이 자연에 적용되어야 한다. 한 알의 보리는 새 생명을 생성시키기 위해서 땅속에서 썩어야만 한다. 수학에서는 '$-A'x'-A' = A^2$ 계산이 통용된다. 하나의 부정이 긍정적인 결과를 만들기 위해서는 그 자체가 다시 부정되어야 한다. 철학에서도 예전의 유물론이 관념론으로 부정되었다. 관념론은 다시 새로운 변증법적 유물론으로 극복되어야 한다.

한다. 변증법·사적 유물론은 자연과 인간, 사유와 역사 발전에 대한 일반적인 체계요, 모든 현상을 설명하는 포괄적이고 과학적인 법칙이다.

마르크스 개인은 물론 확고한 무신론자로 남아 있었으나 굳이 종교를 타파하거나 거슬러 투쟁할 필요성을 느끼지는 않았다. 사회적 소외의 극복과 함께 종교는 저절로 사라질 것이기 때문이었다. 엥겔스 역시 전투적 무신론을 주장하지는 않았다. 독일 사회주의자들은 당원자격에 있어서 종교를 사적인 차원의 문제로 취급하였다. 그러나 후기의 마르크스주의자들은 그에 대하여 확신할 수가 없었기에 종교를 적대적으로 대처하야 할 성가신 장애물로 여겼다. 특히 레닌(W.I. U.Lenin)이 그러했다. 그는 혁명이란 저절로 일어나지 않는다고 확신하였다. 그는 종교에 대하여 증오에 사로잡혔다. 종교는 더는 마르크스에게서처럼 (민중 스스로 섭취하는) '민중의 아편'이 아니라 (국가와 교회가 섭취하도록 내미는) '민중을 위한 아편'이다.[183] 레닌에게 신 신앙은 소유계급이 억압과 지배 그리고 소외를 유지하기 위해서

---

183) 참조: W.I. Lenin, Über die Religion. Eine Sammlung ausgewählter Aufsätze und Reden, Berlin, 1956. "수탈자들을 거스르는 투쟁 속에서 수탈된 계급의 무력(無力)은 불가피하게 피안에서의 개선된 삶에 대한 믿음을 낳는다. 자연의 힘을 거스르는 투쟁 속에서 야만인의 무력이 제식 신앙, 악마 신앙, 기조 신앙 등등을 탄생시킨 것과 같다. 평생 일하고 궁핍에 시달리는 사람에게 종교는 지상의 삶 속에서 겸손하게 인내하도록 가르치며, 천상의 보수를 두고 이러한 인간을 위로한다. 다른 사람의 노동으로 생활하는 사람에게는 종교가 이 지구상에서 자선을 베풀도록 가르친다. 종교는 이러한 사람에게 그의 수탈된 삶을 값싸게 정당화하며, 천상의 복락에 이르는 입장권을 싼값으로 판다. 종교는 민중을 위한 아편이다. 종교는[…] 일종의 정신적 저질의 술이다. 이 술을 마시고 자본의 노예들은 자신들의 인간적 면모에 훨씬 못 미치는 수준 미달의 인간 대우를 받으면서 인간 품위에 맞는 삶에 대한 요청을 마비당한다. […] 그러나 대규모 산업체의 공장을 통해 양육되고, 도시의 삶을 통해 계몽되어 현대적 계급의식을 갖춘 노동자는 자기 자신을 업신여기는 종교적 편견을 버리고, 천국일랑 목사들에게 그리고 변변치 못한 신앙인들에게 같기고 여기 이 땅 위에서의 더 나은 삶을 위해 투쟁할 일이다."(7)

이용하는 도구일 뿐이다. 신앙하는 자, 종교를 가진 자는 민중의 원수다.[184] 그리하여 레닌은 추종자들에게 무신론을 강요하였다. 종교는 국가적으로는 물론 사적(私的)인 일이나 당에는 그렇지 않다. 당은 노동자들을 어리석게 만드는 일체의 종교적 처사에 대항하고 맞서 싸워야 한다.[185] 그는, 전략적인 이유에서, 무신론을 당론에 포함하거나 주된 과업으로 다루지는 않았다. 일차적인 것은 계급의 투쟁이지 종교에 대한 투쟁이 아니기 때문이었다. 그는 10월 혁명 이후에도 의견을 달리하는 이들까지도 당과 정부 요직에 임명하기도 했다. 그러나 당의 노선과 레닌 자신의 종교에 관한 입장은 요지부동이었다.

그러한 입장이 그리스도교에 대한 박해로 이어지는 데는 큰 걸음이 필요하지 않았다.[186] 볼셰비키는 러시아에서 권력을 장악하고 나서(1917.10.), 곧 교회와 국가를 공식적으로 분리하였다(1918.1.23.). 수도원과 교회의 재산을 포함하여 모든 토지는 국유화되었다. 교회의 시설은 세속적인, 그리고 심지어는 반종교적인 목적을 위해서도 사용되었다. 법령은 "모든 인민은 어떠한 종교적 믿음도 가질 수 있되, 또한 전혀 가지지 않을 수도 있다. 또 종교의식도 자유롭게 허용된다."라고 천명했다. 그러나 종교 활동은 제한되었다. 종교의식은 공공의 질서를 방해해서는 안 되며, 누구도 종교적인 신념 때문에 인민의 의무를 거부할 수는 없다. 교회는 더는 사법적인 권리, 재산을 소유할 권리를 주장할 수 없다.[187] 성직자는 공민권을 박탈당하고,

---

184) V.I. Lenin, *Selected Works*, Vol. XI, London, 1939, 675f.
185) 같은 책, 9.
186) 참조: 맥거번, 『마르크시즘과 기독교』, 368-370.
187) 참조: "The Russian Revolution and Religion. A Collection of Documents Concerning the

상업이나 국가 기업에 관여하는 일이 허용되지 않았다. 1921년 6월 13일의 법령은 18세 이하의 미성년자들에 대한 종교 교육을 금지했다. 정부를 비난하고 저항하던 사제와 평신도는 반동분자로 투옥되고 처형되었다. 1923년 4월 전당대회 이후로는 무신론이 강령으로 채택되고, 필수 교과가 되었다. 1927년 스탈린은 다음과 같이 선언했다. "당은 결코 종교에 대해서 중립적일 수 없으며, 모든 종교적 편견에 대처하여 반종교적 선전을 수행한다. 왜냐하면 당은 과학을 대변하는데 종교적 편견은 과학을 반대하기 때문이다."[188]

5. 검토와 성찰

1) 과학적인 분석?

마르크스가 종교를 비판하는 배경도 휴머니즘이다. 그가 그토록 부르짖던 노동 분배의 지양, 사유재산의 폐지, 프롤레타리아트 혁명의 목표와 의의는 사회 현실의 인간화, 인간 자신의 인간화에 있다. 이것이, 그리고 바로 이것만이 계급 없는 공산주의 사회의 존재 이유이다. 신에 대한 부정은 단지 인간에 대한 강한 긍정의 부수적 귀결일 뿐, 사회적 소외가 해결되는 공산사회에서는 언급할 필요조차 없다. 거기에서 국가와 종교는 저절로 소멸할 것이기 때문이다. 마르크스는 이러한 자신의 무신론을 위한 논

Suppression of Religion by the Communists", 1917-1925, (tr. ed.) Boleshaw Szczesniak, Notre Dame, 1959. 34-35.

188) Robert Conquest, *Religion in the U.S.S.R.*, New York, 1968, 19.

거를 포이어바흐로부터 이어받았다. 그는 포이어바흐와 함께 종교비판은 이미 끝났으며 무신론은 확정되었다고 전제하고 있었다. 이것이 의미하는 바는 무엇인가? 마르크스에게 제기되는 반론은 거꾸로 포이어바흐의 생각에도 적용된다는 것을 뜻한다.

경제가 얼마나 큰 요인으로 세계를 움직이는지, 생산 관계와 기술이 임금노동자들의 소외에 대하여 어떻게 작용하는지를 드러낸 것은 더할 나위 없이 마르크스의 위대한 공적이다. 종교와 신관에 미치는 경제·사회적 요인의 영향도 논쟁의 여지가 없다. 그러나 그 영향을 끼친다는 사실로부터 신의 존재나 부재가 결정되는 것은 아니다. 마르크스는 인간과 세계의 경제적 조건을 올바로 깨달았고, 정치, 예술, 문학, 과학, 기술, 법, 도덕, 철학, 종교 등 소위 상부구조의 경제적 조건을 타당하게 지적하였다. 그러나 그는 부당하게 사회·경제적 전망을 실재 전체의 해명 틀로 절대화하였다. 그는 베버(M. Weber)나 그 밖의 종교사회학자들이 지적하듯 경제·사회적 기초가 상부구조, 즉 종교에 끼치는 영향뿐만 아니라, 거꾸로 경제·사회적 기초에 끼치는 종교의 영향 역시 고찰했어야 했다. 마르크스의 종교에 관한 평가는 그의 역사관과 결합해 있었다. 그런데 그의 역사관은 구체적 연구보다는 뒤집힌 헤겔의 변증법에 의존하고 있었다. 알려진 바와 같이 그는 헤겔의 거대한 관념론적 체계를 물질적인 것으로 "물구나무 세워"[189] 놓고자 하였다. 그는 헤겔 철학의 극복과 함께 신앙도 극복될 것으로 보았다. 마르크스는 말하자면 무신론을 전제하고 선언했지만, 그에 대한 이성

---

189) "Aufschlußreich für Marx' Verhältnis zur Hegelschen Dialektik das 1873 geschriebene Nachwort zur 2. Auflage des 1. Bandes von "Kapital", *Werke IV*, XXXI.

적 근거를 대지는 못했다. 근본에 있어서 마르크스는 종교, 유대교 혹은 그리스도교의 본질 자체에 관심을 쏟아본 적이 없다. 그에게 관심거리는 다만 사회에 있어 종교의 역할과 기능은 어떠한 것인지에 대한 것이었다. 그것은 울리는 소리를 들으면서 종은 까맣게 모르는 격이었다. 그의 엄청난 비판의 역량에 비해 그의 신학지식은 너무나 빈약하였다. 종교 없는 미래에 관한 그의 상상은 그가 과학적인 분석가이기보다는 유토피아를 선동하는 혁명가였음을 말할 뿐이다.

2) 완성된 자연주의?

마르크스의 사회 현실에 대한 분석이 예리했던 데 비해서 미래에 대한 예측은 대부분 빗나가고 말았다. 그의 생각은 바로 종교와 관련해서도 적중되지 않았다. 마르크스가 기대하는 종교 없는 미래는 어떠한 것인가? 그의 관심거리는 물론 혁명을 통해 직접 이룩될 수 있는 것들, 곧 사유재산과 노동 분배를 폐지함으로써 사회를 철저히 뒤집는 일이지 이른바 실존적 문제가 사라지고 없는 지상낙원, 혹은 놀고먹는 세상을 구축하는 것은 아니었다.[190] 하지만 그는 적어도 개인의 불평등과 억압, 인간에 의한 인간의 착취, 국가의 검열 기능이 종식됨으로써 인간의 자유와 자기실현이 이루어지는 사회를 고대하고 약속하였다. 지상에서 실현되어야 할 미래에 대한 그의 다음과 같은 글은 아름답기까지 하다. 인간을 소외시키는 "사유재산을 적극적으로 폐기하는 공산주의, 그 덕분에 인간을 통하여, 그리고 인간을 위하여 인간다운 본질을 실질적으로 획득하는 공산주의[…], 이 공

---

190) 참조: 배영호, 『신학의 주제로서의 맑스주의』, 99-113.

산주의는 완성된 자연주의로서 인본주의이고, 완성된 인본주의로서 자연주의이다. 그것은 인간과 자연, 인간과 인간 사이의 갈등에 대한 진정한 해소요, 실존과 본질, 대상화와 자아확인, 자유와 필연, 개체와 종 사이의 투쟁에 대한 진정한 해소다. 그것은 역사의 해결된 수수께끼이고, 자신을 이러한 해답으로서 알고 있다."[191]

그러나 그의 미래 사회상에서 우리는 구체적인 계획 대신에 막연하고 의문스러운 유토피아가 상상되고 있음을 본다. 그는 곧 "계급과 계급의 대립으로 얼룩진 낡은 부르조아 사회 대신에 각자의 자유로운 발전이 전체의 자유로운 발전의 조건이 되는 연합체가 등장"[192]할 것인데, 그 사회에서는 고정된 직업의 멍에에 매이지 않고 취미생활을 하듯 삶이 즐거울 거라고 상상하였다.[193] 결국, 마르크스는 그가 비판하던 사회주의자들의 유토피아보다도 더한 유토피아, 오히려 자기 진영을 혼란케 하는 유토피아를 상상한 것이었다.[194] 그의 예측을 요약하자면 이렇다. ① 기술발전은 자본주의를 위기로 몰아가는 동시에 사회주의의 집단계획과 공동실행을 쉽게

---

191) K. Marx, *Ökonomisch-philosophische Manuskribte(1844)*, MEW 40, 536.

192) K. Marx F. Engels, *Manifest der Kommunistischen Partei*, MEW 4, 482; Werke II, 843).

193) 참조: K.Marx F.Engels, *Die Deutsche Ideologie*, Werke II, 5–655. "누구나 배타적인 활동권을 가지는 것이 아니라 자신을 어느 임의적 분과에서도 양성시킬 수 있는 공산주의 사회에서는 사회가 일반 생산을 조화시키고 나에게 바로 그렇게 함으로써 오늘은 이것을 하고 내일은 저것을 하며, 오후에는 낚시질하고 저녁에는 가축을 돌보며, 식사 후에는 비평하는 것을 가능하게 만들 것이다. 내가 사냥꾼, 어부, 목동 혹은 비평가가 되지 않고 재미를 가진 대로."(36.)

194) 참조: H. Marcuse, *Der eindimensionale Mensch*, 1967; H. Kienzel, "Ökonomie und Ideologie", *Rote Markierungen. Beiträge zur Ideologie und Praxs der österreichischen Sozialdemokratie*, Wien, 1972, 107–128,

함으로써 일체의 욕구를 충족시킬 만큼 넉넉히 생산하게 할 것이다. ② 자본주의로 말미암아 고조된 계급 간의 더립이, 그리고 그에 연관된 인간소외가 사회주의 혁명을 통해 지양될 것이기에 인간의 본질이 그에 따라 변화될 것이다. 새로운 사회주의의 인간은 자원하여 각자의 능력대로 일하고 성취할 것이며, 필요한 만큼만 요구하고, 그 이상의 주장을 펴지 않을 것이다. 그렇게 윤리에 본질적인 변화가 일어날 것이다.

그러나 마르크스의 이러한 예측들은 임의적 가정일 뿐이었다. 고도로 발전된 기술공학은 노동의 분배, 상부질서와 하부질서, 사회의 구조화와 법질서를 보증할 국가의 필요성을 더욱 요구하고 있다. 공산주의 사회에서도 인간은 역시 인간으로 머문다. 소외는 사유재산과 계급투쟁의 결과이기만 한 것이 아니다. 그리고 종교가 경제 사회적 소외의 결과만인 것도 아니다. 마르크스는 새로운 '자유의 나라'가 그의 시대에 도래하기를 기대하였다. 그러나 이러한 임박 대기는 빗나가고 말았다. 마르크스와 엥겔스에 의해 예언된 자본주의의 와해는 바로 고도로 산업화한 국가들(영국과 독일), 생산방식이 곧 혁명적으로 전환될 바로 그 국가들에서 영영 일어나지 않았다. 반대로 사회주의 혁명은 뒤처진 (소련연방의) 농업 국가들에서, 그것도 폭력과 테러를 통해 관철되었다. 오히려 자본주의 진영이 자기 결점과 약점을 수정하면서 발전하였다. 자본주의 사회는 어린이와 노령자의 노동을 금지하는 법률을 정하며 사회를 개혁하였다. 이러한 사회 안전보장을 통하여 국민의 대부분이 가난으로부터 해방되고, 전에는 상상하지도 못한 복지를 실현하고 있다. 서구의 민주주의에서와는 달리 오히려 공산주의 사회에서 국가의 가공할 월권이 자행되고 있다. 국가와 당이 동일시되는 거기서 오히려 국가자본주의와 고위 당직자들로 이루어진 신흥 계급이 노동하는 대중들 덕분에 살아가고, 공산당의 집단적인 행동강령은 무수한 개인을 희생시키고 있다. 사회주의에서는 인간에 의한 인간의 착취가 없을 거라는 말은 공산사회의 농담이 되어버렸다. 혁명이 있기 전의 사람들은 이렇게 물었다. 종교, 그것은 민중을 위한 아편이 아닌가? 그러나 공산주의 혁명이 있고서 한참 후의 지금은 그 반대로 묻는다. 혁명, 그것이 오히려 민중의 아편이 아닌가?

3) 종교의 소멸?

마르크스는 계급투쟁의 산물로서의 국가가 공산주의의 최종 계급투쟁과 함께 사라질 것이고, 경제·사회적 소외의 산물이요 표현으로서의 종교는 그 소외의 지양과 함께 마찬가지로 사라질 것이라고 기대하였다. 이에 앞서 포이어바흐는 그리스도교의 시대가 쇠진하였다고, 우리가 "그리스도교의 쇠망 시기"[195]에 살고 있다고 하였다. "나는 불충분하기는 하지만, 예리한 필치로 그리스도교의 역사적 와해를 묘사했고, 그리스도교는 이미 오래전에 인류의 이성으로부터 사라졌을 뿐만 아니라 인류의 삶으로부터도 역시 사라졌다는 것을 제시했다. 또 나는 그리스도교가 화재보험, 생명보험, 철도, 기관차, 미술관, 조각관, 군사학교, 실업학교, 극장, 박물 표본실과 가장 예리하게 모순되는 하나의 고정관념 이외의 다른 게 아니라는 것을 제시했다."[196] "신앙 대신에 불신앙이 등장하고, 성경의 자리에 이성이, 종교와 교회의 자리에 정치가, 천상의 자리에 지상이, 기도의 자리에

---

195) L. Feuerbach, *Notwendigkeit einer Reform der Philosophie, 1842,* (Hg.), Bolin Jodl, *Sämtliche Werke*, Bd.II, Stuttgart, 1904, 217.

196) L. Feuerbach, *Wesen des Christentums*, 29f; 루트비히 포이어바흐, 『기독교의 본질』, 55

노동이, 지옥의 자리에 물질적 빈궁이, 그리스도교인의 자리에 인간이 등장하고 있다."[197] 이러한 기대와 주장은 어느 정도 정당성을 지니고 있다. 근대 이후 세속화는 감히 예측하지도 못할 만큼의 폭과 깊이로 전개되었다. 과연 무신론이 집단현상이 되고 그리스도교는 위기에 처하게 되었다.

그러나 과연 그리스도교의 멸망에 관한 포이어바흐의 장담과 마르크스의 기대가 채워졌던가? 그들이 예상한 대로 지난 200년에 있어 신 신앙은 사라지고 무신론이 공동자산이 되어있는가? 그럴 기미조차 보이지 않는다. 이제까지 그 어디에서도 계급 없는 공산사회는 실현되지 않았고, 어디에서도 국가와 종교의 사멸이 일어나지 않았다. 소비에트 연방과 그 밖의 국가들에서처럼 종교탄압이 폭력적으로 추진된 곳에서도 종교는 없어지지 않았다. 종교의 자연적, 자동적 소멸을 기대할 수 없었기에 러시아와 그 연방의 공산당들이 전투적인 무신론을 채택하고 테러와 탄압을 자행한 것이었다. 특히 19세기와 20세기 초반에 종교의 최후를 예상, 소망, 선언하는 사람들은 많이 있었다. 그러나 그것을 입증한 사람은 아무도 없다. 신이 없다고 거듭 되풀이 선언하였다고 해서 그 주장이 더 진리가 되는 것은 아니었다. 도리어 이 예언이 되풀이되고 있는 사실은 종교의 최후에 관한 주장을 회의하게 만든다. 역설적으로 많고 많은 무신론자도 종교에서 벗어나지는 못했다.[198] 무신론을 공언함으로써 스스로 해방되었다고 믿던 그들조차도 일생의 마지막까지 신과 종교문제에 붙들려 있었다.[199] 그런 태도

---

197) 같은 책, II, 218f.
198) 참조: 안셀름 그륀, 토마시 할리크, 『신이 없는 세상』, 모명숙 역, 분도출판사 2018, 74. "무신른자는 계속 신을 생각하는 인간이다."
199) 예컨대 포이어바흐에게 종교를 비판하는 일은 그의 저술 활동과 전체 인생의 목표였

에서 오히려 신의 두드러진 생명력이 드러나지 않는가.

4) 예리하고 올바른 관찰?

마르크스는 다음과 같이 고발하였다. "그리스도교의 사회원리는 고대 노예제도를 정당화했고, 중세의 농노제도를 찬미했으며, 필요에 따라서는 프롤레타리아트의 탄압을 유쾌하게는 아니더라도 옹호할 용의를 품고 있다. 그리스도교 사회원리는 지배계급과 피지배계급의 필요성을 설교하며, 억압받는 후자의 계급에는 지배계급이 잘 되기를 바라는 열성 어린 마음만을 갖게 한다. 그리스도교 사회원리는 모든 파렴치에 대한 배상을 천국으로 치부하고, 또 그렇게 함으로써 지상에서의 파렴치의 지속을 정당화한다. 그리스도교 사회원리는 피지배자들에게 가하는 지배자들의 비열한 불의를 원죄와 여타의 죄에 대한 마땅한 징계로, 혹은 주님이 자기의 무한

다. 그 스스로 종교에 관한 연구야말로 자신의 평생 과제였음을 고백하고 있다. "내 저술들은 모두 엄밀한 의미에서 하나의 목적, 하나의 의지, 하나의 사상과 하나의 테마를 갖고 있다. 이 테마가 바로 종교와 신학 또는 이와 연관되는 것이다. 나는 별 효과가 없고 무용한 다양성이나 마구잡이 저술보다 효과적인 한쪽의 집중을 훨씬 더 높이 평가하는 사람이다. 또 전 생애를 통해서 하나의 목표를 눈앞에 두고 여기에 모든 것을 집중하는 사람이며, 많은 것을 연구하고 항상 배우는 자세이지만, 한 가지 것만을 가르치고 한 가지 것에 관해서만 저술하는 사람이다. 그것은 이러한 한 가지 집중만이 어떤 것을 충분히 규명하여 세상에 관철할 수 있는 필수 조건이 된다는 신념에서이다. 이에 따라 나는 나의 모든 저술에서 종교와 신학에 대한 연관성을 결코 버리지 않았으며 해가 바뀌고 입장이 달라질지라도 항상 내 사상과 생애의 핵심 대상으로 다루었다." (루트비히 포이어바흐, 『종교의 본질에 대하여』, 49.) 니체는 그의 『유고·단편』에 "그리스도교는 극복 불가능하다."(G. Colli, M. Montinari(Hg.), *Kritische Studienausgabe, Bd. 15*, Berlin/New York, 1967-77/1988, XIII, 169.)고 적어 두었다. 오이겐 비저에 의하면, 니체 역시 반그리스도교가 아니라 오히려 진정한 그리스도교를 위해 그리스도교가 지닌 취약점을 가혹하게 공격한 은밀한 신의 추구자였다(참조: 오이겐 비저, 『니체는 누구인가』, 정영도 역, 분도출판사, 1995, 230.)

한 지혜를 따라 구원받는 자들에게 시행하는 시험이라고 설명한다. 그리스도교 사회윤리는 비열, 자기경시, 겸양, 굴종, 겸손, 짧게 말해 천민의 속성을 훈시한다. 자신을 천하게 다루도록 내버려 두지 않는 프롤레타리아트는 빵보다는 용기, 자신의 감정, 자존심과 독립성의 의미를 훨씬 더 필요하게 가진다. 그리스도교의 사회원리는 위선적이고 프롤레타리아트는 혁명적이다."[200] 교회는 종교가 정치적으로 악용되던 시대가 있었으며, 그리스도인들이 사회보다는 개인의 불행에 더 신경을 쓰던 때가 있었음을 인정하고 반성하고 있다. 교회가 사회정치적인 문제들을 얼마나 외면하고 체념하였는지, 그리고 그것이 얼마나 무신론의 발생을 쉽게 하였는지 우리는 알고 있다. 『공산당 선언』이 출판된 것은 1848년이었다. 그로부터 반세기쯤 된 1891년에야 비로소 교황(Leo 13.)의 사회회칙 「새로운 사태」(*Rerum Novarum*)가 발표되었다. 그 후 비오 11세의 「40주년」(*Quadragesimo anno*, 1931)이 나왔으니 제목대로 40년이나 늦게 나온 것이었다. 독일 개신교회의 반응은 그보다도 더 늦었다. 개신교의 황제 교권주의, 국가교회는 사회 분야에 있어 훨씬 무기력해 있었다. 혹시 그리스도교는 21세기에도 여전히 그러한 것은 아닐까?

그러나 그 많은 것을 고려하더라도 마르크스는 일방적이었다. 그에게 본연의 그리스도교는 인식되지 않고 있었다. 성경의 신관과 인간관, 예수 그리스도의 메시지를 진지하게 연구해 본 적이 없는 마르크스, 그 결과 그리스도교의 사회원리를 소상히 알지 못했던 마르크스, 그는 일부 특정한 사례로부터 그리스도교의 전체 본질을 추론해 냈다. 그러나 그리스도교를

---

200) K, Marx, "Deutsche Brüsseler Zeitung vom 12.9.1847", *MEGA 1*. Abt. VI. 278.

일부 국가교회의 체제와 혼동해서는 안 된다. 그리고 거기에서조차도 다양한 사회적 업적들이 있는 것이다. 가난한 이들, 문맹인들, 노인과 고아들을 돌보았을 뿐만 아니라, 수도원을 통해 유럽의 경작 능력을 높였으며, 수공업과 예술, 문학과 철학을 후세에 전했다. 마르크스는 헤겔 법철학에 관한 논문에서 줄기차게 종교의 저항 기능을 제기하면서도 정작 파고들어 분석하는 일에는 관심을 기울이지는 못했다. 그것은 그의 제자 카우츠키(K. Kautsky)로부터 블로흐(E. Bloch)에 이르러 비로소 이루어졌다. 이들은 많은 것을 올바로 구별하고 있다. "종교 특히 그리스도교의 역사에 있어 교회가 봉건영주나 지주들과 결탁만 한 게 아니다. 거기에는 늘 재차 그것을 뿌리치고 거슬러 항의하고 대항하는 반대 운동들이 있었다. 땅의 소금 기능이, 완고한 고집 속에 안주하는 대신에 쇄신하고 변혁하려는 열정이, '콘스탄틴' 요소에 반대되는 묵시록 요소들이, 이데올로기와 신앙의 구별이 또한 종교 안에는 있었다."[201] 그리스도교의 역사 저변에는 강력한 비판적 안목과 흐름이 있었다. 그리스도교는 고대와 중세의 하류층 사회의 개선을 위해 크게 영향력을 행사하였을 뿐 아니라 현대 산업사회의 도래에도 크게 이바지하였다. 그리고 이미 마르크스가 알려주듯, 19세기의 사회 개혁들이 적지 않은 부분 책임감이 강한 그리스도교 정치가들과 성직자들에 의해 제안되고 관철되기도 했다. 나치의 사회주의와 같은 테러 정부에 대항하는 야당의 활동은 그리스도인들이 주도하였다. 마찬가지로 20세기의 평화운동과 해방운동(여성운동, 미국에서의 시민운동, 아프리카와 남미에서의 독립운동 등) 역시 그리스도교 신앙의 영감 속에 약동하였다.

---

201) H. Fries, *Abschied von Gott?* München, 1979⁶, 75.

5) 마르크스주의와 무신론

지난 1950년대 그리스도교 신학자들이 마르크스주의자들과 대화를 나눌 때[202] 심각하게 제기되던 물음은 다음과 같은 것이었다. 마르크스주의에 있어 무신론은 본질과 같은 것인가? 마르크스주의자가 된다는 것은 곧 무신론자가 되는 것을 뜻하는가? 무신론은 마르크스주의에 있어 필연의 요소인가? 마르크스주의는 도대체 수정 불가능한가? 그리스도인이면서 마르크스주의자가 되는 것은 불가능한가?[203]

마르크스주의는 필연적으로 무신론적이라는 단호한 응답이 가능하

---

202) 양 측의 직접적인 대화가 이루어지기 이전 그것이 가능할 수 있도록 이끈 사건들이 있었다. 1956년 제20차 소련공산당 전당대회에서의 흐루시초프의 탈스탈린 선언, 동서의 긴장을 완화하려는 정치 풍토, 제2차 바티칸공의회(1962-1965), 교황 요한 23세의 회칙 「지상의 평화」(1963), 교황 바오로 6세의 「비신앙인 문제를 위한 사무국」 신설(1965), 회칙 「민족들의 발전」(1967), 라틴아메리카 주교회의 제2차 총회(메델린 1968)는 대화를 실현하기 위한 사전 과정이었다. (신통치는 않았지만, 개신교 측에서도 세계교회협의회의 모임(1966년 로잔, 1968년 웁살라, 1968년 제네바)을 통해 대화의 분위기를 만들고는 있었다.) 본격적인 대화는 '바오로 협회'(Paulus-Gesellschaft, 본래는 1956년 자연과학자들과 신학자들 간의 대화 및 협의를 목적으로 설립)의 주관으로 1965년 잘츠부르크, 1966년 헤렌킴제, 1968년 체코슬로바키아의 마리엔바드에서 실현되었다. 이때 발표된 의견들은 곧 책으로 출간되어 대중이 공유할 수 있었다. 결과는? 1968년 8월 21일 소련 바르샤바 조약기구 군대에 의한 체코슬로바키아 점령이 브레즈네프 독트린에 의한 행동 프로그램으로 강행되었고 이 일은 낙관적이던 대화의 꿈에 고통스러운 결말을 가져왔다. 가로디를 비롯한 마르크스주의 측 대화 상대방들은 각국의 공산당에서 축출되거나 추방당하고 말았다. 바오로 협회는 다시 심리분석, 대학개혁, 권위의 위기 문제 등 다른 '세계내적' 문제에 관심을 돌렸다. 이 협회 대신 1971년부터는 포그리믈러가 발행하던 '국제 대화 잡지'가 '반쪽짜리 공산주의자'나 '공산주의를 떠난 사람들'과의 대화가 아닌, 공산주의 정권이나 공산당의 공식 대변자들과의 대화를 수용하려 했다. 이 잡지는 1975년 폐간되었다. 참조: 발터 케른, 『무신론 마르크스주의 그리스도교』, 김진태 역, 가톨릭대학출판부, 2009, 204-206.

203) 참조: 배영호, 『신학의 주제로서의 맑스주의』, 115-204.

다. 이른바 '정통 마르크스주의'에 있어 그러하다. 마르크스 본인은 무신론이 유신론에 대한 부정이라는 매개적 이미지를 주기에 유신론이든 무신론이든 표현하기조차 꺼렸다. 사회주의는 그 자체로 긍정적이지 종교의 지양을 통해 매개되는 인간 자의식이 아니라는 것이었다. 이후 고전(정통) 마르크스주의자로 통하는 엥겔스, 레닌, 스탈린에게 있어서 무신론은 그들의 사회이론 및 역사이론에 본질처럼 전제되어 있었다. 종교비판은 모든 비판의 전제라고 마르크스는 썼고, 레닌에 있어서도 종교에 대항하는 투쟁은 "전체 유물론, 따라서 마르크스주의의 ABC"[204]이다. 이들에게 종교와 과학은 실재를 파악하는 방법으로서 상호 배타적이다. 두 가지가 동시에 옳을 수는 없다. 레닌은 엥겔스에게 보내는 편지에서 다음과 같이 썼다. "물질주의자들이 생각하듯 하나의 객관적 진리가 있는 것이고, 다만 자연과학 홀로, 외계를 인간의 '체험' 안에 모사(模寫)하는 가운데, 객관적 진리를 중개하는 마당이라면 신앙은 무조건 배척해야 합니다."[205] 사회주의 혁명을 준비하고 주도하는 프롤레타리아트는 무신론적이어야 했다.

그러나 수정된 마르크스주의에도 그러한가?[206] 포기할 수 없는 요소와

---

204) W.I. Lenin, *Über die Religion*, 24.

205) W.I. Lenin, *Materialismus und Empiriokritizismus, Werke Bd. 14*, Berlin 1968, 120.

206) 스탈린식 공산당의 무자비한 학살 행태를 목격하던 인문학자들 다수(프랑스의 가로디, 폴란드의 콜라코프스키, 체코슬라바키아의 마코비치와 가르다프스키, 유고슬라비아의 페트로비치, 독일 프랑크푸르트학파의 호르크하이머, 아도르노, 하버마스 등)가 1932년에 출간된 맑스의 청년기 저작들(경제·철학 필사본, 파리초고 1844)을 대하면서 마르크스의 인본주의적 특성을 새롭게 해석하고 나섰다. 이들에게는 마르크스가 인간 스스로 만든 불투명한 경제적 규정의 새장에서 인간을 꺼내주려 한 휴머니스트, 온전히 인간을 위해 열정을 바친 혁명적 휴머니스트, 이데올로기가 아니라 실천을 강조한 휴머니스트로 보였다. 당대 마르크스주의의 교조적 독단에서 벗어나고자 한

포기해도 될 요소를 분별하는 수정 마르크스주의자는 무신론적이지 않을 수 있다. 여기서는 종교비판이 모든 비판의 전제여야 하는 게 아니다. 무신론은 핵심적인 본질도 아니고, 변형 가능한 변두리 주제로 인식된다. 예컨대 이탈리아 공산당은 가톨릭 신앙을 고수하는 국가에만이 아니라, 적어도 선거 책략 상의 이유이기는 했지만, 소비에트 연방의 무신론에도 대항하였다. 그리고 무신론과 유물론을 강요하지 않는 가운데 그리스도인들을 입당(入黨)시켰다. 오늘날에는 소련, 중국, 스페인 혹은 이탈리아식 공산주의 외에도 참으로 다양한, 예컨대 사회 민주주의적, 실존주의적, 구조주의적 마르크스 해석이 있다. 심지어 그리스도교적 마르크스 해석도 있다

대부분이 가톨릭 국가인 남반구의 사회적 처지를 고려할 때 우리는 왜 그곳에서 많은 그리스도인이 마르크스주의에 우호적이었는지를 이해하게 된다. 이들 나라에서는 형용할 수 없는 사회적 불행들을 제거하고 좀 더 정의롭고 인간적인 사회질서를 확보하는 일에 있어 마르크스주의가 긍정적인 방법으로 평가되고 있었다. 이들에게는 '교황청의 그리스도'와 '공장의 그리스도'가 같지가 않았다. 여기서 "그리스도인도 마르크스주의자가 될 수 있지 않을까, 아니 심지어 되어야 하는 게 아닐까?"라는 생각들이 제기되었다. 사회참여에 열중하는 많은 그리스도인에게 이러한 의무는 하등의 문젯거리도 되지 않았다. 그들은 이미 그리스도교와 사회주의 관

이들은 서구 학자들과의 대화도 활발히 나누면서(본서 각주 202 참조) 마르크스에 대한 호감을 높이는 다른 한편 그 영감으로 20세기 인문학·사회학계에 크게 영향을 미쳤다. 사적·변증법적 유물론을 필사적으로 고수하던 구소련 공산주의 정권은 이들을 반동적 수정주의자들이라 부르며 감시하고 끝내 축출하고 국외로 추방하였다.

계에 있어 제2의 단계, 즉 "대화에서 연합으로"[207]의 관계를 실행하고 있었다.[208] 여기서는 전적인 거부나 전적인 수용 모두가 잘못된 흑백논리로 인식되었다. 답변은 마르크스주의를 어떻게 이해하느냐에 달려있다. 마르크스주의는 종종 단순한 실증주의적 사회과학이나 휴머니즘으로 이해되기도 한다. 오늘날 사회주의는 계급투쟁이나 사유재산의 국유화에 대한 시각을 달리하고, 또한 유물론적 역사관과 결정론적 입장을 탈피하고 있다. 당의 공식 지침으로서의 무신론은 언급되지 않고 있다. 그래서 수없이 많은 실천적 그리스도인들이 사회당에서 함께 일하고 있다.

6) 평화적 경쟁

마르크스의 주요 주장들은 대개 서방에서 수용되었다. 구체적으로 변화되어야 할 사회 현실과 소외현장 가운데서 기성 이론들에 대한 (실천을 통한) 검증과 확증이 진행되고 있다. 노동의 의미가 재평가되고, 이념과 이데올로기의 경제적 효용성이 세밀히 고찰되고 있다. 노동자계급의 중요성이 인지되고 있다. 마르크스주의자가 아니어도 자본주의가 안고 있는 구조적 불공정성과 모순에 민감하게 되었고, 그것을 분석하는데 마르크스의 비판 방식도 채택되고 있다. 그러나 사람들은 또한 마르크스주의의 사회이론과 역사이론이 지닌 약점도 지적하고 있다. 프롤레타리아트의 상황이 혁명 없이는 개선될 수 없으리라는 추정에 있어서 마르크스는 잘못 보았다. 그는 조합 운동의 새로운 가능성에 대해서는, 새로운 기술적 생산방식을 통

---

207) 참조: D, Sölle, K. Schmidt(Hg.), *Christentum und Sozialismus. Vom Dialog zum Bündnis*, Bd. I-II, Stuttgart, 1974-1975; dies., *Christen für den Sozialismus, Bd. I-II*, Stuttgart, 1975.

208) 참조: *Concilium 13*, Heft 5, J.B. Metz, J.-P. Jossua (Hg.), 1977.

한 노동조건의 개선에 대해서는, 복지국가의 사회적 통제에 대해서는, 그리고 노동자들의 수입을 올리는 것들에 대해서는 충분하게 알지 못했다. 프롤레타리아트와 잉여가치에 대한 마르크스의 생각은 수정된 마르크스주의 경제학자들로부터는 비판받고 때로는 거부되고 있다. 오늘날의 복잡하고 다층적인 사회에서 계급 간의 투쟁이론은 인류사의 흐름에 대한 해설 도식으로는 너무나 단순한 것이었다. 사적 유물론은 실제로 적지 않은 부분 인위적 역사 도식에, 그리고 잘못된 전제에 의존하고 있었다. 마르크스의 종교관에 관련해서도 같은 말을 할 수 있다.

마르크스의 무신론은 포이어바흐의 경우와 마찬가지로 근거 박약한 것으로 드러난다. 그러나 그 때문에 그의 종교비판이 끝나버린 것일까? 그렇지는 않다! 그의 종교비판은 그렇게 치부하기에는 너무나 많은 참된 내용과 강력한 힘을 지니고 있다. 마르크스의 종교비판에 대항하는 일체의 논리적 진술은 실천(Praxis)의 한계를 지니고 있다. 우리는 종교가 단순히 민중의 아편이 아니라는 것을 주장하고 확신할 수 있다. 그러나 그러함에도 불구하고 그것이 실제로 발생하고 있는 곳에서는 그 많은 진술도 소용이 없어진다. 우리는 종교가 단순히 지배 관계를 반영하는 것은 아니라고 말할 수 있다. 그러나 그러함에도 불구하고 그것이 실제로 행해지고 있는 곳에서는 그 많은 변명도 의미가 없다. 우리는 하느님이 기존의 사회적 궁핍에 대한 원인으로 이해되어서는 안 된다는 것을 강조할 수 있다. 그러나 그러함에도 불구하고 하느님이 실제로 그렇게 보이는 데에서는 그 많은 신학적 해명도 쓸모가 없다. 이 사실에 대한 인지야말로 마르크스 이후 신학의 패러다임이 되었다. 신앙의 진리는 실천적으로 제시되고 확인되어야 한다! 종교가 아편이 아니라는 사실이, 종교가 지배계급을 정당화하는 이념이 아니라는 사실이, 그리고 불의를 고착화하는 것이 아니라는 사실이 실제로 증명되어야 한다. 얼마나 그리스도교 신앙이 사회에 비판 정신을 가지고 실제 참여를 불러일으키는지가 실천적으로 증명되어야 한다. 마르크스주의와 그리스도교는 근본적으로 대립하면서도 일련의 공통점을 나누고 있다. 그것은 세계와 역사, 그리고 삶의 의미에 관하여 물음을 제기하고, 부자유한 현재를 변화시키기 위해 투신하며, 행복한 미래를 전망하고 구현하려 한다는 데 있어서 그러하다. 이 점에 있어서 그리스도교 신앙은, 저명한 마르크스 연구가 페처(Iring Fetscher)가 말하듯, 마르크스의 세계관과 평화적 경쟁을 벌일 수밖에 없다.[209]

---

209) 참조: I. Fetscher, *Karl Marx und der Marxismus. Von der Philosophie des Proloetariats zur proletarischen Weltanschauung*, München, 1967, 217.

제6장

종교 - 인본주의

니체

"니힐리즘이 문 앞에 서 있다. 모든 방문객 중에서
가장 불길한 이 방문객은 어디에서 왔는가?"

앞서 살펴본 바와 같이 근대 서구의 이성과 계몽의 질주, 과학기술의 도약과 진보, 정치 혁명의 승리는 인류의 자부심을 한껏 높여 앞날을 낙관하게 하였지만, 그 이면에서는 이성의 전횡과 과학기술의 유린, 정치적 횡포와 대중문화의 천민화가 시대를 암울하게 하고 있었다. 근대 갈의 삶은 도취와 비관이 동시에 격렬히 요동치고 있었다. 그 가운데 이전까지 정신문명을 주도하던 그리스도교가 설득력을 잃자 그 빈자리를 차지하고자 여러 이데올로기가 각축전을 벌였다. 그러나 그 어떤 이념도 삶의 지표와 깊은 의미를 제공하지는 못하고 단명했다. 민족과 국가들은 더 커진 욕망에 맞추어 더 큰 전쟁을 반복하며 좌절과 절망을 남겼다. 사람들의 마음은 공허했다. 세기에 걸쳐 유럽을 암암리에 지배해온 이러한 니힐리즘[210]의 기

---

210) 정동호에 따르면 '니힐리즘'과 '허무주의'는 협의적으로는 구별된다. 니힐리즘은 본래

원과 본색을 파악하고, 그것을 극복하려면 지금까지 인류가 의지해온 사유의 틀을 부수고, 전혀 다른 가치와 생각으로 뒤집는 극약처방이 요구된다고 본 이가 있다. 이렇게 진단하고 그 진상을 알리는 일을 필생의 소명으로 삼은 이가 있다. 니체(F. W. Nietsche 1844-1900)가 그다.

그에 따르면, 서구의 전통 형이상학과 그리스도교의 도덕이 결합하여

허무가 아니라 '거부'를 기치로 하는 이념이고 의미와 가치 그리고 소망을 극단적으로 부정하거나 반발하는 운동이었다. 라틴어 nihil은 '무' '없음'이라는 뜻과 '결코 아니다.'라는 뜻을 모두 포괄한 개념인데, 아우구스티누스에게 니힐리스트란 아무것도 믿지 않는 사람, 믿기를 거부하는 사람을 뜻했다. 근대에 와서는 전통적인 가치와 권위, 이성에 대한 신뢰와 그리스도교 신앙을 거부하거나 반발하는 무신론, 범신론, 염세주의, 회의주의, 유물론을 '니힐리즘'이라 일컬으며 경계하였고, 그 추종자를 '니힐리스트' 곧 '거부하는 자'로 불렀다. '허무' 의식에서 출발하는 '허무주의'가 주목된 것은 니체 이후의 일이다. 세기말의 징후에 더해 1차 세계대전의 참화를 겪으면서 허무에 대한 의식이 높아졌고, 실존철학의 가세로 이 의식이 하나의 사상 흐름으로 발전하게 된 것이었다. 그리하여 '아니다'라는 거부를 이념으로 하는 니힐리즘과 '없다'라는 통찰을 바탕으로 하는 허무주의가 공존하게 되었지만, 분별의 필요는 있다. 물론 둘 사이가 배타적이지는 않아서 19세기 러시아의 니힐리스트들(투르게네프의 작품 속 바자로프, 도스토옙스키의 이반 표도르비치)처럼 거부 속에서 무를 체험하거나 동방 니힐리스트들처럼 무에 대한 통찰에서 기존 질서를 거부하게 된 경우도 많았다. 니체의 짜라투스트라는 도스토옙스키의 영향을 많이 받았던 것으로 알려진다. 니체도 신과 전통 형이상학의 가치를 거부하고 그에 따른 허무를 넘나들어 체험하면서 모두 니힐리즘으로 표했다. 그는 최고의 가치가 그 가치를 잃어 무가치한 것이 되면서 추구해야 할 목표가 상실된 상태, 왜?라는 물음에 대한 대답이 없는 상태가 니힐리즘이라고 했다. 여기서 니힐리즘은 허무주의가 된다. 유럽의 니힐리즘의 출발은 '거부'였으나 이미 그 내면에는 깊은 '허무'를 배태하고 있었고, 니체는 이 허무를 피할 수 없는 현실로 받아들인 것이었다. 그는 인류가 목표를 향해 진보하고 있다는 역사관, 전통 형이상학과 도덕, 그리고 그리스도교에 대한 거부와 부정을 겪은 유럽이 철학의 기반과 정치경제의 동력을 상실하고 허무주의와 퇴폐 풍조에 빠지고 있다고 보고, 이 허무를 속속들이 체험하고 사유함으로써(완성) 그 정체를 온전히 밝혀내야(극복) 한다고 여겼다. 여기서 정동호는 거부와 부정을 근간으로 하는 흐름을 '니힐리즘'으로, 허무를 근간으로 하는 흐름을 '허무주의'로 표기할 것을 제안하기도 한다. 참조: 정동호, 『니체』, 책세상, 2014, 227-263.

이원론을 조장하고 현실부정을 부추김으로써 지상 생명의 근원인 '힘에의 의지'를 약화하고 삶을 수동적인 것으로 길들여 왔다. 삶의 힘과 생동성을 시들게 하는 퇴행적인 것들, 허무하게 하는 것들은 일체 청산해야 할 적폐다. 세기의 허무주의를 극복하려면 이제껏 서구인이 이상으로 삼고 추구해 온 절대성과 보편성의 이념을 폐기하고 생성하는 세계와 인간의 삶 그 자체를 절대 긍정하는 '가치의 전도'가 요구된다는 게 니체의 기본인식이요 주장이고, 이러한 취지에서 서구 형이상학과 도덕의 배경이요 그 집약체인 '신'은 죽어 마땅하다는 게 그의 생각이었다. 니체의 종교관을 이해하기 위해서는 먼저 그의 전통적 형이상학과 도덕에 관한 생각을 살펴볼 필요가 있다.

1. 반 형이상학

니체는 서구 정신문명의 바탕인 전통 형이상학과 자연과학에 반기를 들었다. 무릇 형이상학은 존재자 전체의 존재 의미를 묻는 학문, 그 자체가 무와 니힐리즘에 맞서 대결하는 학문이다. 다만 전통 형이상학은 소멸하는 세속적인 존재가 아니라 영원의 근거인 신에 귀의하고 합일하는 데서 존재의 의미를 찾았고, 그러한 방식으로 신학을 지원하고 있었다. 니체는 이런 형이상학의 이분법적 구별을 비판하였다. 영원불변의 일자와 초감각 세계를 한편으로, 그리고 생성 소멸하는 감각 세계를 다른 한편으로 나누고 전자를 참되고 근원적이라 보고 후자를 그로부터 파생된 현상계로 구분해온 서양 형이상학의 전통은 독단이고 "철학자들의 원죄"[21]에 의한 착각이라는 것이다. 그에 따르면, 이 이원론의 오류는 플라톤(이데아계와 현상계)으로부터 그리스도교(하느님 나라와 지상의 현실), 스피노자(능산적 자연과 산출된 자연), 칸트(물 자체의 예지계와 현상계), 헤겔(절대정신과 그 전개로서의 현실 세계)에게서 형태만 달리했을 뿐 계속 이어왔고, 그렇게 부패해왔다. 그 결과 생성의 세계를 불완전하고 추하고 무의미하게 여기는 사람들은 자신을 불안에서 구해 줄 신이나 이데아와 같이 감성적인 것이 섞이지 않은 '영원불변의 순수한 존재'를 가정하고 그에 의지함으로써 위안을 구걸해왔다. 그러나 이는 나약하기 그지없는 이들이 현실의 고난이 힘겨워서 꿈결에 만들어낸 환상이요, 고난과 고통이 사라진 세계를 희구하는 '인간적인 너무나 인간적인' 소망의 산물일 뿐이다. 이러한 현실 회피는 '힘에의 의지'[212]가 병들어 있을 때 나타난다. 이렇게 피안이나 초월 세계를 삶의 구제 장소요 피난처로 상정하면서 현실의 삶을 부정하고 적대하는 모순되고 부조리한 삶을 사는 자들은 '실패한 자들', 그런 해석을 무기로 삼아 다른 삶의 방식은 모두 악하다고 평가하고 유죄로 판결하는 이들은 '원한 감정(ressantiment)의 소유자들'[213]이다. 여기에 그리스도교가 평등이라는 이념까

---

211) 프리드리히 니체, 『인간적인 너무나 인간적인 II』, 김미기 역, 책세상, 2020, 24. 역사상 '형이상학' 개념은 근대 이후 그것을 대하는 이의 사정과 입장(오캄, 흄, 칸트, 하이데거, 비트겐슈타인, 카르납, 포퍼 등)에 따라 달리 파악되고, 성립 가능성 자체가 비판적으로 해석되거나 부정되기도 했다. 참조: 에머리히 코레트, 『전통 형이상학의 현대적 이해』, 김진태 역, 가톨릭대학교출판부 2000, 1-20; M. Heidegger, *Holzwege*, 1950⁵, Frankfurt am Main, 1972, 206, 234; 한스 큉, 『신은 존재하는가?』, 성염 역, 분도출판사, 1994, 144-173.

212) 니체의 '힘에의 의지'(der Wille zur Macht)는 칸트의 '선한 의지'(der gute Wille), 쇼펜하우어의 '삶에의 의지'(der Wille zum Leben)를 비판적으로 계승하고 있다.

213) 니체는 '원한 감정'(르상티망[ressantiment], 강자의 공격에 대한 약자의 격정)이라는 단

지 더하여 유럽의 문명을 지배해왔지만, 그 결과 "왜소하고 우스광스러운 종족, 무리 동물, 선량하고 병약하며 범용한 인간들만 육성되었다. 오늘날의 유럽인이 바로 그들이다."[214] 이 독단의 체계가 거창하고 장엄하여 사람들을 압도하는 듯 보이지만, 그럴수록 허무감은 확대되고 그 극복은 미루어질 뿐이다. 그리하여 니체는 가상에 불과하고 무에 지나지 않는 피안의 세계를 진정한 실재로서 공허하게 설정한 그 자체가 니힐리즘의 원인이었다고, 전통적 형이상학이 니힐리즘을 극복하려고 했음에도 불구하고 오히려 니힐리즘 자체가 되었다고 보았다. 다른 한편 사람들은 자연과학과 함께 세계가 인류의 의지대로 정복되고 풍요로워지면 형이상학적 왜곡에서 벗어나 삶의 진실을 있는 그대로 맞이하리라 여겼지만, 니체에 따르면, 과학이 드러내고 보여주는 사실들도 삶을 안정시킬만한 목표와 방향은 물론 미적 환상과 도덕적 감동도 제공하지 못했다. 그 때문에 피안이 박제된 허구라는 사실을 깨닫고 '완전한 진실'을 보고자 형이상학을 해체한 이들, 그

어로 노예 도덕의 근간을 설명한다. 원한은 피해를 받고도 당장 직접 복수할 능력이 없을 때 생기는 감정이다. 능력이 없기에 훗날의 복수를 상상하고 남겨두는 꼴인 것이다. 억압을 당하고 있는 노예들은 자신들이 희생심을 발휘하고 있는 것이라고 미화하고, 그렇게 자위함으로써 도덕적 우월성을 확보하고 심적으로 복수하려 한다는 것이다. 험난한 현실 대신 천국을 중시하는 행위가 르상티망에 힘을 부여한다. "저 포도는 시어서 맛이 없을 것이다."라며 자신의 무력감을 기만함으로써 위로하는 것과 같다. 그러나 이는 독약을 먹고서 상대가 죽기를 바라는 것과 같은 것이다. 상상의 복수가 타성이 되면 문명의 퇴화를 불러온다(참조:『도덕의 계보』제1논문 10). 니체에 따르면, 그리스도교야말로 그렇게 인간의 본성이라는 실체를 부정함으로써 세상을 오염시키고, 삶을 도덕적 의무와 현실 사이의 갈등으로 변질시켜왔다. 르상티망이라는 심리를 이용해 전 인류를 노예근성에 빠뜨려온 이들이 사제들이다. 힘과 우월성 대신 희생과 억압의 현실을 미화하는 이 노예도덕률로 인해 허무주의가 영속되고 있다는 것이다(참조:『니체의 삶』, 459).

214) 프리드리히 니체, 『선악의 저편』, 박찬국 역, 아카넷, 2018, 148.

리고 또다시 감성 세계의 무의미한 생성 소멸의 법칙에 철저하게 내던져져 있음을 알고 경악하던 이들은 거듭 허무감에 빠지고 만다.

그렇다면 이렇게 근대인이 빠져버린 의미와 고향 상실의 상황, 역사적 질환인 허무주의를 어떻게 극복할 것인가? 피안으로의 도피가 아니라 현실을 있는 그대로 통찰하고, 자연으로 돌아갈 일이다. 자연에는 도덕적 선이나 악이 없다. 신의 섭리도 없고, 다만 힘을 확보함으로써 자기를 전개하려는 의지가 있을 뿐이다. 삶의 목적과 의미가 따로 있는 게 아니다. 현실 세계는 미래나 피안의 이상 사회를 실현하기 위한 중간 통로가 아니다. 도덕률을 실현하기 위한 마당도 아니다. 니체는 삶의 무목적성과 무의미성을 자연의 사실로 긍정하는 사람, 이 허무한 사태를 능동적으로 직면하는 사람, 고통과 고난을 수반한 채 생성 소멸하는 세계를 있는 그대로 수용하는 사람, 곧 디오니소스적인 신성을 구현하는 강한 의지의 사람이 생명력을 발휘하는 인간이라고 보았다. 전통 형이상학과 그리스도교에서처럼 피안으로 도피하거나 공산주의나 민주주의를 실현하는 데서 활력을 찾으면서도 정작 현실로부터 도피하는 자는 약한 의지를 지닌 인간이다. 니체는 이 세계 말고 다른 세계에 대해서는 아는 바 없다고 했다. 생성하고 소멸하는 이 세계가 유일한 현실이다. 그런 그가 주목하는 것은 '존재'가 아니라 '생성'이다. "존재는 변화하는 것이지, 자기 동일성을 유지하는 게 아니다. […] 이것이 바로 존재에 대한 근본적 확실성이다."[215] 그는 (전통 형이상학에

---

215) F. Nietzsche, *Kritische Gesamtausgabe*, V 2, 11(330), 468. 니체에게 '존재'는 '생'이다. 죽은 것은 존재하지 않는 것과 같다. 니체는 쇼펜하우어와 달리 생을 긍정하고, 다윈과 달리 '생존을 위한 투쟁' 즉 자기보존이 아니라 자기 고양과 성장을 중시하였다(참조: M. 하이데거, 『니체와 니힐리즘』, 박찬국 역, 지성의 샘, 1996, 64).

서와 달리) 생성의 전 과정이 유의미하고 필연적이라 보았다. "나는 생성의 무죄를 입증하고자 항상 노력했다."[216] 그에게 모든 것은 되어갈 뿐, 절대적 진리라는 것이 없듯이 영원한 사실이란 없다. 생성은 끝이 없고, 종결되지 않는다. 그것은 거대한 대양의 밀물과 썰물과 같아서 붙잡을 수가 없다. 이 현실이 아닌 다른 곳을 떠올리거나 그곳으로 도망갈 일이 아니다. 이와 같은 인간 자신의 강화, 내적인 힘의 강화로 니힐리즘을 극복할 일이다. 이 힘이 약할 때 피안이나 이상 세계의 신기루를 상상하고 찾는다. 현실의 무상함과 고통을 극복하는 길은 그러한 환상이 아니라 긍정하고 즐길만한 정신력, 곧 '힘에의 의지'를 기르는 길이다. '힘에의 의지'가 유일한 현실이다. 유일한 실재는 자신 안에 운동의 목적과 원인을 갖고서 시작도 끝도 없이 항상 변화하고 작용하는 힘에의 의지, 영원히 회귀하는 힘에의 의지뿐이다. 그것은 일상적이고 저열한 의욕이 아니라 자신을 통제하면서 끊임없이 고양하는 본성, 더 크고 많고 강하게 생성함으로써 자신이 주인이 되는 본성이다. 그것은 소유하거나 장악하는 게 아니라 자신을 초극하기 위해 자신을 강화하고 결단하는 것, 그런 의미에서 그것은 힘이고 권력이다. 힘에의 의지 이전과 이후 그리고 그 위나 아래에 그 어떤 다른 존재 방식이란 없다. 존재하는 모든 것은 이 의지의 힘으로 충만해 있다.

 니체가 기대하는 인간은 종교적 초월자나 성인군자가 아니다. 또 전통적 형이상학이 대변해온 (수동적 비주체적으로 깊이 들고 병에 든) 존재도 아니다. 그는 세계의 중심에서 해석하고 평가하는 주체, 종결되지 않는 삶의 의지와 힘을 지니고 영원히 자신을 파괴하고 영원히 창조함으로써 현재를

---

216) F. Nietzsche, *Kritische Gesamtausgabe*, VII 1,(7), 245.

극복하는 능동적 주체, 스스로 법을 세워 자신을 형성해가는 주체, 곧 '위버멘쉬'(Übermansch)[217]이다. 그런 사람은 피안을 희구하지 않고 지금의 운명을 사랑하며, 자신이 겪어온 삶이 그 모든 고통과 고난에도 불구하고 무한히 반복되어도 좋다고 여길 정도로 긍정하기 마련이다. 정해진 의미나 방향 없이, 목적이나 이유 없이 무한히 반복되는 그러한 영원 회귀의 세계에서는 도리어 개개의 순간, 그 어떤 순간도 의미 없거나 헛되지가 않다. "아무 것도 버릴 것이 없다. 없어도 좋은 것이란 없다."[218] 이렇게 세상을 빼거나 배제하거나 고르거나 하지 않고 있는 그대로 긍정하는 위버멘쉬, 모든 모순과 고통을 삭감 없이 받아들이면서 새롭게 생성하는 위버멘쉬, 삶의 한계를 끊임없이 넘어서 유희하는 위버멘쉬, 인과적 고리를 떠나 균열과 차이마저도 음미하는 위버멘쉬, 영원히 회귀하고 반복된대도 자기 운명을 사랑하는 위버멘쉬로서 그렇게 스스로 자각하고 그렇게 살기로 결단하는 실존을 통해 허무주의는 극복되는 것이다.[219] 위버멘쉬에게는 니힐리즘마저도 성숙을 돕는 긍정적인 것, 나아가 능동적이고 필수적인 것이 된다. 그에게 니힐리즘은 "형이상학과 과학에 의존해 살아온 정신이 겪을 수밖에 없는 필연적인 사태, 새로운 가치를 창조하기 위해 반드시 거쳐야만 하는 과

---

217) 위버멘쉬(Übermensch)를 '초인'(超人)으로 번역하고 읽는 이들이 흔하지만, 인간을 벗어난 초능력자(Superman)로 오인될 가능성을 피하고자 독일어 단어 그대로 옮겨 쓰는 이도 많다. 니체의 의도에는 '대인'(大人)이 더 잘 어울릴 것이나 본서 역시 니체 표현의 고유성을 보존하고자 '위버멘쉬'로 표기한다.
218) F. Nietzsche F, *Kritische Gesamtausgabe*, VI 3, 309. (F. 니체, 『이 사람을 보라』, 박찬국 역, 아카넷, 2022, 136.)
219) 참조: 백승영, "니체 철학, 무엇이 문제인가", 김삼환 외, 『니체가 뒤흔든 철학 100년』, 민음사, 2000, 64-143, 107; 137.

도기의 현상"[220]일 뿐이다. 이렇게 자신을 강화하는 위버멘쉬는 세계와 대결하지 않는다. 악이나 어둠이 없는 그는 만유를 여유롭게 향유할 뿐이다. "이것이 위버멘쉬요, 사람이라는 먹구름을 뚫고 내리치는 번갯불이다."[221]

2. 반 도덕

이성에 대한 서구 근대의 무한 신뢰는 계몽주의를 거쳐 이성 만능주의를 불러왔다. 그러나 현실 속에서는 바로 그 이성의 한계와 폐해가 드러나 도리어 삶이 빈곤해지고 있음을 목격하고 본능과 감성, 직관과 의지를 강조하는 이들이 늘어났다. 자유로운 야성과 파격을 중시하던 바그너, 비이성주의를 표방하던 쇼펜하우어가 그 일부다. 이들의 영향을 받은 니체는 서구의 도덕 관념이 합리적 사유와 불가분의 관계 속에 형성됨으로써 삶을 약하게 하는 기제로 굳어왔다고 보고, 이러한 도덕 일반을 비판하고 반박하였다.『인간적인 너무나 인간적인』『선악의 저편』『도덕의 계보』 『아침놀』등 니체의 저작 밑바탕에는 전래의 이성주의와 도덕관에 대한 반발이 자리 잡고 있다. 이성이 본능을 통제하고 억압하면서부터 생명의 에너지가 고갈되고 빈혈 상태에 이르고 말았다는 것이다. "금지된 것들 속에서 그러한 방랑 생활을 하며 얻은 오랜 경험을 통해 나는 지금까지 도

---

220) 이창재, "계보학과 정신분석학", 김삼환 외,『니체가 뒤흔든 철학 100년』, 민음사, 2000, 64-143, 201-243, 237.

221) 짜라투스트라는 이렇게 말했다. 머리말 4, KGW(=Nietzsche, Kritische Gesamtausgabe, De Gruyter: Berlin, New York, 1967ff) VI, 10.

적이고 이상적이었던 원인이 원했던 것과는 전혀 달리 보인다는 것을 배웠다."[222]

니체에게 도덕적 가치는 선천적으로 주어지지 않고 역사적 조건에 따라 만들어지고 성장한다.[223] 그렇다면 이성의 절대성이라는 편견은 어디서부터 굳어왔는가? 그는 우선 고대 그리스인들이 구별하던 현실과 가상을 심연과 표면으로, 디오니소스적인 것과 아폴론적인 것으로 바꾸어 이해하였다. 그리고 그리스 정신이 칭송해온 질서 있고 평화로워 보이는 아폴론의 형태들은 카오스적이고 도취적인 디오니소스의 심연이 가려진 표면일 뿐이라고 보았다. 이 표면을 진술하는 언어는 모두 의심스럽다.[224] 디오니소스를 신앙하던 그리스인들에게 생은 고통에도 불구하고 있는 그대로 긍정되고 있었다. 인생의 비극성까지도 포용하는 그들의 문화와 삶은 (적어도 아낙시만드로스, 헤라클레이토스, 엠페도클레스에 이르기까지는) 강건했다. 그러나 소크라테스 이후로 모든 것이 변하고 말았다. 소크라테스는 예술과 학문을 구별하고 철학을 학문으로 고정하기 위해 논리적으로 사유하라고, 일

---

222) F. 니체, 『이 사람을 보라』, 박찬국 역,, 16.
223) 니체에게 선과 악이란 자체로 존재하는 게 아니다. 자연은 선하지도 사악하지도 않다. 선과 악에 관한 판단은 단지 인간의 생존 조건과 이해관계에 따라 달라지고 진화해 왔을 뿐이다. 경쟁하거나 적대하는 인간관계에서 상대는 항상 악이다. 악의 퇴치라는 명분 아래서는 전선이 분명해진다. 사실 집단의 내부 결속을 다지려면 그래야 한다. 그렇다면 가치의 기준은 무엇인가? 전통적인 선이냐 악이냐가 아니라 강한 삶이냐 약한 삶이냐이다. 선이란 힘의 감정, 힘에의 의지, 힘 자체를 고양하는 모든 것이다. 그리고 악이란 약함에서 비롯되는 모든 것이다. 행복이란 무엇인가? 그것은 힘이 증가하고 있다는 느낌, 저항을 초극했다는 느낌을 말한다. 물론 이 힘은 쟁취하는 권력이나 행사하는 폭력이 아니라, 고통과 운명을 있는 그대로 긍정하는 능력이다.
224) 참조: 베르너 슈텍마이어, 『니체 입문』, 홍사현 역, 책세상, 2020, 197.

상의 특수하고 구체적인 현실 언어가 아닌 보편타당한 개념으로 사유하라고 호도하였다. 그가 아테네 청년들의 시선을 그리스의 적나라한 비극적 현실을 떠나 순수한 개념, 보편타당하고 무시간적이며 이론적인 차원으로 이끈 이후로 철학은 보편을 찬양하고 추구하게 되었다. 소크라테스는 결국 완전한 저편 세계와 불완전한 이편 세계라는 두 세계 이론에 토대를 제공한 장본인이고, 이를 보다 체계적으로 정립한 자가 플라톤이다. 그리하여 소크라테스의 "저 가장 치명적인 편견, 저 가장 깊은 오류"[225]를 통해 인류의 삶은 심연을 상실한 채 논리적 표면만을 다루게 됨으로써 환영처럼 빈약해졌다. 소크라테스와 플라톤의 이러한 만행이야말로 서양 정신사를 거꾸로 가게 한 전환점, 재앙의 시작점이었다. 이들이 조성한 두 세계 간의 싸움을 그리스도교는 지상 세계를 적대하고 삶을 학대하다 못해 지옥에서의 복수전으로까지 연장하였다. 니체는 잘못된 집은 허물고 다시 지어야 하듯이, 이들에 의해 전도된 세계를 다시 반대 방향으로 돌려놓아야 한다고 여겼다. 그는 자신의 철학을 일컬어 뒤집은 플라톤 철학이라고 자부하며 플라톤이 참되다고 하는 존재에서 멀리 떨어지면 떨어질수록 존재자는 그만큼 더 순수하며 아름답고 좋다고 조소하였다.

    2500년 넘게 굳어온 가치의 체계를 되돌리려면 전도의 당위성을 주장할만한 안목과 결단력, 그리고 불굴의 용기가 필요하다. 니체는 자신이 인류 가운데 가장 미움을 받고 두려움의 대상이 됨을 무릅쓰고 이 전도의 황금을 빚어냈다고 자부하였다. 그가 여기서 주목하는 것은 애초 생동하던 삶이 어느 사이에 수동적인 노예의 삶이 되었는가 하는 것이었다. 그는 그

---

225) F. 니체, 『아침놀』, 박찬국 역, 책세상, 2004, 133.

것이 두 세계 이론에 바탕을 둔 도덕 관념으로 인해 일어난 역사적 현상이라고 진단하였다. 도덕이란 무엇이고 인간은 어떻게 도덕적 존재가 되는가? 니체에 따르면, 도덕은 오랜 진화과정을 통해 형성되는 사회적 범주로서 자력으로는 살아남기 힘든 절대다수의 약자들이 생존을 위해 생각해낸 안전장치다. 강자들에게 정면으로 대들 힘이 없는 약아빠진 약자들이 강자를 열등한 존재로 몰아내고 동시에 자신들의 우월감을 확보하려는 속셈으로 착함, 겸손, 순종, 인내, 용서 따위의 덕목을 내세운 것이다. 이는 강자들이 전혀 생각하지 못했던 약자들의 무기다. 방심한 소수의 강자는 약자들의 영악한 공략에 압도되어 도덕적 순치의 대상으로 길이 들여지고, 이렇게 등장한 도덕이 수천 년에 걸쳐 보편적 가치로, 최고 권위로 굳어왔다. 그리하여 가난한 자, 무력한 자, 비천한 자가 착한 자로 둔갑하게 되었다. 약자들의 전술은 급기야 선과 악을 천사와 악마로 인격화하고 역사 해석의 원리로 삼게 했다. 그러나 약자들이 내세우는 덕목들은 위장된 앙갚음의 무기들에 지나지 않는다. 겸손은 겁에 질린 저급함, 인내는 약자들의 비겁에 지나지 않고, 용서는 복수할 능력이 없으면서 마치 복수할 의사가 없는 양 꾸미는 것에 불과하다. 도덕은 그저 똑같이 행동하고 자신을 낮추라고 요구하며, 이러한 평준화를 통해 개체의 약화와 파기를 조장한다. 그리고 그에 적응되어 나약해진 인간들에게 유리하도록 현행을 유지하게 한다.

인류의 역사는 주인의 도덕과 노예의 도덕이 겨루는 현장이었다. 예컨대 주변 민족들 위에 군림하던 로마인에게 최고 가치는 패기, 힘, 긍지였다. 매사 긍정적이던 로마인들에게는 '르상티망' 감정이 없었다. 그들의 피는 깨끗하고 근육은 강건했다. 니체는 그런 로마인들을 힘에의 의지를 만방에 떨친 원시림 속의 맹수라고 기렸다. 반면에 바빌론과 로마제국의 노예였던 유대인들은 주인인 로마인들을 증오하면서도 정면으로 싸울 힘이 없었다. 자기들 땅에서조차 노예로 살던 이 유대인들의 증오와 복수심에서 선과 악이라는 가치가 발생했고, 그것이 그리스도교를 통해 건강한 삶을 제압하고 적대하는 도덕(겸허, 순종, 용서, 사랑)으로 자라나서 만연하게 된 것이다. 예수의 등장과 함께 르상티망의 불길을 살려 로마에 일격을 가하기 시작한 그리스도인들이 인류사에 대중화한 것이 '노예 도덕'이다. 노예는 자신의 의지를 세상에 드러내지 못해 무력함을 느끼면서도 속으로는 주인에 대해 분노와 증오심을 키운다. 그가 할 수 있는 유일한 복수는 처해 있는 비참하고 고통스러운 상태를 미화하는 도덕과 종교를 통해 그들이 가진 불만을 승화하는 일, 즉 가치를 왜곡하고 전도하는 일이다.[226] 여기서 권력을 탐하고 갈망하는 것은 악이라고 묘사된다. 부와 힘, 그리고 권력은 악과 동의어다. 도덕은 삶에서 그러한 위험을 제거함으로써 사회가 안전하다는 느낌을 만들어낸다. 이들은 자신들의 지배력을 강화하기 위해 천상의 권위까지 끌어들여 축복하고 저주한다. 강자들은 저주를 받을 것이라고 믿는 그것이 약자들이 말하는 축복이다. 그러나 니체는 묻는다. 증오와 복수를 가르쳐온 전통에 맞서 사랑과 용서를 내세운 예수의 사랑, 그의 원수 사랑은 정말로 승화된 참되고 진정한 사랑이었던가? 니체는 그것이야말로 더 높은 차원의 복수심과 증오심을 위장한 것이었다고 말한다. 사랑과 용서야말로 약자가 강자에게 할 수 있는 최상 최강의 복수다. 사랑을 베풀고 용서함으로써 도덕적 우월감을 지니는 동시에 상대방을 부끄럽게 만들어 상처를 준다는 점에서 그러하다. 사랑과 함께 약자는 강자의 위치

---

226) 참조: 프리드리히 니체, 『선악의 저편』, 박찬국 역, 아카넷, 2018, 362-368.

에 올라 그를 경멸하는 기쁨을, 강자는 약자의 용서를 받는 처지로 전락하는 비참을 느끼게 된다는 것이다. 이처럼 유대교를 계승한 그리스도교는 사랑과 용서를 무기로 삼아 로마인에게 아주 교활하게 복수했고, 강했던 로마는 방심한 탓에 예루살렘의 도덕으로 지배받게 되었다.[227] 이로써 인류가 그리스도교에 의해 도덕적으로 순화되었다고 하지만, 그로써 야성을 거세당한 동물원의 사자처럼 사육사의 눈치나 살피는 병든 존재가 된 것이었다. 개악된 것이다. 이를 배경으로 니체는 삶을 방해하거나 약하게 하는 그리스도교의 도덕, 곧 데카당스(퇴행)[228]를 부정하고, 지금까지 인류가

---

227) 참조: 정동호, 『니체』, 책세상, 2014, 147-177.
228) 19세기 후반 영국과 프랑스를 중심으로 활동했던 일군의 유미주의자들은 '조화'와 '균형'을 중시하는 고전주의적 미의식을 거부하고, 융성기의 문화보다는 몰락기의 퇴행적 문화에서 새로운 미의 기준을 보고자 했다. 어떤 한 시대의 문화에서 니힐리즘이 나타날 때, 니체는 이것을 '데카당스'라고 칭했다. 그에게 있어 데카당스는 생명력이 약화하고 지친 삶, 몰락하여 획일화된 삶(niedergehendes Leben)을 가리킨다. 진정한 삶은 충동, 욕망, 쾌락, 본능을 부정하거나 포기하는 가운데 세상으로부터 도피하지 않는다. 이에 비한다면 기존의 도덕은 퇴행적이다. 확신도 믿음도 없으면서 그저 따르도록 종용하기 때문이다. 무엇이 데카당스인가? 본능 없는 이성을, 그림자 없는 햇빛만을 추구함으로써 병들어가는 삶을 말한다. "밝고 냉정하고 신중하고 의식적이기는 해도 본능은 없으며 본능에 대적하는 삶은 그 자체로 하나의 병일 따름이다."(『우상의 황혼』, 소크라테스의 문제 12, KSA 6, 73). 병든 삶이란 목표와 방향을 상실하고 피로감에 빠지는 삶, 창조적 조형 의지가 마비된 채 대중화와 평준화에 안주하는 삶, 긍정 대신에 원한과 보복, 부정에 지배되는 삶, 주인의식 없는 무기력한 삶을 말한다. "동물이든 종족이든 개체든 그것들이 자신의 본능을 상실하게 됨으로써 자신에게 해로운 것을 선택하고 그것을 선호할 때 나는 그것들이 타락했다고 본다."(프리드리히 니체, 『안티크리스트』, 박찬국 역, 2013 아카넷, 23) 그러느니 차라리 베수비오 화산 입구에서 위험하게 사는 삶이 건강에 좋다. 니체에게 "철학에서는 소크라테스 이후의 반헬레니즘 철학이 데카당스의 징후다. 종교에서는 병든 토양에서 자라 온갖 질병을 안고 있는 그리스도교가 데카당스의 전형이다. 정치에서는 평등을 이념으로 하여 국가의 몰락을 가져온 근대 민주주의 운동이 데카당스이며, 예술에서는 음악을 병들게 한 바그너 풍의 (퇴폐) 음악이 데카당스다."(정동호, 『니체』, 책세상, 2014, 365).

최고라고 간주해 왔던 유형, 즉 선한 인간, 호의적인 인간, 선을 행하는 인간을 거부하라 하였다.[229]

근대인이 이성으로 신앙을 검토함으로써 자신을 계몽했다면, 그리고 칸트가 도덕으로 이성을 검토함으로써 근대인을 고양했다면, 이제 니체는 힘에의 의지, 곧 강인한 삶을 앞세워 그 도덕을 검토하고 폐기하고자 하였다. 그는 말한다. "칸트 역시 도덕의 독거미인 루소에게 물렸다. 칸트 영혼의 밑바닥에도 도덕적 광신이 숨어 있었다."[230] 마치 시대와 장소를 넘어 그 자체로 존재하는 것으로 오인된 도덕, 정언적 명령이 되어버린 타자의 도덕에 비주체적으로 복종하면서 너세의 목적을 지니고 살아가는 이의 삶은 그러한 도덕이 허물어지면 함께 실없이 허물어지고 만다. 니체에게 보편타당한 '절대'란 존재하지 않는다. 자연과학의 발견과 함께 절대 시간과 절대 공간이 허물어지고 없어졌듯이 절대 진리나 절대 가치도 더는 존재하지 않는다. 편견을 진실이라고 옹호하는 교활한 변론자요 영혼을 파는 만병통치 장사꾼인[231] 철학자들의 결말이야말로 허무주의인 것이다. 건강한 삶을 위해서는 이런 따위의 도덕적 낭비가 변형되고 대체되어야 한다. 헤겔이 변증법적 계기로 분별하던 선과 악도 니체는 아예 취소하였다.

---

229) 참조: 『이 사람을 보라』, 254. "'선한 인간'이 되어야 한다고, […] '아름다운 영혼'을 가져야 한다고 요구하는 것은[…] 실존에서 자신의 위대한 특성을 빼내 버리는 것을 의미하고, 인류에게서 거세하는 것을 의미하며, 인류를 비참한 중국인 같은 존재로 끌어내리는 것을 뜻한다. 그런데 사람들은 바로 이런 것을 시도해 왔다![…] 바로 이런 것을 도덕이라 부르면서[…] 이런 의미에서 차라투스트라는[…] 선한 인간들을 가장 해로운 인간 유형으로 느낀다. 이들이 진리를 희생시키고 무엇보다 미래를 희생시켜 자기들의 존재를 관철하기 때문이다."

230) F. 니체 『아침놀』, 탁찬국 역, 책세상, 2004, 13.

231) 참조: 『선악의 저편』, 9; 수 프리도, 『니체의 삶』, 박선경 역, Being, 2020, 454.

전래의 도덕을 비판하는 니체는 말한다. "나는 최초의 비 도덕주의자이다."[232] "독창적이고 생산적인 사람들은"[233] 그런 따위에 지배당하지 않는다. 나약하고 병적인 것에 대한 비판으로 가능한 것은 오직 더 높은 도덕을 위해 도덕성을 벗어나라는 것이다. 그리하여 니체는 다짐한다. "도덕에 대한 신뢰를 철회한다. 왜냐고? 도덕에 충실하기 위해서!"[234] 니체가 주목하는 도덕은 삶의 의미를 추구하는 도덕, 자신의 운명을 스스로 짊어질 수 있을 정도로 강인하고 건강하게 하는 도덕, 인간에 내재한 '힘에의 의지'를 돋구는 도덕, 인간의 극복과 발전을 가져오는 '군주 도덕', 곧 위버멘쉬의 도덕이다. 니체는 자신이 마치 두더지처럼 은밀히 전통 도덕의 요새를 부수고 나서 천천히 새로운 아침놀 쪽으로 뚫고 들어가고 있다고, 자신은 그렇게 자신만의 길을 걷고 있노라 자부하였다.[235]

3. 반 그리스도교

니체에 따르면 인류의 역사는 고장난 채 반대 방향으로 흘러왔다. 소크라테스와 플라톤과 함께 잘못된 길에 들어선 서양 사상은 퇴락을 지속한 끝에 급기야 그리스도교라는 "거대한 의문부호" "세계사적 아이러

---

232) 『이 사람을 보라』, 250.
233) 『아침놀』, 182.
234) 같은 책, 15.
235) 참조: 같은 책, 9-10.

니"²³⁶에 이르고 말았다. 삶의 중심을 삶 안에 두지 않고 그것을 '피안'으로 옮겨놓음으로써 삶을 박탈하는 플라톤의 이데아와 그리스도교의 신은 삶을 부정하고 퇴화시킬 뿐이다. 피안이 여기 이 세상을 뒤틀고 망가트리는 이상한 일이 벌어지게 되었다. 그 총수인 신은 "실존에 반대하는 가장 큰 이의제기"다."²³⁷ 신은 삶의 반대자요 적대자로 고안된 개념이다. "존재자 전체 '위'에 내걸려지면서, 존재자 전체에게 목적과 질서, 요컨대 '의미'를 부여하는 '이상'과 '규범', '원칙'과 '규칙', '목표'와 '가치'를"²³⁸ 지원해 온 이제까지의 '신'은 공허한 이름, "'차안'에 대한 온갖 비방과 '피안'에 대한 온갖 거짓말을 위한 정식"²³⁹일 뿐이다. "그의 나라는 어제도 내일도 없으며 천년이 지나도 오지 않는다. 그것은 마음속에서 일어나는 하나의 경험이다. 그것은 곳곳어 있으면서도 아무 데도 없다."²⁴⁰ 그것이 서양 니힐리즘의 본상이다. 니체는 이렇게 전통 형이상학과 도덕, 그리고 그리스도교를 거부하는 배경에서 그 총화인 신에게 죽음을 선고하기에 이르렀다. 칸트가 도덕률의 보증을 우려하여 신을 요청했던 바와 달리 니체는 도덕과 신을 모두 도려냄으로써 아예 우려할 일조차 없게 한 것이었다. '진짜 세계'와 '가짜 세계'를 혼동한 채 흘러온 이 병적인 사조의 방향을 되돌려 정상화하려면 통째의 '가치전환'이 일어나야 한다. 이 가치전환은 신이 아니라 인간의 일, 각 개인의 일이고, 이에 대한 유일한 기준은 '삶'이다. 무엇보

---

236) 프리드리히 니체, 『안티크리스트』, 박찬극 역, 아카넷, 2013, 87.
237) 『이 사람을 보라』, 81.
238) M. 하이데거, 『니체와 니힐리즘』, 박찬국 역, 지성의 샘, 1996, 24-25.
239) 같은 책, 48.
240) 같은 책, 85.

다도 새로운 삶이 서구의 병적 사조의 토대요 배경으로 연명해온 '신'의 제거를 요구한다.『즐거운 학문』(1882)에서 니체는 이렇게 썼다. "그 미치광이는 군중 속으로 뛰어들어 그들을 노려보며 이렇게 외쳤다. '신은 어디에 있소?' 그러고는 이렇게 말했다. '내가 말해주지! 우리가 그를 죽였어. 당신들과 내가! [⋯] 신을 묻는 장사꾼들의 진혼곡이 아직 들리지 않는가? 신이 부패하고 있는 냄새가 아직도 나지 않는가? [⋯] 신은 죽었다! [⋯] 우리가 신을 죽였다."[241] 니체는 허구를 통찰한 사람들 앞에서 이렇게 신은 수명을 다하게 되었는데, 자신도 "'늙은 신이 죽었다'는 소식에서 새로운 아침놀이 밝아오는 듯한 느낌을" 받았으며, 이로써 "수평선이 다시 열려 마침내 배가 다시 출항할 수 있게 되었다."[242]고 반겼다. 그렇다면 신이 죽었는데도 아직도 남아 있는 그리스도교란 무엇인가? 그것은 "신의 무덤과 묘"[243]일 뿐이고, 이미 수천 년 전에 소멸한 별의 빛이 아직 남아 비치는 잔상과 같은 것, 그러나 그 반짝임(Schein)마저 곧 사그라질 것이다. 니체는 '그리스도교에 대한 저주'라는 부제가 붙은『안티크리스트』에서 그리스도교가 어떻게 생겨났으며, 지금 어떤 일을 벌이고 있는지, 어떻게 사라질 것인지를 애써 드러내고자 하였다.

일찍이 스트라우스의 책을 읽은 니체는 그리스도교란 순진한 왜곡과 날조의 산물이라고 보았다. '그리스도교'란 말 자체가 이미 오해의 결과물이다. 본래 예수는 '숭고한 것과 병적인 것, 그리고 유치한 것이 기이하게

---

241) F. Nietzsche, *Die fröhliche Wissenschaft*, Nr. 125, K.Schlechta(Hg.), *Werke Bd. II.*, München, 1955, 127;『니체의 삶』, 357.

242) F. Nietzsche, *Die fröhliche Wissenschaft*, 5. 256.

243) F. Nietzsche, *Die fröhliche Wissenschaft*, Nr. 125, *127*.

혼합된 지극히 흥미로운 데카당스'이면서도 살고 가르친 대로 죽음을 맞이한 '긍정하는 삶의 전형'이었다. 예수는 그가 실천했던 바로 그 모습을 인류에게 남겼다. 즉 악과 부당한 상황에 맞서 자기의 권리를 변호하지 않았고, 온갖 조롱과 비난, 급기야 십자가 앞에서도 저항하지 않았다. 오히려 그 상황을 담담하게 받아들이고 사랑했다. 영원한 긍정, 곧 '운명애'(amor fati)[244]를 가르치고 살았던 예수에게서는 그 어떤 원한 감정이라고는 찾아

---

244) 니체에 따르면 허구한 삶을 대하는 몇 가지 방식들이 있다. 우선 외면하고 내세의 충만한 삶을 동경하면서 도망가는 것이다. 물론 이는 자기기만일 뿐이다. 두 번째 방식은 운명에 맞서는 것이지만, 이렇게 거부하거나 반발하는 이에게 운명은 오히려 더욱 엄하게 다가와 절망하게 한다. 그 무모함과 결과를 아는 이들은 운명을 받아들이고 따르기에 이른다. 자신에게 주어진 생존 조건과 환경을 필연의 것으로 받아들여 자연의 이치에 따라 살아가는 물고기가 무모하게 하늘 높이 날아오르려 하지 않고 굴속에서 자유롭게 유영하는 바와 같다. 니체는 여기서 운명에 대해 스토아 학자들처럼 체념 속에 소극적으로 순응할 게 아니라 능동적으로 받아들임으로써 극복하라고 가르친다. 운명을 긍정하고 사랑하는 데서 허무주의의 안개가 걷힌다는 것이다. 니체는 "모든 것과 위대한 것 모든 것, 나는 언젠가 한 번 오직 긍정하는 자일뿐인 그런 사람이 되고 싶다."라며, 이 긍정하는 태도와 성향을 'amor fati'라는 말에 담았다. "인간에게서 말할 수 있는 위대함에 대한 나의 표현은 amor fati이다. 이것은 달리 원하지 않는 것, 앞으로도 뒤로도, 옝원히."(『이 사람을 보라』, '나는 와 이렇게 총명한가.' 10) "나는 사물을 아름답게 만드는 사람 중 하나가 될 것이다. 운명을 사랑하라. 그것이 이제부터 내 사랑이 되게 하라! 나는 추함과 싸우고 싶지 않다. 나는 비난하고 싶지 않다. 비난하는 사람을 비난하고 싶지도 않다. 눈길을 돌리는 것이 나에게 유일한 부정의 표현이 될 것이다! 무엇보다 언젠가는 모든 일이 긍정적인 사람이 되고 싶다!"(The Gay Science, Book IV, 'Sanctus Januarius, Section, 276) "삶에 대한 궁극적이고, 가장 즐거우며, 넘칠 정도로 충일하면서도 극단적인 용기로 충만한 긍정은 최고의 통찰일 뿐만 아니라, 그것은 또한 진리와 학문에 의해 가장 엄격하게 확인되고 유지되는 가장 심오한 통찰이기도 하다. 존재하는 것에 빼도 되는 것은 하나도 없으며, 없어도 되는 것은 하나도 없다."(『이 사람을 보라』, 145) 누구나 특정한 시점에 이 땅에 태어나서 특정한 시점에 이 땅을 떠날 때까지, 자기가 여기에 살았다는 것이 꼭 있어야만 하는 운명이 될 수 있도록 지금 그렇게 살 일이다. "이것이 인생이더냐? 좋다, 다시 한번!"이라는 말이 그의 'amor fati'를 대변한다. 그리고 이렇게 영원회귀마저도 무한 긍정하는 위버멘쉬의 경지

볼 수 없다. 니체에 따르면, "오직 단 한 명의 그리스도인이 존재했을 뿐이다. 그리고 그는 십자가에서 죽었다."[245] 예수가 인류에게 남긴 것은 교리의 체계가 아니라 이렇게 사는 그의 모습이었다. 그런데 제자들은 예수가 기존의 질서에 저항하여 봉기를 일으켰던 때문에 죽었으며, 자신들도 그 본을 따라 봉기해야 한다고 왜곡하였다. 그러나 "예수의 모습에는 그렇게 호전적인 특징, 다시 말해 말과 행동으로 (기존의 사회질서를) 부정하는 특징은 없었다. 오히려 그러한 특징이란 예수의 참된 특징과는 반대되는 것이었다. [⋯] 예수 자신은 죽음과 함께 자신의 가르침을 가장 강력하게 시험하면서 그것을 공공연하게 증명하는 것 말고는 아무것도 바라지 않았다. [⋯] 그런데 그의 제자들은 이 죽음을 결코 그대로 넘길 수가 없었다. [⋯] 여기서 가장 비 복음적인 감정, 복수심이 머리를 들고 일어났다. [⋯] 그들은 '보복'과 '심판'을 요구했다. 그리고 메시아에 대한 민중의 기대가 다시 한 번 부각하면서 어떤 역사적 순간, 곧 '하느님의 나라'가 적을 심판하러 오는 역사적 순간이 주목되면서[⋯] 모든 것이 오해되어버렸다."[246] "'이렇게 (본래의) 복음은 단번에 끝장나버렸다! [⋯] 이 얼마나 소름이 끼치는 이교 사상인가! 예수는 '죄'를 폐기했다. 그는 신과 인간 사이에 존재하는 어떠한 간격도 부정했으며 신과 인간의 이러한 통일을 자신의 '기쁜 소식'으로 삼고 살았다. [⋯ 그러나] 이때부터는 구세주라는 유형 속으로 심판과 재림의 교리, 그의 죽음이 희생이었다는 교리, 부활의 교리가 들어 왔다. 부

에서 서구 허무주의는 극복된다는 것이다.
245) 프리드리히 니체, 『안티크리스트』, 박찬국 역, 아카넷, 2013, 92.
246) 같은 책, 98.

활의 교리와 함께, 복음이 말하는 현실 전체이자 유일한 현실인 '지복'이란 개념이 전부 제거되어버렸다. 죽음 이후의 상태를 위해서 말이다."[247] 여기서 나아가 바오로는 어떻게 하면 하나의 작은 종파가 세계를 밝힐 큰불로 타오르게 할 수 있을지를 고민했고, 그리스도의 모범적인 삶을 혐오스럽고 야만적인 형태로, 인간의 죄를 대신해 희생했다는 전설로 둔갑시켰다. 증오의 환상과 냉혹한 논리로 '원한 감정'을 퍼뜨리는 데 천재인 바오로는 "그리스도교의 어제와 그 이전의 날을 완전히 지워버리고 스스로 초대 그리스도교의 역사를 만들어냈다. 그뿐 아니라. 그는 이스라엘의 역사가 그의 행위를 위한 전사(前史)로 보이게끔 왜곡했다. 모든 예언자가 그의 '구세주'에 대해 이야기하도록 만들어놓은 것이다. […] 바오로는 존재 전체의 중심을 존재의 배후로 송두리째 옮겨버렸다. '부활한' 예수에 관한 거짓말 속으로 말이다."[248] 그렇게 하여 예수의 '기쁜 소식'의 뒤를 이어 바오로의 '나쁜 소식'이 왔고, 지금의 그리스도교가 탄생한 것이다.[249] 니체는 바오로의 이 날조행태야말로 대죄라고 보았다. 바오로가 만들어넌 신은 신에 대한 부정이고, 그것을 의사는 치유 불가능하다고 진단하며, 문헌학자는 사기라고 말한다는 것이다. "이 모든 것으로부터 따라 나오는 결론은 무엇인가? 신약성경을 읽을 때는 장갑을 끼는 게 좋다. 그다지도 불결한 것을 가

---

247) 같은 책, 99.

248) 같은 책, 100.

249) 바오로의 예리한 "두뇌와 영혼 내부의 혼란과 폭풍이 없었다면, 그리스도교 세계는 없었을 것이다. 우리는 조그마한 유대교 종파, 즉 그 우드머리가 십자가에서 죽은 저 종파에 대해서 거의 알지 못했을 것이다. […] 이 사람이 최초의 그리스도교인이고, 그리스도교의 발명자다! 그때까지는 몇몇 유대교 광신자들만이 있었을 뿐이다."(F. 니체, 『아침놀』, 박찬국 역, 책세상, 2004, 80.)

까이하는 것이니 그러지 않을 수 없는 것이다."[250]

니체에 따르면, "그리스도교에는 나쁜 목적만 있다. 삶에 해독을 끼치고 삶을 비방하고 부정하려는 것, 육체를 경멸하려는 것, 죄라는 개념을 가지고 인간의 가치를 폄훼하고, 인간 자신을 모독하려는 것뿐이다."[251] "인류에 대한 최대의 범죄 [···] 즉 인간이 자신을 모독하는 이 탁월한 형식은 과학과 문화와 인간의 고양과 고귀한 상태를 불가능하게 하고자 고안된 것이다. 사제는 죄를 고안함으로써 지배한다. '죄와 벌' '은총' '구원' '용서'의 개념은 철두철미 거짓말이고, 어떤 심리적 현실성도 반영하지 못하며, 원인에 대한 인간의 감각을 말살하기 위해 고안되었을 뿐이다."[252] 그러므로 "그리스도교인이 되려면 충분히 병들어 있어야 한다."[253] 그리스도인은 "길이 들여진 동물, 무리 동물, 병든 동물"[254]이고, 그리스도교야말로 퇴화하는 삶 데카당스이고, "인류 최대의 불행"[255]이며 "대참사"[256]다. "삶에 해독을 끼치는 사제가 여전히 높은 인간형으로 평가되는 한, 진리란 무엇인가 하는 물음에 대한 대답은 획득될 수 없다. [···] 이러한 신학자 본능에 나는 전쟁을 선포하려는 것이다."[257] 니체는 『안티크리스트』의 집필을 끝낸 1888년 9월 30일을 승리의 날 제7일, 그가 계산하는 새로운 기원의 첫날로

---

250) 프리드리히 니체, 『안티크리스트』, 박찬국 역, 아카넷, 2013, 113.
251) 같은 책, 140.
252) 같은 책, 122.
253) 같은 책, 19.
254) 같은 책, 20.
255) 같은 책, 128.
256) 『이 사람을 보라』, 262.
257) 『안티크리스트』, 30.

기록해두고는 포강의 강둑을 따라 황금처럼 빛나는 미루나무 아래를 거닐며 하느님처럼 여유롭고 위대하게 하루를 보냈다.[258]

4. 니체의 반전

　계몽주의가 이성의 줄을 팽팽히 당기고, 자연과학 기술이 초고속으로 질주하는 근대에 서구인의 기세는 허물어질 줄 몰랐다. 사람들은 진보 이념에 젖어 미래를 낙관하고 희망하고 환호했다. 그러나 태양 빛이 강해지면 그림자도 강해지는 법, 이 역사의 대오에서 낙오한 사람들의 좌절과 절망, 허무감도 그만큼 짙어지고 있었다. 이를 주시하던 니체의 소명의식은 남달랐고, 고발하는 그의 담력은 대단했다. 서구에 확산하고 있는 검은 그림자 허무주의를 진단하고 해법을 제시하려는 그의 결론은 무엇이었는가? 지금 여기의 삶을 주목하고 충실히 힘을 길러 자신을 전개하는 위버멘쉬가 되라는 것이었다. 그렇다면, 니체 자신은 스스로 어떤 사람으로 알고 있었으며, 실제 남들은 그를 어떤 사람으로 보고 있었을까?
　그는 자신이 루터와 괴테와 함께 독일의 3대 문장가 중 하나라고 자부하였다.[259] "고상하고도 좋은 맛을 내는 나의 세계 안으로 발을 들여놓는 것 자체가 이미 그 무엇과도 비교할 수 없는 최고의 영예가 된다. […] 그냥 다른 책들은 더는 견뎌낼 수 없게 된다. […] 왜냐면 나는 어떤 새도 결코 성

---

258) 참조: 『니체의 삶』, 524.
259) 참조: 같은 책, 371.

공하지 못한 높이에서 왔고, 또 어떤 발도 길을 잃어보지 못한 심연을 알고 있기 때문이다." 그는 어머니에게 보낸 편지에서 자신을 우러러보는 진짜 천재들이 있으며, 자신의 이름은 이제 특별하게 여겨져 숭배되고 있다고 썼다. 그리고 여동생에게는 자신이 인류의 운명을 손바닥에 쥐었다고 썼다. 1888년 카를 훅스에게 쓴 편지에는 이런 구절이 있다. "세상은 앞으로 몇 년간 혼란에 빠질 것이다. 옛 신이 물러났고, 이제부터는 내가 세상을 지배할 테니까."[260] 그의 자서전 격의 책 『이 사람을 보라』의 내용은 매우 도발적이다. 각 장의 제목은 '왜 나는 이토록 현명한가.' '왜 나는 이토록 영리한가.' '왜 나는 이토록 좋은 책을 쓰는가.' '왜 나는 하나의 운명인가.'와 같이 자극적이다. 그는 호언장담하였다. "나는 나의 운명을 알고 있다. 언젠가 나의 이름은 어떤 놀라운 회상과 연관될 것이다. 지상에 한 번도 없었던 위기, 가장 깊은 양심과의 충돌, 이제까지 믿고 요구되고 신성시되던 모든 것에 반대하는 결정에 관한 회상과 접목될 것이다. 나는 인간이 아니다. 다이너마이트다."[261] 그렇다. 그는 자신을 인류의 역사를 두 동강으로 폭파할 최고의 다이너마이트라고 보고 있었다.

그러나 이러한 니체의 자평과는 달리 당대 세간의 평가는 박하기만 했다. 그의 책들은 도통 판매되질 않았다. 『비극의 탄생』(1872) 초판은 800부 중 625부만, 그것도 6년에 걸쳐 팔린 것이었다. 『비극의 탄생』에 대한 학계의 반응은, 바그너를 제외하고는, 도무지 신통치가 않았다. 평가를 요청받은 지도교수 리츨은 페이지마다 '과대망상!' '오만!' '제멋대로!' 같은 단

---

260) 재인용: 수 프리도『니체의 삶』, 543.
261) 같은 책, 533.

어들로 잔득 표시했다. 그에게는 아무리 보아도 교묘하게 헛소리만 늘어놓은 책이었다. 야코프 부르크하르트도 니체의 논리와 과격한 태도, 거만한 말투를 불쾌하게 여겼고, 특히 소크라테스와 후예들에 대한 분별없는 발설에는 모욕감마저 느꼈다. 본대학교의 한 교수는 학생들에게 『비극의 탄생』은 쓸모없는 책이고, 니체는 문화의 적이자 교활한 사기꾼이라고 했다. 그의 고전학 동료 교수 중 한 사람(Ul. v. Wilamowitz-Möllendoff)은 니체가 사실을 잘못 알고 있고 진실을 추구하는 마음이 부족하다며 문헌학 교수직에서 물러나야 한다고 평했다. 다음 학기에 니체의 수업 청강생은 두 명이었는데, 그마저 모두 니체의 강좌인 문헌학의 전공생이 아니었다. 『인간적인 너무나 인간적인』(1878)은 밀랍이 녹는 대가를 치르더라도 하늘 높이 날아오르려 했던 이카로스의 기백을 품고 저술되었으나, 세 명의 팬만 확보했을 뿐 별다른 평을 얻지 못했다. 판매도 100권가량이 전부였다. 게다가 출판업자로부터 더는 책을 쓰지 말아 달라는 조언을 들어야 했다. 니체는 찬송가 50만 부가 인쇄되느라 『차라투스트라』(1883) 제1부의 인쇄가 지연되어야 한다는 말을 들어야 했다. 『차라투스트라』 제3부는 슈마이츠너가 니체를 위해 11번째로 출판한 책이었는데 돈이 되지를 못했다. 책을 낼 때마다 1천 부씩 인쇄했지만 100부도 팔리지 않았다. 슈마이츠너는 남아 있는 책 재고를 2만 마르크에 싸게 팔아넘기면 어떻겠냐고 제안했다. 니체에게는 청천벽력과 같은 이야기였지만, 막상 팔려고 해도 9723권의 떨이 책을 살 사람은 없었다. 『선악의 저편』(1886)은 고작 114부가 팔렸다.[262] 사람들 대부분은 니체의 진의와는 달리 그의 '허무주의'를 섬뜩한 절망으로,

---

262) 참조: 같은 책, 183-468.

'가치의 전도'를 무정부 사태로, '자연에의 복귀'를 문명에 대한 조롱으로, '신의 죽음'을 신앙에 대한 도전으로, '힘에의 의지'를 패권 정치를 부추기는 반역사적 망발로 해석하고 외면하고자 했다. 또한 '영원회귀'는 극단의 허무주의로, '운명애'는 패자의 낙담으로, '위버멘쉬'는 반인륜적 인간 사육을 조장하는 말로 받아들였다.[263] 실제로 니체의 발언이 민족주의와 폭력적인 용도로 각색될 수 있음을 깨달은 정치인들은 많았다. 시류를 탐하는 이들은 니체의 글들을 곧 난도질하고 오용하기 시작했다. 칼 아우구스트 엠게, 오스발트 슈펭글러, 알프레드 보임러 등이 니체의 사상에서 독일 우월주의에 어울리는 대목들을 뽑아내고 사회진화론에 맞추어 조작하고 선전하는 일이 벌어진 것이다. 제1차 세계대전을 전후로 니체의 말들은 호전적인 형태로 변형 해설되었다. '힘에의 의지'는 폭력과 무자비함을 인정하는 반도덕적 지침으로, '위버멘쉬'는 위대한 야수성으로, '금발의 짐승'은 인종 개량 프로젝트의 동기로 그려졌다. 이 용어들은 무솔리니나 히틀러에게는 귀한 영감을 주는 탁월한 선물이 되었다.[264]

그러함에도 불구하고 자신에 대한 니체의 평가는 고고하기만 했다. 니체는 자신을 죽은 다음에야 생생해지는 "사후의 인간"[265]이라고 칭했다.

---

263) 참조: 정동호, 『니체』, 책세상, 2014, 20-21; 558-590.
264) 참조: 『니체의 삶』, 615-619. 니체가 전쟁을 좋아했다는 식의 기사를 내서 이런 왜곡된 해석을 더욱 부추긴 것은 그의 여동생 엘리사벳이었던 것으로 알려진다. 1932년 히틀러는 엘리사벳에게 큰 장미 꽃다발을 선물했고, 1년 뒤 독일 총리가 된 히틀러에게 그녀는 온갖 미사여구를 동원해 맞장구를 쳐주었다. "우리는 감격에 취해 있답니다. 위대하신 아돌프 히틀러 총리님과 같은 너무나 훌륭하고 경이로운 인물이 우리 국가의 수장으로 있기 때문입니다. 하나의 민족, 하나의 국가, 하나의 총통!" 그녀는 히틀러에게 니체가 썼던 지팡이를 선물했다.
265) 『즐거운 학문』, 365.

"모레가 되어야 나의 날이 온다."[266] "내가 말하는 것은 지금 이후 2백 년의 역사다."[267] 이 말은 그의 자위적인 소망이었을까 혹은 자신에 찬 예언이었을까? 1890년대 유럽에 새로운 시대정신 아방가르드 문화가 싹트고 무르익은 가운데 니체의 책들이 사람들의 관심을 끌기 시작했다. 세기말의 정치적 불안정, 허무주의와 염세주의 속에서 사람들은 과연 어떤 가치에 기대어 살아갈지 망막했다. 회의와 갈망 사이에서 사람들은 내세의 허상에서가 아니라 삶 그 자체에서 의미를 찾으라는 니체의 외침에 매료되고 빠져들어 갔다. 그들에게 니체는 세계를 설명할 새로운 방법과 현대적 상황에 맞는 새로운 가치를 찾아 미지의 바다를 항해하는 아르고호 용사였다. 그토록 방치되던 니체의 책들이 그림, 드작, 시, 음악에 이르기까지 광범위한 분야에 영향을 미치며 베를린과 파리에서 동시에 빛을 발해 갔다. 사람들은 신이 아니라 '위버멘쉬'를 주목하였다. 아방가르드를 의식하는 이들에게 그것은 교착과 퇴행에서 빠져나올 탈출구였다. 세기 말의 허무주의적 심연, 이성의 독선과 정치적 혼란, 과학기술의 횡포 그 위로 던져진 동아줄은 '운터멘쉬'가 아니라 '위버멘쉬', '르상티망'이 아니라 '아모르 파티'였던 것이다.[268] 하이데거가 그를 형이상학도로 새롭게 해석하면서 그의 사상사적 위치와 역할에 관한 이해도가 새삼 드높아졌다.[269] 이로부터 니

---

266) 『안티크리스트』, 서문; 이 사람을 보라, 나는 왜 이렇게 좋은 책을 쓰는가, 1.
267) 『권력에의 의지』, 2(XV, 137).
268) 수 프리도, 『니체의 삶』, 584.
269) 하이데거는 니체 해석의 방향을 잡아 준 이이기도 하였다. 그는 '하느님은 죽었다'는 니체의 명제를 플라톤 이후의 서구 형이상학의 운명을 묘사한 것으로 이해하였다. 그것은 단순히 '하느님의 죽음'이 아니라 플라톤주의로 이해되는 서구의 형이상학은 끝났다는 것, 이제껏 인정되어 오던 가치체계가 허물어졌다는 것, 초감각적인 형이상학적

체의 진의를 살피고 그것이 전개되던 전후 과정을 파악하는 이들이 늘어나면서 그에 관한 연구가 돌연 열기를 띠게 되었다. 그가 재등장하는 모습은 마치 "폭발을 앞둔 휴화산" "점화를 기다리는 뇌관"[270]과도 같았다. 미타슈는 니체를 화학과 생리학, 진화론에 심취했던 자연과학도로 소개하기도 했다.[271] 1960년대 니체 전집이 발간되고 학술회의들이 열리면서부터는 니체가 인문학과 문화 전반에 영향을 미친 특별한 인물, 피해가거나 거리를 둘 수 없는 인물이 되었다. 니체의 날뛰는 사유와 표현력은 사람들에게 '개념의 지진'을 일으키고 몰아댔다. 발효를 끝낸 그의 명언들은 사람들의 마음을 넘어뜨리면서 일으켰고, 방향을 잃게 하면서 동시에 방향을 잡게 했다.[272] 니체가 원했던 게 그런 것이었을까? 그의 책들은 고전이 되고, 그의 핵심 개념들인 허무주의, 가치의 전도, 신의 죽음, 자연으로의 복귀, 힘에의 의지, 영원회귀, 운명애, 위버멘쉬 등은 20세기의 유행어가 되었다. 한동안 무시되던 니체가 어느 사이에 소란스러운 골리앗이 되고 있었다.

세계는 효력을 잃었다는 것, 따라서 가치체계의 새로운 전환이 필요하다는 것, 가치의 새로운 기준과 체계를 새삼 인간 스스로 찾아야 함을 의미한다는 것이다. 니체의 '신의 죽음'에 관한 이러한 해석은 니체 해설의 교과서처럼 널리 인정되고 있다. 참조: M. Heidegger, *Nietzche: der Europäische Nihilismus*, 박찬국 역,『니체와 니힐리즘』, 지성의 샘, 1996; 박찬국,『니체와 하이데거』, 그린비, 2018; 박찬국, "프리드리히 니체",『선악의 저편』, 박찬국 역, 아카넷, 2018, 해제 429.

270) 정동호,『니체』, 책세상, 2014, 23.
271) 참조: 같은 책, 317-345.
272) 참조:『니체 입문』, 009; 프리드리히 니체,『도덕의 계보학』, 홍성광 역, 283.

5. 검토와 성찰

1) 의문부호?

앞서 언급한 바와 같이 하이데거가 니체를 플라톤 못지않은 위대한 형이상학자로 평가하면서 니체의 사상에 관한 연구가 방향을 잡고 활기를 띠게 되었다. 그러나 하이데거에게 니체의 전통 형이상학과 니힐리즘에 대한 비판은 그 극복이 아니라 반복이며 완성일 뿐이다. 니체는 "'존재'라는 가장 평범한 것을 '힘에의 의지'라고 특이하게 규정한"[273] 형이상학자로서 플라톤의 이념('이데아')의 형이상학을 가치('힘에의 의지')의 형이상학으로 전도(轉倒)하고 대체했을 뿐 그의 주장은 존재와 존재자의 구별을 망각한 또 한 번의 사례요 그 극단이고 종국이었다는 것이다.[274] 한마디로 니체는 이원론에 기반을 두고 현실을 부인하도록 사주해온 플라톤 이래의 (초월) 형이상학을 반대하였을 뿐 형이상학 자체를 거부하지는 못했고, 그로써 서양 정신의 참다운 계몽이 이룩된 게 아니라 지연되었을 뿐이라는 것이다. 그러나 우리가 니체의 형이상학적 입장에 대한 하이데거의 이러한 비판을 긍정하고 수용한다고 하더라도 종교에 비판을 가하던 니체 특유한

---

273) M. 하이데거, 『니체와 니힐리즘』, 박찬국 역, 지성의 샘, 1996, 65; "니체는 니힐리즘을 특히 근대 서구역사의 운동으로서 인식하지만, 무의 본질을 물을 수도 없기 때문에 무의 본질을 사유할 수도 없다. 이 때문에 그는 지금 일어나고 있는 저 역사를 말하는 고전적 니힐리스트가 될 수밖에 없다."(76).

274) 참조: M Heidegger, *Nietzche: der Europäische Nihilismus*, 박찬국 역, 『니체와 니힐리즘』, 지성의 샘, 1996; 박찬국, 『니체와 하이데거』, 그린비, 2018, 114-157; 박찬국 "권력에의 의지의 철학과 존재의 철학", 김삼환 외, 『니체가 뒤흔든 철학 100년』, 2000, 민음사, 244-272; 정동호, 『니체』, 317-329, 신상희, 『하이데거와 신』, 철학과 현실사, 2007, 95-123, M. 하이데거, 『숲길』, 신상희 역, 나남, 2021², 281-359.

고발과 힘이 가벼워지거나 약해지는 건 아니다. 그러기에 그리스도인이 니체의 종교비판을 온몸으로 나서서 감당하고 응해야 한다는 사실은 변하지 않는다.

우선 독하고 모질게도 비판하는 그의 진정성을 검토하고자 한다. 서양인들은 앞선 이들의 생각을 비판하고 보강하면서 더 크고 깊고 근원적인 인간상을 세워왔다. 문제는 실제로 본인들의 삶은 그 결론과 당위에 일치해있는지 하는 것이다. 니체도 한 권의 책을 시작하면서 이렇게 포문을 열었다. "침묵해서는 안 되는 경우에만 말해야 한다. 그리고 극복해 낸 것에 대해서만 말해야 한다. 다른 모든 것은 잡담이고 '문학'이며 교양의 부족이다. 내 저서들은 오직 나 자신이 극복해낸 것에 대해서만 말하고 있다."[275] 그의 호언은 독자들이 그의 책들에 아주 많은 기대를 걸게 한다. 그러나 그의 실제 삶은 그의 말과 서약을 지키고 있었을까? 그는 자신의 말을 이행했을까? 그가 서구의 니힐리즘을 심히 우려하고 삶의 태도와 방향을 새로 설정하려 했으며, 그래서 신의 죽음까지도 발설하게 되었다는 사정은 알 만하다. 이를 논증하고자 그는 역사상 예수를 언급하였고, 언행이 일치된 단 한 명이 있었다고 하였다. 제도화된 교회는 극구 부정하면서도 예수는 (소극적이고 상대적으로나마) 긍정하던 이유를 니체는 예수는 자신이 말하고 표명한 대로 실제로 살고 죽은 때문이라고 했다. 예수는 생을 긍정할 뿐만 아니라, 그 어떤 상황에서도 억지를 부리지 않았다는 것이다. 그에 반해 바오로 이후의 교회와 신학자들은 예수가 보여주던 반대 방향으로 달아났던 바 니체는 바로 그것을 망치로 깨부수겠노라 나선 것이었다. 오늘날 유행

---

275) 프리드리히 니체, 『인간적인 너무나 인간적인 II』, 김미기 역, 2020, 책세상, 9.

하는 '예수는 긍정하되 교회는 부정하라!'라는 표어는 그렇게 시작된 것이었다. 물론 우리가 여기서 확인하고자 하는 것은 니체의 혹시나 모를 신앙심, 혹은 예수에 대한 존경심 여부가 아니다. 어차피 그의 철학 전체에 신이나 신앙이 자리할 여지는 없다. 우리가 보고자 하는 것은 그 자신의 말에 대한 그의 책임감이다. 그는 누구나 자신을 찾고, 자신으로 살아야 한다고 역설하였다. 이러한 생각이 새롭지는 않지만 이를 주장하는 그의 광기 어린 말, 번득이는 글들은 독자의 마음을 흥분시키고 혼란스럽게 한다.[276] 그러나 니체 자신이야말로 너무 많은 잡담을 늘어놓은 것은 아닐까? 니체의 실제 삶은 어떠했는가? 자신의 기준에 합당하였는가? 니체 본인은 그토록 부르짖던 '자신이 되어라'를 이룩했는가? 아무도 없고 누구도 아니라는 말은 니체 본인을 포함하여 내린 그의 답이 아닌가? 그의 생각과 실제 삶이야말로 모순에 차 있다.[277]

니체는 세계를 피안과 차안으로, 사람을 주인과 노예로 나누어 그 삶이 전개되는 양상을 극명하게 설명하고 전통 형이상학과 도덕 체계를 조

---

276) 참조: 백승영, "니체의 생애와 사상", 김삼환 외, 『니체가 뒤흔든 철학 100년』 2000, 민음사, 15-45. "진리를 부정하며 진리 없는 세상에 살아야 하는 인간의 운명을 탄식하고 깊은 슬픔에 잠긴 니체를 보며 같이 눈물짓다가, 곧 새로운 진리를 말한다고 자만하는 그를 보면 당혹감마저 든다. 독자는 자신이 갖게 되는 수많은, 서로 모순적이기까지 한 니체상을 어떻게 하나로 종합해야 할지 몰라 당황하며 절망스러워한다."(16)

277) 예컨대 아버지의 대리석 묘비를 새로 장만해 다음과 같은 전형적인 개신교식 문구를 새겨 넣은 이는 니체 본인이었다. "1813년 10월 11일에 태어나 1849년 7월 30일에 사망한 뢰켄의 목사, 칼 루드비히 니체, 여기 하느님의 품에 잠들다. 1848년 2월 27일 태어나 1850년 1월 4일 사망한 그의 어린 아들 루드비히 요셉도 그를 따라 영원히 잠들다. '사랑은 언제까지나 스러지지 않습니다.'(1코린 13,8)" 니체 본인의 실제 장례식은 그의 관을 둘러싸고 개신교식으로 오래오래 치러졌다. 빛나는 은 십자가로 장식된 그의 관은 아버지, 어머니, 어린 동생 요셉이 나란히 묻혀 있는 가족묘 가운데에 묻혔다.

소하였다. 주인은 자신과 사회를 긍정하고 건강하게 극복해가지만, 노예는 피해의식과 열등감을 원한과 보복의 심정으로 삭히고 피안으로 도피하는 가운데 자유 대신 복종을, 향상 대신 안주를, 승리 대신 퇴화를 지향하며 병들어간다고 하였다. 이런 두 형태의 삶에 관한 그의 생각은 상승과 추락, 극복과 좌절을 수만 번 반복하는 청소년이 한 번쯤 떠올리고 용기 얻어 일어설만한 상상이기는 하다. 그러나 니체의 말은 자신의 의지와 노력만으로는 세상을 헤쳐갈 수 없는 노약자나 병약자, 신체적 정신적 장애인을 희롱하고 모독하는 말이다. 이웃에 대한 배려나 동정을 악의적 위선으로 치부하는 니체의 묘사는 조각으로는 맞으나 전체로는 어긋나는 말이다. 부분을 일반화하면 궤변이 된다. 지금까지의 도덕이 삶에 대한 비방이요 삶에 독을 섞는 짓거리라는[278] 그의 비판은 거꾸로 그 자신에게도 적중한다. 찬란한 문화와 전통을 뒤집고 도덕을 비틀던 그 자신이야말로 르상티망의 표본이 아닌가? 누구라도 마음을 먹고 뒤집기로 하면 그렇게 될 수도 있는 가능성을 현실적으로 보여준 그의 공적은 인정된다. 왼쪽 장갑을 뒤집어 오른쪽에 끼는 일은 가능한 것이다. 그러나 그의 생각도 장갑처럼 뒤집힐 수 있고, 그의 주장은 여러 가지 패러디 정도로 평가될 수 있다.[279]

---

278) 참조: F. 니체, 『이 사람을 보라』, 나는 왜 이렇게 좋은 책을 쓰는지: KSA 6, 300.

279) 니체는 성경의 특정 구문을 인용해서 그 문장을 뒤엎기를 좋아했다. 예컨대 "태초에 무의미가 있었다. 그리고 그 무의미는 신과 함께 있었고, 신(신적인 것)은 무의미였다."(『인간적인 너무나 인간적인』, 32). 그는 루카복음 18,14의 구절("누구든지 자신을 높이는 이는 낮아지고 자신을 낮추는 이는 높아질 것이다.")을 이렇게 수정하였다. "자신을 낮추는 자는 높아지기를 원하는 것이다."(니체의 삶, 293). 니체는 예수의 만민에 대한 사랑도 궁극적으로는 유대민족이 힘을 상실하고 긍지와 신뢰를 잃은 데서 비롯되었다고 본다. 로마에 무조건 복종할 수밖에 없게 된 마당에서는 그렇게 복종하는 게 유리하고 상책이라고 생각되었고, 이에 하느님이 만민을 똑같이 사랑할 것을 요구한

무제한 광활하게 펼쳐진 바다를 보는 니체 자신도 "유리잔을 나올 수 없는 파리"[280]가 될 수 있는 것이다.

그는 자신이 지난날에 대해서는 거룩하게 부정하고 앞날에 대해서는 신성하게 긍정하는 짜라투스트라라고 말한 바 있다. 그러나 위버멘쉬의 '긍정', '아모르 파티'를 좌우명처럼 내세우던 그 본인의 실제 삶은 그가 염원하고 주장하던 바와는 동떨어진 것이었다. 그의 평생에는 싫어하고 배타하고 부정하는 것들, 굳이 비웃고 짜증을 내던 것들이 너무나도 많았다. 그의 삶은 열광과 환멸, 선망과 반발의 연속이었다. 어린 시절에 대한 기억을 비롯해 그가 적대하던 이들은 왜 그리도 많았던가?[281] '힘에의 의지'를 발휘하며 자기 삶을 뚫고 나가라는 그의 현란한 말들과 달리 빈번하게 괴리되고 굴절되고 토각 나던 그의 실제 삶은 독자를 어리둥절하게 한다. 니체가 말하는 위버멘쉬라면 니체처럼 말하거나 행동하지는 않을 것이다. 그 무엇도 빼거나 고르지 않고 있는 그대로 긍정하는 위버멘쉬, 도든 모순과 고통을 삭감 없이 받아들이면서 새롭게 생성하는 위버멘쉬를 얘기하던 니체 본인은 실제 인생에서는 도망가고 없다. 그의 말년을 위버멘쉬의 인생이라고, 그의 죽음을 자신이 원해서 당당하게 죽음으로써 의미 있는 삶을 완성한 죽음이라고 하기에는 민망할 뿐이다. 니체의 주장을 읽는 이가

다고 보게 되었다는 것이다. 무기력한 신이 선량한 신으로 둔갑하는 거기서 '르상티망'을, '데카당스'를 읽으라는 것이다. 이런 방식으로 니체는 비틀고 뒤집기를 반복하였다 (참조:『안티크리스트』, 44).

280) Nietzsche F, *Kritische Gesamtausgabe*, V 1, 6(430), 638.
281) F. 니체,『이 사람을 보라』, 75. "나움부르크, 슐포르타, 튀링겐 일대, 라이프치히, 바젤, 이곳들은 다 같은 정도로 내 생리에는 맞지 않은 불운한 장소들이다. 내게는 나의 유년기와 청소년기 전체에 걸쳐 환영할 만한 기억이 전혀 없다."

허탈감에 빠지거나 연민을 느끼게 되는 이유는 많으나, 생각과 실제 삶의 대조와 모순이야말로 그의 약점이라 할 것이다. 가차 없는 강함과 건강을 선포하던 그 자신은 정작 병들어 있었고, 경멸하던 이들의 도움에 의존하는 삶을 살았으며 그들의 연민에 종속되어 있었다. 약자와 천한 자들을 멸시하며 위버멘쉬를 꿈꾸던 그는 정작 수줍고 상처받기 쉽고 몽상에 빠져 지내던 모순적인 인물이었다. 니체 본인이야말로 의심스러운 "의문부호"였다.[282] 이 점이 그의 천재적 정신이 어렵사리 뚫어놓은 갱도를 다시 메우고, 그 광맥을 다시 찾아내는 데에 한 세대 이상의 세월이 소비되게 한 까닭이 아닐까? 겉으로만 맹수였던 그의 생각이야말로 코미디가 아니었던가? 고함이 크고 반복된다고 해서 더 진리가 되는 건 아니다. 그의 생각을 부수는 일에는 다이너마이트나 망치까지 동원할 필요도 없다. 그가 진열해놓은 생각들을 다시 순서대로 바꾸어 놓으면 되는 것이다.

2) 신의 죽음?

19세기 후반의 사람들이 자연과학의 도약과 제국주의의 번영을 진보의 결실로 환호하고 구가하였던데 반해, 니체는 당대를 도리어 의미와 가치를 상실하고 고향을 잃어버린 시대로, 그리하여 절망과 니힐리즘의 시대, 무가 지배하는 공허한 시대로 읽고 있었다. 그는 그 배후에는 인간을 위해 지극히 이성적으로 만들어진 듯하지만, 어느 사이 역전되어서 그 개념과 논의의 주인인 인간을 말살하는 억압 기제로 둔갑한 전통 형이상학과 도덕 관념이 있다고 보았다. 절대적 규범이라 일컬어지는 전래의 도덕,

---

282) 『즐거운 학문』, 382.

종교, 형이상학의 가치들은 니체에게 오히려 인간을 억압하고 소외시키는 고문 도구였다. 종교가 마르크스에게는 환각용 아편이었다면, 니체에게는 인간의 자유를 억압하는 쇠사슬이다. 대개의 니체 해설가들은 니체가 이런 상황에서 다시 인간성을 회복하자는 의미로 이제까지 통용되어온 모든 가치를 전도하고자 그 토대인 '신은 죽었다'고 선언한 것으로 해석한다. 니체의 '신의 죽음'은 직접적인 표현이 아니라 서구의 역사가 기반을 두고 왔던 기본 가치들의 죽음을 의미하며, 그것은 신적 권위를 갖추고 구속해오던 전통적 도덕과 종교 그리고 진리와 가치 전체를 뒤집는 선언이었다는 것이다. 이러한 해석은 오늘날 니체의 '신의 죽음'이 주는 직접적 충격을 완화하는 한편 설득력을 갖춘 방식으로 널리 공유되고 있다.

그러나 비록 그렇다고 하더라도 우리는 구체적으로 물을 수밖에 없다. 니체의 종교관은 근거를 지니고 있는가? 우리는 포이어바흐, 마르크스에게 이러한 질문을 제기할 때마다 부정적인 결론을 내렸다. 포이어바흐의 무신론은 거꾸로 세워진 헤겔주의였고, 마르크스의 종교비판은 포이어바흐를 전제하고 있었다. 니체에게서도 사정은 다르지 않다. 그 역시 무신론을 독창적으로 근거 세운 것이 아니라, 앞서 주어진 것으로 전제하고 있었다. 니체에게도 마르크스에게서처럼 이미 종교비판은 모든 비판의 전제인 것이었다. "사람들이 신을 만들어냈다."[283] "민중은 자신의 흥미를 자기에게 투사하고, 힘의 감정을 그가 감사드릴 수 있는 어떤 본질에 투사한

---

283) F. Nietzsche, *Nachgelassene Werke. Unveröffentlichtes aus der Zeit der Fröhlichen Wissenschaft und des Zarathustra* (Aus der Zeit der Fröhlichen Wissenschaft 1881/82), *Nietzsches Werke Bd.* XII, Leipzig, 1901, 169.

다."[284] 종교에 대한 니체의 비판은 앞선 계몽주의자들과 젊은 헤겔파(포이어바흐, 마르크스)가 대중화한 전선을 더욱 넓혔을 뿐이다. 신과 종교에 관한 그의 언급은 문학적 보강이고 부언이다. 니체에게도 신은 관념이요 억측이지 실체가 아니다. 니체의 특색은 전통 도덕에 관한 그의 재평가에 그리스도교를 퇴락이요 데카당스라고 한술 더한 것이다. 그의 현란한 비판이 뾰족하고 예리하여 순간적인 아픔을 주지만 그로 인한 파괴력과 충격은 앞선 이들의 경우에는 미치지 못한다.[285]

그의 인간과 신에 관한, 교회에 관한 이해는 올바르고 정확한 것이었나? 그는 어릴 적 '꼬마 목사님'이라 불릴 정도로 촉망을 받으면서 신학부에 진학했지만, 곧 쇼펜하우어의 『의지와 표상으로서의 세계』, 스트라우스의 『예수 생애 연구』와 F. 리츨의 고전문학, 포이어바흐의 『그리스도교의 본질』을 접하면서 다른 길로 접어들었다.[286] 이미 이때의 그에게 신앙은 오류일 뿐이고, 종교는 발명품이고, 무신론은 당연하기만 하였다. 그 스스로 고백한다. "'신' '영혼 불멸' '구원' '피안', 그저 말뿐인 개념들, 이들에

---

284) F. Nietzsche, *Antichrist* 16, *Werke II*, 1176.
285) 한스 큉은 니체의 종교비판의 예리함, 심원함, 철저함이 포이어바흐나 마르크스의 경우에 앞선다고 썼지만(참조: 한스 큉, 신은 존재하는가, 성 염 역, 분도출판사, 1994, 565), 니체의 비판 내용은 앞서 무신론을 지성적으로 대중화한 포이어바흐의 의견을 반복하고 극단화한 것이어서, 그로 인해 받은 교회의 충격은 포이어바흐의 경우에 필적할 수 없다.
286) 하이데거는 니체의 신학과 철학 지식의 한계를 다음과 같이 지적한다. "니체는 고전문헌학자라는 그의 출신에도 불구하고 정작 라이프니츠로부터 헤겔까지의 위대한 독일의 사상가들을 대부분 단지 2차 문헌을 통해서 알았고, 그것도 쿠노 피셔의 『근대철학사』라는 매우 문제성 많은 책이나 쇼펜하우어를 통해서" 알고 있었다. (M. 하이데거, 『니체와 니힐리즘』, 박찬국 역, 지성의 샘, 1996, 68).

대해 나는 어린아이였을 때조차 주목하지도, 시간을 투자하지도 않았다. 내가 정녕 충분히 어린아이답지 않았던 것일까? 나는 무신론을 결코 결과물로 이해하지 않는다. 사건으로는 더더욱 아니다. 나는 무신론을 본능적으로 이해한다. 나는 너무나도 호기심이 많고, 질문도 많으며, 오만하기까지 하여 대충 얼버무린 대답으로 만족하지 못한다. 신은 하나의 대충 얼버무린 대답이며, 우리 사상가들의 입맛에는 맞지 않는다."[287] 그의 무신론 선언은 상당 부분 개인의 반골 근성의 결과이지 논리적 결론이라고 보기는 어렵다. 그의 진정성과 책임감이 느껴지질 않아서일까? 이것이 그의 이름을 띤 세계관(주의)을 출범시키지 못한 까닭이기도 할 것이다. 진리를 추구하는 그의 열정은 경의를 받아 마땅하지만, 정작 그의 사실에서 탈선된 채 작열하는 선언들은 읽기에 번거로울 때가 많다.

3) 휴머니즘?

15·6세기의 유럽에서는 그리스와 로마의 고전을 복습하고 연구하는 문예가 부흥한 가운데 인간다움을 기리며 실현하는 정신, 곧 휴머니즘(인문·인본주의)의 기치가 한껏 오르고 있었다. 새삼스럽게 추구된 이념으로서의 이 휴머니즘, 인간의 존엄성 자체를 최고의 가치로 부각하는 이 휴머니즘은 갈수록 세속화, 내재화의 방향으로 승승장구하였다. 특히 종교의 권위와 신 중심의 세계관으로부터 인간을 해방함으로써 그 존엄성을 지켜내려는 이들이 늘어났고, 이 경향이 종국적으로 무신론이라는 극단에까지 이어지고 있었다. 이들에게 그리스도교의 신관은 인간의 존엄과 가치에

---

287) F. 니체, 『이 사람을 보라』, 박찬국 역, 아카넷, 2022, 나는 왜 이렇게 영리한가, 68.

손상을 입히는 것이었다. 포이어바흐, 마르크스, 니체도 이러한 무신론적 휴머니즘을 출발점 혹은 바탕처럼 전제하고 있었다. 이들에게서 무신론은 휴머니즘의 발로요, 철저한 합리주의, 완성된 합리주의의 결과다.[288] "종교에 대한 비판은, 인간이 인간을 위한 최고 존재라는 가르침, 곧 인간을 굴욕적이고 굴종적인 존재, 비천하고 천박한 존재로 만드는 모든 관계를 전복시키라는 정언명령으로 끝난다."[289] 여기서 인간은 누구인가? 무엇보다 자신의 운명을 사랑하고 자기 자신이 되는 존재, 삶이 가져다주는 것들을 받아들이고 자기혐오와 르상티망 같은 어리석음에 빠지지 않는 존재, 마침내 자기 자신과 평화를 이룬 위버멘쉬로서 진정한 성취감을 누리는 존재, 이 세상에서 즐거움을 찾고 존재만으로도 장엄함을 느끼며 삶의 유한함을 기쁘게 받아들이는 현존재다. 이렇게 인간을 변호하고 옹호하려는 열정 때문에 당도하게 된 무신론은 사실 매우 매혹적이다. 과연 인간의 존엄성은 불가침의 가치를 지녀야 한다. 다만, 이러한 인간의 무한 존엄성은 어떻게 확보되는 것인지 묻지 않을 수 없다. 포이어바흐와 마르크스 그리고 니체는 이에 대한 근거를 주지는 못한 채 그저 인간 그 자체에 있는 거라고 전제하고 선동할 뿐이다. 그렇기도 하지만 그렇지 않기도 하기에 반문하지 않을 수 없다. 포이어바흐의 인간, 마르크스의 프롤레타리아, 그리고 니체의 위버멘쉬는 과연 존엄과 삶을 보증하는 것일까? 실제 인간이란, 그들의 말대로, 개별 인간이 아닌가? 너무나 자주 제한되고, 심지어 선하지도 않으며, 죽어야 하는 유한한 인간이 바로 실제 인간이 아닌가? 인간

---

288) 참조: L. 포이어바흐, 『종교의 본질에 대하여』, 강대성 역, 한길사 2006, 368.
289) K. Marx, *Kritik der Hegelschen Rechtsphilosophie*, MEW I, 385.

은 행복하고 충만한 순간에 이미 아픔과 부족함에 스며든다. 아우구스티누스의 말대로 세상 안에서는 늘 불안하다. 과연 인간이 인간에게 신일 수 있는가? 인간이 인간에게 정말 궁극인가? 인간에 관해, 인류에 관해, 다시 말해 인간이 인간을 위해 얼마나 비인간적인지를 겪고 아는 우리는 이에 대해 자신 있게 긍정할 수가 없다. 많은 철학자가 지적해 왔다. "타인은 지옥이다."[290] "인간에게는 인간이 늑대다"(Homo homini lupus). 물론 포이어바흐나 마르크스가 직접 인간 개인의 무한성을 주장한 것은 아니었다. 그러나 유로서의 인간도 역사가 끝날 때까지 불완전하기는 마찬가지이고 부족함에서 벗어나지는 못한다. 그리고 인간 본질 일반으로서의 유야말로 추상이 아닌가? 그것이야말로 투사된 것이 아닌가?

인간 본연의 면모, 곧 그 자신에 도달하려던 신을 없애고 종교를 털어버려야 한다는 호소는 힘 있게 들리고 여운이 길다. 그러나 종교는 폐기되거나 도려내질 수 있는 게 아니다. 종교는 인간에게 혹이나 덤처럼 덧붙어 있는 이차적인 것이 아니라 애초부터 인간의 본질을 구성하는 요소인 때문이다. 종교는 인간을 인간답게 하는 데 있어 부수적인 게 아니다. 인간은 자신으로부터 출발할 수밖에 없는 현존재인 동시에, 자신을 박차 떠나는 현존재다. 인간은 자신을 넘어서야 비로소 자신을 이해하는 현존재, 자신을 넘어서는 기준을 품고 있어야 비로소 자기 고유의 높이에 닿을 수 있음을 아는 현존재자다. 그래서 인간은 자신을 한 번도 따라잡지 못하면서도 늘 추월하고자 애쓰고, 자기를 형성하지도 못한 채 자신을 극복하고자 힘을 다한다. 이것이 니체의 말대로 "모든 인간에게 가장 먼 존재는 자기 자

---

290) J.P. Sartre, *Bei geschlossenen Türen, Gesammelte Dramen*, Reinbeck, 1969, 97.

신"²⁹¹이 되는 까닭이다. 니체의 '힘에의 의지'야말로 자기가 구성한 의미체계와 가치체계를 넘어 항상 '그 이상' '좀 더'를 원하고 상승을 추구하는 의지, 자기를 극복하고자 부단히 노력하는 의지가 아닌가? 그 때문에 니체 본인도 인간은 목적이 아니라 다리이고, 짐승과 위버멘쉬 사이의 심연을 가로지르는 밧줄이며, 그 점이 인간의 영광이라고 하지 않았던가.²⁹² 인간은 허약한 기반 위에서 언제든지 비인격화될 위기에, 두뇌를 지닌 동물로 추락하거나 진화의 부스러기로 끝나버릴 위험에 처할 수 있다. 이것이 인간이 참으로 인간이 되기 위해서는 하느님을 필요로 하는 이유다. 지금의 인간으로 최고의 존재를 종결하는 것보다는, 현실의 인간으로 충분하다고 우기는 것보다는 자신을 신을 향해 향상하려는 다짐이 더욱 인간을 고양하는 게 아닌가? 하느님의 말씀이 마음속에서 메아리치는 바로 그때 우리는 인간인 것이고, 하느님의 말씀이 마음속에서 메아리치는 바로 그만큼 인간인 것이다.²⁹³

    인간이 항상 새롭게 자신을 넘어서 초월하려 애쓰는 모습은 질문하는 태도에서 잘 드러난다. 질문행위는 인간이 진정한 존재로부터 소외되어 있고, 되어있어야 할 것에 아직 도달해 있지 않음을 암시한다. 사람은 우선은 생물학적 차원에서 무얼 먹고 마시며 입을까, 무엇을 배우고 노동하며 만들어 낼까, 어떻게 휴식을 취하고 휴가를 만끽할까, 이 모두를 위해서 얼마나 치러야 하며, 이득은 얼마나 될까 등 현상세계에 머물러 묻는다. 그

---

291) F. 니체, 『즐거운 학문』, IV 335: KSA 3, 560
292) 참조: 『니체의 삶』, 390.
293) 참조: H.G. 푈만, 『교의학』, 이신건 역, 한국신학연구소, 1989, 207.

러나 곧 이러한 질문에 대한 대답으로는 만족하지 못한다. 그는 실재의 피상을 넘어 그가 어디에서 와서 어디로 가고 있는 것인지, 그는 무엇을 하는 존재이며 무엇이 될 것인지, 그리고 남는 것은 무엇일지를 계속하여 묻는다. 종국적으로 그는 실재의 모든 지층을 뚫고 들어가 최종 실저에 관하여 질문하기에 이른다. 무엇이 존재의 근거이며 의미인가? 나는 무얼 위해 이렇게 존재하는가? 도대체 내가 없지 않고 있는 것은 왜인가? 사람은 이러한 질문과 함께 그의 실존이 아직은 전모가 드러나지 않은 전체에 터전과 근거를 두고 있음을, 자신과 세계가 그 전체에 의해 이끌리고 있음을 알아차리게 된다. 전체가 그를 충동해 오지 않았다면 그가 전체를 열으려 노력하지도 못했고, 미래가 그를 이끌어 오지 않았다면 그가 미래를 기대하며 살아올 수도 없음을 알게 된다. 이처럼 인간은 질문 속에서 자신이 '수취적'(收取的) 존재자임을 깨달으며, 좀 더 나아가 자기 존재의 근거가 되는 전체와 명시적으로 관계하기를 소원한다. 이를 밟아가는 과정을 일컬어 종교라 부르는 것이다. 동경이나 초월 역시 이 세계 안에서 잠재워지지 않는 질문의 또 다른 형식이다. 그것은 삶이 우리가 매일의 모양으로 살아가는 그 이상이어야 하며, 지금은 우리가 아직 약속된 전체에 도달한 건 아니라는 사실을 끊임없이 알려준다. 이 잠재울 수 없는 소망은 삶에 이중성을, 삶 중에 있어도 이것이 다인 건 아니라는 특유의 이중성을 부여한다. 나에게 속해 있을 것이 아직 내 손 밖에 있다는 아쉬움과 예감이 동경으로 나타나는 것이다. 아직 채워지지 않은 약속에 대한 예감은 사람이 경험 현상을 넘어 늘 다시 시작하게 하고, 주어진 대답으로 만족하지 않고 새로운 동경과 질문을 품고 역사를 진행하게 한다. 이처럼 인간이 전체를 향해서 가는 존재자라는 것, 초월을 도모함으로써 존재의 종점에 도달하려 애쓰는 존재자라는 것, 그것은 부정될 수 없는 사실이다. "삶은 의미 없다."라는 주장 자체가 이미 삶의 의미를 전제하고 있다. 그 말은 곧 의미를 향한 갈망을 고백하는 은밀한 말이다. 포이어바흐와 니체의 비난 자체 안에 이미 모순되는 기점이 숨어 있는 것이다. 신상을 그리는 것은 인간의 본능이고 참 모습일 뿐이다. 인간에 관한 올바른 이해와 정의 그 안에는 신이 전제되어 있다. 그 때문에 인간을 보는 이는 신을 보게 되는 것이다. 이는 거꾸로도 마찬가지다. "신에게 시선을 둔 사람은 인간에게서 눈을 떼지 못한다. 그 사람은 신을 바라봄과 동시에 인간을, 자기 자신을 더 깊고 충만하게"[294] 바라본다. 진정한 휴머니즘은 인간의 자유를 위한 기반이자 보증인 하느님에 대한 신앙을 통해서, 그리고 이에 상응하는 그리스도교적 삶의 방식을 통해서 근원적으로 가능하고 성취되는 것이다.

4) 양자택일?

포이어바흐, 마르크스, 니체는 신과 인간의 관계를 적대적인 것으로 알고 있다. 이들은 신과 인간을 상호 배타적으로 대결시키고, 거기서 양자택일할 것을 종용한다. "신과 인간은 양극이다."[295] "신을 부정하지 않고서

---

294) 발터 케른, 『무신론 마르크스주의 그리스도교』, 김진태 역, 가톨릭대학교출판부, 2009, 19.
295) 루트비히 포이어바흐, 『기독교의 본질』, 강대성 역, 한길사 2008, 103. 포이어바흐에게 있어 정신과 육체, 신앙과 이성, 신학과 철학, 종교와 도덕은 양립할 수 없이 모순을 이룬다. 참조: 루트비히 포이어바흐, 『종교의 본질에 대하여』, 강대성 역, 한길사, 2006, 54-62. "신학에서는 성스러운 것만이 진리이지만, 철학에서는 진리만이 성스럽기 때문이다."(55)

는 인간이 될 수가 없다."²⁹⁶ 어차피 "신은 결핍 감정으로 발생"²⁹⁷하는 것, 그래서 가난한 사람들이 신을 부유하게 모신다. "신이 모든 것이 되기 위해서 인간은 무(無)가 되어야 한다."²⁹⁸ "신이 주체가 되면 될수록[…] 인간은 더욱더 자신의 주체성과 인간성을 상실"²⁹⁹하고 소외된다. 신이 거룩하고 선한 존재로 부상할수록 인간은 더욱 무가치하고 악한 존재가 된다. 신이 위대할수록 인간은 더 비참하다.³⁰⁰ "신이냐 자연이냐 하는 양자택일이 있을 뿐이다! 제3의 것, 중간의 것, 양자를 통일하는 것은 존재하지 않는다."³⁰¹ "한쪽은 다른 쪽을 배제한다. […] 신과 세계를 동시에 존재하게 하고 작용하게 하는 것은 가장 어색한 모순, 가장 웃기는 궤변이요 술책"³⁰² 일 뿐이다.

역사상 신앙이 흠을 지닌 채 오해되고 오용된 적이 있음을 부정할 수는 없다. 신의 의지와 섭리에 관한 교리가 적지 않게 특정 부류의 이기적인 목적을 위해 이용되고, 현실을 정당화하는 데 쓰이기도 했다. 신을 피안의 존재로 내세움으로써 세계를 부정적으로 보거나 경시하게 해왔다는 비판 역시 외면하기 어렵다.³⁰³ 그러나 이러한 양자택일의 도식은 근본적으로 그릇된 것이다. 왜냐면 성경에서의 하느님과 인간의 관계는 일반적인 것

---

296) 루트비히 포이어바흐, 『종교의 본질에 대하여』, 365.
297) L. 포이어바흐, 『기독교의 본질』, 155.
298) 같은 책, 92.
299) 같은 책, 99.
300) 참조: L. Feuerbach, Das Wesen des Glaubens im Sinne Luthers, ed. 1970, 2.
301) L. 포이어바흐, 『종교의 본질에 대하여』, 243.
302) 같은 책, 241-242.
303) 참조: H. Fries, Abschied von Gott? Eine Herausforderung - ein Theologe antwortet, 69f.

과 개별 존재자, 무한자와 유한자, 이념과 현실을 상반된 것으로 진술하는 희랍철학과 영지주의의 이원론과는 다르기 때문이다. 물론 역사상 하느님의 은총과 인간의 자유가 미묘한 딜레마 속에 위험스러운 결과를 지닌 채 제시되기는 했다.[304] 때때로 하느님과 인간이 대립하는 두 개의 요소처럼 해석되었다. 그리하여 한 요소가 존속하기 위해서는 상대 요소가 억압되고 사라져야 한다고 본적도 있다. 그러나 이 양자택일의 딜레마는 근본적으로 고전 형이상학이나 그리스의 신화적 세계관의 결과일 뿐, 성경의 신관과는 관련이 없다.[305]

그리스도교 신앙은 피조물을 창조주에 견주어 무(無)로 설명하지 않는다. 인간과 세계 전체가 하느님으로부터 베풀어진 선물이다. 하느님은 세계가 자기 고유의 법칙과 작용으로 자기 존재와 가치에 이르도록 안배하고, 인간이 자기가 이룬 만큼, 투신하여 성공한 만큼 자신이 되게 하는 가운데 피조물을 자기와 같은 선상에 올려놓는다. 그러나 이로써 신성(神性)을 잃고 손해를 보는 처지에 놓이는 게 아니다. 하느님의 은총과 인간의 공로는 상반적이지 않다. 은총은 인간의 행위를 배타하거나 무력화하지 않고 격려하고 응원한다. "은총은 동시에 과제가 되는 것이며, 부담스

---

304) 참조: G.그 레사케, 『은총 -선사된 자유』, 심상태 역, 바오로출판사, 1979. 특히 117-123.
305) 참조: W. 케른, 『무신론 마르크스주의 그리스도교』, 김진태 역, 가톨릭대학교출판부, 2009, 118-157; J.M.로흐만, 『그리스도냐 프로메테우스냐』, 손규태 역, 대한기독교서회, 1975. "성경의 하느님은 제우스가 아니다. 그는 자기 나라의 경계선을 순찰하며 질투의 불을 태우는 우주 경찰이 아니다. 그와는 반대로 인간을 자신의 형상에 따라 창조하고, 적대자나 경쟁자로서가 아니라 계약의 상대자로 본다. 하느님은 창조의 '불'을 자기 자신을 위해서 숨겨두지 않고 인간에게 나누어 준다. 나아가 자신을 인간에게 나누어 준다."(55)

럽게 다가오는 그 어떤 첨가물이 아니라 원래 삶에 활기를 불어넣는 선물이다. 삶, 생명이란 늘 능동적이다."[306] 하느님은 인간을 계약의 상대방, "협력자"(Cooperator Dei)[307]로 불러들여 하느님의 사업에 동참할 소명을 부여하였다. 인간은 하느님으로부터 삶의 충동을 얻고 자아발견의 근거를 구축한다. 하느님의 약속은 인간이 태만하게 앉아 기다릴 것을 기대하지 않고, 약속된 미래를 향해 힘차게 출발할 것을 재촉한다. 그것은 인간의 희망, 행동, 기획을 축출하는 것이 아니라 반대로 그 기반을 제공하며 격려한다. 또 기존의 가능성을 최대한 발휘하여 미래를 획득하고 현실을 더욱 개선하도록 일으킨다. "그리스도인은[…] 인류의 승리가 하느님의 위대하심을 드러내는 징표이며 하느님의 헤아릴 수 없는 계획의 결실이라고 확신한다."(「사목헌장」 34항) 인간을 사랑할수록 하느님 사랑은 더욱 개방되고 커진다. 이웃사랑이 곧 하느님 사랑인 것이다(참조: 마태 25,40). 하느님은 인간의 자유와 경쟁하는 존재가 아니라, 인간의 자유를 가능케 하며, 존재토록 하고 해방하는 존재이고[308], 그 때문에 인간의 자유는 신앙 안에서 고도로 자

---

306) H. Gollwitzer, *Krummes Holz - aufrechter Gang. Zur Frage nach dem Sinn des Lebens.* München, 1970, 306.

307) H. Gollwitzer, "Die Revolution des Reiches Gottes und die Gesellschaft", P. Neuenzeit (Hg.), *Die Funktion der Theologie in Kirche und Gesellschaft* München, 1969, 144.

308) 참조: G. 그레사케, 『은총-선사된 자유』, 122; J.B. Metz, "Freiheit", *Handbuch theologischer Grundbegriffe*, München, 1970, II, 30. 배영호, 『신학의 주제로서의 맑스주의』 가톨릭대학교, 2000, 190-204. "하느님 사랑과 이웃사랑은 상호 간에 서로에 의해서 이루어진다. 이들이 종래에 가서는 하나이기 때문이다. 하느님 사랑은 이웃사랑일 때에만 실존적으로 실재적이며, 이웃사랑은 하느님 사랑으로 지양될 때만 자기의 최종적 신비성과 절대성과 이 절대성의 가능성을 포착하게 된다." K. Rahner(Hg.), *Sacramentum Mundi* III, Freiburg, 1967-1969, 250. (마태오 22,39; 25,34-46; 마르코 12,31; 루카 10,28 로마 13,8;10; 갈라 5,14)

립하도록 정립된다. 하느님의 전능과 인간의 자유는 반비례하지 않고 정비례한다. 하느님의 전능은 인간을 강대하게 만든다. 하느님은 세상과 인간을 자유롭게 한다. 그러므로 하느님과 인간을 경쟁구조의 틀 안에 가두고 비판하는 포이어바흐, 마르크스, 니체의 상상은 어긋나고 오해된 것이다. 그리스도교 시각으로 볼 때 하느님에 대한 부정은 곧 인간 자신에 대한 부정을 의미한다. "하느님의 죽음은 바로 인간의 죽음이다."[309] "하느님이 죽었다면 인간은 더는 가치가 없다."[310] 종교가 끝장났다는 발언은 인간과 세계가 끝장났다는 것을 의미하는 것이다.

그리스도교의 하느님은 인간을 행복하게 하고자 오히려 불행과 죄에 물든 인류의 숙명에 뛰어든 분이다. 이 하느님이 예수 그리스도에게서 보였다. "그분께서는 하느님의 모습을 지니셨지만, 하느님과 같음을 당연한 것으로 여기지 않으시고 오히려 당신 자신을 비우시어 종의 모습을 취하시고 사람들과 같이 되셨습니다."(필리 2,6-7) 그는 인간을 소외시키지 않고 인간의 소외를 지양하기 위해 자신을 소외시킨 분이다. "그분께서는 부유하시면서도 여러분을 위하여 가난하게 되시어, 여러분이 그 가난으로 부유하게 되도록 하셨습니다."(2코린토 8,9) 하느님은 인본주의적 무신론자들이 추측하듯 인간으로부터 인간성을 박탈하는 분이 아니라 스스로가 인간이 되고 그로써 동료가 되는 분이다. 지배자의 길을 걷지 않고 종의 길을 걷는 그는 세계 밖에서 그리고 세계 위로부터 군림하는 군주가 아니다. 그

---

309) 같은 책, 10.
310) 같은 책, 11.

는 "세계의 심장"[311]이고, "인간에 대한 인간성의 모범이요 세계에 대한 세계성의 척도"[312]이다. 다시 말해 그는 인간을 비인간화하는 비인간적인 신이 아니고, 인간을 인간화하는 인간적인 신이다. 무신론자들 대개가 겨냥하여 비판하는 신은 그리스도교의 하느님, 적어도 성경의 하느님은 아니다. 그리스도교 신앙에서 인간은 하느님을 낯선 분이 아니라 영주 자유의 근거로 체험한다. 하느님은 "인간 자유의 가능 조건"[313]이요 전제이다. 하느님은 인간 자유의 억압자가 아니라 완성자이며 "기반이요 보증"[314]이어서 "그에게로의 종속이 강할수록 인간의 자립 정도는 커진다."[315] 신앙은 인간의 투신을 고취한다. 교회는 "인간을 섬겨 하느님을 섬기고 하느님을 섬겨 인간을"[316] 섬기고자 한다. 그 때문에 하느님 나라에 대한 신앙은 조용하게 할 뿐만 아니라 소요하게도 한다. 그것은 마비시키는 아편이 아니라 역동케 하는 효소다.[317] 그 누가 그리스도인들만큼이나 인류의 평화와 일치를 위해 진력하고, 힘없고 가난한 자들의 정의가 자랄 토양을 제공하였는가. 그 누가 그리스도인들만큼이나 인류를 축복하고 성원하는가. 오

---

311) H.G. Pöhlmann, *Der Atheismus oder der Streit um Gott*, Gütersloh, 1979, 89.
312) G.L. Müller, "Der Aufgang Gottes im anthropozentrischen Bewußtsein", A.J. Buch, H. Fries(Hg.), *Die Frage nach Gott als Frage nach dem Menschen*, Düsseldorf, 1981, 24-50, 50.
313) W. Kern, *Atheismus-Marxismus-Christentum*, Innsbruck, 1979, 69.
314) 같은 책, 186.
315) W. Kern, "Über den humanistischen Atheismus", K.Rahner(Hg.), *Ist Gott noch gefragt?*, Düsseldorf, 1973, 9-55, 49.
316) H. 큉, 『교회란 무엇인가』, 이홍근 역, 분도출판사, 1978, 105.
317) 참조: W. 카스퍼, 『현재와 미래를 위한 신앙』, 심상태 역, 바오로출판사, 1979, 176.

늘날에도 그리스도인은 자신이 이 비전을 망각하는 일이 없기를 기도하고 염려하고 있다.

제7장

종교 – 심리학

프로이트

"철학 체계의 속살은 편집증, 종교의 속살은 강박 신경증"

영과 정신은 오래전부터 동물과 인간을 구별하는 표지로 인정되어왔다. 그러면서도 이 영역은 내면적이고 사적이어서 학문적 접근이 쉽지 않아 연구에서 제외되거나 형이상학의 차원으로 따로 분류되는 편이었다. 그러나 19세기에 이르러서는 생리학과 신경학 차원의 새로운 발견과 함께 내면이 지닌 규칙성을 학문적으로 관찰하고 해명하는 심리학이 등장하게 되었다. 형이상학을 배제하고 실험적 방법들을 적용하는 가운데 심리학의 기초를 새로 놓은 이는 분트(Wihelm Wunct, 1832-1920)였다. 그는 어떻게 인간의 감정, 정서, 사유가 이 세상에 있는 것들, 곧 만질 수 있는 것들에서 일어나는지 그 방법들을 알아내 심리학을 과학으로 부각하고 확장하였다. 나아가 20세기에 들어서는 프로이트(S. Freud 1856-1939)라는 이름과 함께 그가 사용하던 용어들이 일상이 되기에 이르렀다. 프로이트가 명명한 '정신분석학'(psychoanalysis)의 등장은 이전에는 잘 알지 못해 단순히 '무의식'이나

'잠재의식'의 세계라 불리던 정신 영역을 체계적으로 다루게 되었음을 의미하였다.

정신분석학은 인간의 정신을 이해하는데 혁명을 몰고 왔다. 그것은 인간의 본능과 본성에 대한 새로운 관찰방식과 내용을 제시함으로써 학계에 변혁을 가져왔다. 무의식을 뒷받침할 임상적 증거를 제시하고, 무의식이 작용하는 방식을 어느 정도 입증한 데 프로이트의 위대한 공헌이 있다.[318] 아래에서는 이와 함께 종교를 인류의 망상적 신경질환, 신을 유아기적 환영으로 보는 그의 주장의 배경과 내용에 관하여 살피고자 한다.

1. 무의식과 꿈

생리학과 신경 병리학을 연구하던 프로이트는 불규칙적이고 불명확한 최면술이나 다그치는 질문 공세에서보다는 '자유로운 연상 방식'을 통해 환자들을 치료하고서 얻은 결과가 더 긍정적임을 확인하고, 이를 좀 더 넓고 깊게 적용하고자 하였다. 이는 환자가 단순히 무엇이든 머릿속에 떠오르는 것을 말하게 함으로써 과거의 억압된 정서를 재생 체험하게 하고, 심층의 자신을 배워 알아가게 하는 방식이었다. 일상 속의 자잘한 실수 행위와 꿈에서 프로이트는 의식적인 의지와는 다른 (탐구에 협조하기를) 거부하는 힘의 잔상이 있음을, 때로는 조화롭게 작용(의식)하면서도 그와 상반된

---

[318] 참조: 한스 큉, 『프로이트와 신의 문제』, 손진욱 역, 하나의학사, 2003; 로이드 기링, 『기로에 선 그리스도교 신앙』, 이세형 역, 257.

다수의 무의식적인 힘이 있음을 알게 되었다. 그것은 이전에는 직접적인 인식대상이 아닌 까닭에 대부분 무시되거나 거의 고려되지 않던 인간 심리의 역동성이었다. 프로이트는 이것을 오히려 적극 탐구의 대상으로 삼고, 이 새로운 진찰과 치료과정에 '정신분석'(Psychoanalyse)이라는 이름을 부여하였다.[319] 프로이트의 종교관을 이해하려면 그의 정신분석 과정을 살펴야 한다.

심리적인 것은 우선 무의식적이다. 무의식이 심리 작동과정의 첫 단계이다. 프로이트는 어린아이들의 성적인 욕구와 오이디푸스 콤플렉스 사이의 유사한 기제를 알아냈다. 무의식과 리비도[320]의 작용방식에 관한 계발이야말로 프로이트의 중대 업적이라 할 것이다. "무의식은 단순히 '그때 잠재하고 있던 것'을 이르는 말이 아니라, 자기만의 독자적인 소망 충동, 독자적인 표현 양식, 보통 때는 활동하지 않는 고유한 정신적 매커니즘을 가진 특수한 정신 영역"[321]이다. 프로이트의 정신분석에서 무의식에 이르는 주된 통로는 꿈이었다. 그에게 "꿈에 관한 연구는 자아에서 물러난 리비도가 속해 있는 억압된 무의식을 알기 위한 가장 편리한"[322] 길로 보였다. 앞서 포이어바흐에게도 꿈은 예사로운 것이 아니었다. "심정은 눈을 뜨고 꾸

---

319) 참조: S. 프로이트, 『정신분석 입문』, 우리글발전소 역, 오늘의 책, 2022.
320) 프로이트는 '리비도'를 다만 생식과 연관된 좁은 의미에서의 성적 에너지에 제한하지 않고 쾌락을 향한 포괄적인 육체 기능 전반에 적용한다. 그것은 어린아이에게나 어른에게나, 정상인이나 비 정상인에게나 공통적이고, 온갖 형태의 애정과 사랑을 모두 포괄하는 개념, 인간의 삶의 에너지를 포괄하는 개념으로서 지나치게 확장되었다는 비판을 받기도 한다.
321) S. 프로이트, 『정신분석 입문』, 우리글발전소 역, 오늘의 책, 2022, 273-274.
322) 같은 책, 587.

는 꿈이고, 종교는 깨어난 의식이 꾸는 꿈이며, 꿈은 종교의 비밀을 여는 열쇠다."[323] 프로이트에게 와서 꿈은 더더욱 허무맹랑하거나 무의미한 게 아니었다. 꿈은 대개가 불분명하고 혼란스럽고 부조리하지만, 다른 한편 의미심장하고 냉철하고 이성적이다. 꿈의 기묘함 안에는 보편적이고 공통적인 심리 기제가 있다. 꿈은 신경증 증상과 마찬가지로 일차적인 무의식적 충동과 이차적인 의식적 충동 사이의 갈등과 타협의 산물이요 그 징후이다. 일반적으로 리비도의 성적 욕구와 충동은 자아의식에 의해 우선 방어되다가 약화하고, 변화되고 왜곡되다가 마침내는 극화한다. 그에 대한 저항과 검열, 그리고 왜곡이 꿈을 형성한다. 무의식의 창고에 억압된 채로 축적되었던 충동 에너지가 꿈의 형태를 띤 대체 현상으로 발산(실현)하는 것이다. 꿈은 "무의식의 왜곡된 대리물이고, 이 무의식을 발견하는 것이 바로 꿈 해석의 과제"[324]다. 나아가 "무의식을 의식으로 끌어올림으로써 억압을 해제"하고 "증상 형성의 조건을 제거"하는 일, 그리하여 "병적인 갈등"을 "정상적인 갈등"[325]으로 전환하는 일, 곧 '심적 변화'가 정신 병리학적 치료의 관건이다. 그리고 그것이 프로이트는 최면술이나 다그치는 대화가 아니라 암시와 감정 전이를 통해 이루어진다고 본 것이었다.[326] 프

---

323) 루트비히 포이어바흐, 『기독교의 본질』, 강대성 역, 한길사 2008, 244.

324) S. 프로이트, 『정신분석 입문』, 142.

325) 같은 책, 559.

326) "노이로제 환자들은 즐거움을 누리는 능력도, 일을 할 능력도 상실한다. 즐거움을 누리는 능력이 결여한 것은 그의 리비도가 현실의 대상을 향하고 있지 않기 때문이다. 일할 능력이 없는 것은 계속해서 리비도를 억압하고 리비도가 솟아오르는 것을 막기 위해 그의 다른 에너지들을 대량으로 사용해야 하기 때문이다. 만일 자아와 리비도 사이의 갈등이 끝나고, 그의 자아가 다시 리비도를 뜻대로 할 수 있게 되면 환자는 건강해

로이트의 꿈과 노이로제에 대한 해석과 함께 정신분석은 의학의 경계를 넘어서게 되었다. 이후 심리 기제에 관한 정신분석은 문학과 예술, 교육학, 고고학, 범죄학, 종교학에도 적용되고, 나아가 단순한 치료의 과정을 넘어 보편적 계몽수단이 되기에 이르렀다.

2. 종교의 기원

종교의 기원과 발전과정에 관한 관심은 이미 고대에서부터 표출되고 있었다. 그러나 어엿한 학과로서의 종교학이 출범한 19세기부터 종교의 시원 자체가 본격 주제로 등장하였다. 때는 바야흐로 '역사' '발전' '진보'가 관심과 흥미를 일구던 시기였다.[327] 이미 다윈 이전에 스펜서(H. Spencer)가 낮은 단계로부터 고차원으로의 발전이 모든 실재의 기본법칙이라고 선언하였다.[328] 종교의 진화는 문명학자 타일러(E. B. Tylor)[329]를 통해 기반을 닦

진다. 그러므로 치료의 과제는 자아에서 멀어져 있는 리비도를 그렇게 자아와 분리한 현재의 속박으로부터 해방하고 다시 자아에 종속시키는 데 있다."(같은 책, 584).

327) 찰스 다윈의 진화론은 생물학뿐만 아니라 인종학, 종교학에도 혁기적으로 영향을 미쳤다. 유일신 신앙과 낙원 및 타락에 관한 내용은 점차 진화론을 통해 달리 해설되고 있었다. 70세어 가까운 프로이트는 자신의 고등학교 시절을 회고하며 다음과 같이 보고하고 있다 "당시 활성을 띠던 다윈의 주장은 나를 강력히 매혹하였는데, 그것은 세계이해의 비상한 진척을 약속하기 때문이었다."(S.Freuc, "Selbstdarstellung", *Gesammelte Werke*, XIV, 34).

328) H. Spencer, *The Principles of Psychology*, London 1355; H. Spencer, *First Principles*, London, 1862.

329) E.B. Tylor, *Primitive Culture. Researches into the Development of Mythology, Philosophy, Religion, Art, and Custom*, Bd. I–II, London, 1871.

아놓고 있었다. 그는 종교도 석기시대로부터 현재에 이르기까지 저급 형태로부터 고급 형태로 발전해 온 것으로 보았다. 여기서 고등 종교들 안에 있는 원시 종교의 잔재를 고찰하는 것이 가치 있게 되었고, '가장 오래된' 종교를 찾아내는 일이 학자들의 흥미로운 연구 대상이 되었다.

프로이트도 이와 같은 진화론적 세계관에 매혹된 가운데서 작품들을 썼다. 당대의 사람들은 종교의 발생 단계와 국면을 대담히 그려냈고, 종교의 첫 단계로 애니미즘과 토테미즘을 소개하고 있었다. 프로이트 역시 종교가 발전되어 왔다는 주장을 받아들였다. 그에게는 신앙 행위와 노이로제 환자의 강박행위 사이에 연관성이 있어 보였다. "강박적 행위가 신경증적 징후로 드러내는 절충의 특징은 종교 관례에서 쉽게 찾아보는 것이기도 하다. […] 이러한 유사성과 상사성에 주목한다면 강박 신경증을 종교의 병리학적 내용물로 파악하고, 신경증을 개인의 종교성으로, 종교를 보편적인 강박 신경증으로 파악하는 것도 가능할 것이다."[330] 그에게 관건이 되는 것은 종교의식(儀式)과 노이로제의 상관관계를 종교사적으로 정립하는 일이었다. 그는 네 개의 논문을 통해 그 작업을 수행한 후에 『토템과 터부』[331]라는 단행본으로 출판하였다(1912). 거기서 그는 종교의 심리적 계보를 밝히고자 했다. 특히 유아기 어린이들을 관찰하면서 어린이들이 우선은 동물을 사랑하다가 어느 정도의 성장국면에 도달하면 그 동물을 두려

---

330) S. 프로이트, "강박 행동과 종교 행위", 『종교의 기원』, 이윤기 역, 열린책들, 2022 신판 2쇄, 9-21, 20; 참조: "인간 모세와 유일신교", 같은 책, 263-444, 334; 338.

331) S. Freud, "Totem und Tabu. Einige Übereinstimmungen im Seelenleben der Wilden und Neurotiker", 1912-13, *Studienausgabe IX*, 287-444. (S.프로이트, "토템과 터부", 『종교의 기원』, 이윤기 역, 열린책들, 2022 신판 2쇄, 23-249).

워한다는 사실을 주목하였다. 그와 같은 형태의 동물 공포증을 분석해보면 그 까닭으로서 드러나는 것이 있다. 아버지 앞에서의 불안이 그것이다. 원래 아이는 아버지를 존경하고 사랑한다. 그러나 그는 동시에 아버지를 두려워한다. 이 불안이 의식으로 표출되어 해소되지 않고 무의식 층에 가두어진 채 남아 있다가 다른 모습으로 나타나게 된다. 사랑과 불안의 이 같은 반대감정의 양립은 토템 동물을 대하는 태도에서도, 즉 살해금지와 희생제물에서도 확인된다.[332] 토템의 바탕과 고등 민족의 단계에서는 다름 아닌 이 두 가지 내용(어머니를 향한 애정과 경쟁자 아버지의 죽음을 향한 기대)을 갖춘 오이디푸스 콤플렉스가 작용하고 있다. 토테미즘의 핵심인 토템 식사는 아버지 살해가 종교형성의 시작점이라는 사실을 알게 한다. 종교, 도

---

[332] 터부와 관련하여 프로이트는 우선 분트가 소개하는 『민족 심리학』의 분석 내용을 받아들인다. '터부'는 여러 상반되고 복합적인 뜻을 지닌 폴리네시아어 단어다. 그것은 '신성한' '축성된'의 의미와 함께 '낯설고 두려운' '금지된' '부정한'의 의미까지 함유하는데, 보통 '외경스러운 사물이나 장소, 인물에 대한 범접의 금지나 제한'을 뜻했다(참조: S. 프로이트, "토템과 터부", 55-66). 이는 접촉을 금함으로써 중요한 인물(추장, 사제)을 보호하거나 사물(사유재산)을 지켜주고, 특정 사물(시체, 음식)이나 특정 시기(출산, 결혼)에 야기되는 위험을 예방하는 원시 공동체의 장치다. 분트와 함께 프로이트는 이 터부가 인류의 본능, 곧 악마적 권능에 대한 두려움에 그 뿌리를 두고 있다고, '악마적' 권능에 대한 원시인들의 믿음이자 그 표현이고 그 파생물이라고 보았다. 터부가 대를 이어 존속하는 것은 금지된 행위에 대한 원초적 욕망이 강하기 때문이다. 여기서 터부의 양면이 관찰된다. 무의식적이지만 터부는 "어떻게 하든지 범해보고 싶은 것, 그러나 범하기에는 너무나 무서운 것. 두려워하는 것은 바로 그것을 범하고 싶기에, 즉 두려움이 욕망보다는 강하기 때문이다."(참조 S. 프로이트, "토템과 터부", 74.) 터부의 속성은 "특정 행동에 대한 금지", 곧 "무의식 속에 강한 욕망으로 자리 잡은 행동을 저지한다는 것이다."(같은 책, 75) 터부는 "바로 인간의 양가성을 자극하고 금제를 범하도록 '유혹'하는 특질", "다른 사람들을 유혹하는 위험한 특질"(75), 그리고 다른 이들이 피하면서도 모방하여 결국 전염되도록 하는 위험성을 지니고 있다.

덕, 사회, 예술은 인류의 오이디푸스 콤플렉스에 근원을 가지고 있다!³³³ 후대의 모든 종교도 문화적으로 다른 상황으로 인해 여러 형태를 띠기는 하지만 오이디푸스 콤플렉스의 과정을 반복하고 재시도한 것에 불과하다.³³⁴ 그 가장 출중한 선례가 이 살해를 공인하는 그리스도교다. 그리스도교야말로 예수 그리스도의 생명 희생으로 구원받았다고 믿고 있다.

---

333) 참조: S. 프로이트, "토템과 터부", 242.

334) 『인간 모세와 유일신교』(1939)에서 프로이트는 모세가 본래 유대인이 아니라 이집트인이었는데, 아케나텐의 측근이었던 그가 자신이 소속되어 있던 (역사상 유일신교의 최초이자 가장 순수한 단계인) 아텐교를 보다 정교하고 엄격하게 다듬어 셈족에게 전하면서 유대교로, 바오로의 그리스도교로 이어지게 된 것으로 보고 있다. 프로이트는 그 전개 과정을 정신분석학의 입장에서 고찰하고, 유대인의 모세 살해와 그리스도의 고난과 죽음에서 오이디푸스 기제, 곧 토테미즘의 아버지 대용물 숭배, 토템 향연을 통해 드러나는 양가감정, 부친살해, 축제일과 금제의 제정, 성찬의 전례 등이 반복적으로 발견된다고 주장한다(유아기와 토테미즘으로의 회귀). 그는 아래와 같이 말한다. "그리스도교의 승리는 1500년이라는 세월을 뛰어넘어 드넓은 무대에서 이루어진, 아케나텐의 신에 대한 '아문'교 성직자들의 승리였다. 그뿐만 아니라 종교사에서 – 억압당한 것의 회귀 문제에 관한 한 – 그리스도교는 인간이 이룬 하나의 진보였고, 이때부터 유대교는 화석으로 전락했다. […] 운명적으로, 유대 민족은 태고 시절의 위업인 동시에 악업이기도 한 아버지 살해와 밀접한 관계를 맺고 있다. 이것을 운명이라고 하는 까닭은, 이 민족이 탁월한 아버지상인 모세 개인을 선택하여 아버지 살해를 반복해 왔기 때문이다. 이것은 신경증 환자에 대한 분석 치료 중에 종종 볼 수 있는, 상기하는 대신 '행위화'하는 현상을 통해서도 확인할 수 있다. […] 뒷날 바로 이 시점을 바오로는 원시 역사를 계승하는 시점으로 삼았다. 또 하나의 위대한 인물이 폭력에 의해 살해된 사건이 바오로에게는 새로운 종교 정립의 출발점이 되었다는 사실은 우연도 아니거니와, 우리가 무관심하게 들어 넘겨도 좋은 문제가 아니다." S. 프로이트, "인간 모세와 유일신교", 『종교의 기원』, 이윤기 역, 열린책들, 2022 신판 2쇄, 263-444, 380. "아버지 종교에서 솟아오른 그리스도교가 아들 종교가 될 것이다. 결국은 그리스도교도 아버지를 제거하는 운명에서 벗어나지 못한 것이다."(443)

3. 종교의 정체

종교란 무엇인가? 프로이트의 저서『환영의 미래』는 종교를 역사적 현상으로서만이 아니라 사회적 현상으로서도 분석하고 있다. 종교는 실제 세계의 상(像)을 정신착란으로 변형시키고 생의 가치를 저하하며 신자들을 정신적 유아기에 고정하고 집단 망상에 빠지게 한다. 종교의 표상은 "경험의 침전물이나 사고의 결론이 아니라" "인류의 가장 오래되고 강하고 절박한 욕구를 충족하는 환영(幻影)"이다. "그 강한 힘의 비밀은 이러한 욕구의 강한 힘이다."[335] 어떠한 욕구인가? 생명의 위험으로부터 보호받고 싶은 욕구, 불의로 가득 찬 사회에서 정의가 실현되기를 바라는 욕구, 미래의 생명을 통하여 지상 생존을 연장하고픈 욕구, 무력한 인간의 유아기적 욕구, 결국 프로이트에게도 포이어바흐의 투사가 관건이다. "자기 심리의 불분명한 내적 감지(感知)가 사고의 환영(Denkillusion)을 불러일으킨다. 이 환영은 당연히 밖으로 그리고 미래 혹은 피안으로 투사되기에 이른다. 불사불멸, 보상, 피안 등은 우리 내면의[…] 심리 신화론(Psychomythologie)의 진술인 것이다."[336] 무릇 종교는 대자연과 운명의 우력 앞에서 자신을 방어하고자 하는 인간의 필요에서 유래한다. 인간은 자신이 처한 곤경에서 초능력과 접촉하려고 시도하고 그 힘에 의존하려고 한다. 그렇게 순진하고 유치하게 초능력을 인간화하고 인격화하는 가운데 신들을 만들고, 이 신들을 두려워하면서 자기편에 끌어들이려 애를 쓴다. 신들이 두려움과 위안의

---

335) S. Freud, *Die Zukunft einer Illusion*, Studienausgabe IX, 164.
336) S. Freud, "Brief an W. Fließ vom 12.12.97", *Aus den Anfängen der Psychoanalyse*, 252.

양면성을 띠는 이유가 여기에 있다. "히스테리는 예술 창조의 캐리커처, 강박 신경증은 종교의 캐리커처, 편집증은 철학 체계의 캐리커처"[337]다.

자연법칙에 관한 사람들의 점증적인 지식에도 불구하고 제신은 그 기능을 잃지 않는다. 왜인가? 인간의 무력감이 여전히 남아 있기 때문이다. 신들은 자연에서 오는 공포를 감해주고, 운명과 죽음을 극복하게 하며, 고통과 궁핍을 변상해준다. 자연법칙에 대한 늘어나는 앎과 함께 사람들은 종교의 윤리적 기능에 집중하게 되었다. 이에 따라 신들은 사람에게 높은 삶의 목표를, 세계를 두루 고려하는 예지 혹은 예견을, 도덕법칙에 대한 재가를, 죽음 후의 생명을 제공하는 것으로 믿어졌다. 이처럼 종교는 인류의 가장 오래된, 가장 강력한, 가장 절박한 욕망으로부터 발생하였다. 결국, 종교의 실체는 욕구 사고(慾求思考 Wunschdenken), 환상(Illusion)이고, 본능의 산물인 이 환상을 판독하는 데는 심리학의 독해 기술과 힘이 필요하다. "종교는 우주의 기원과 개시에 관한 정보를 제공하고, 영고성쇠의 삶에서 안전과 궁극적인 행복을 보증하며, 온전한 권위로 규정된 계율을 통해 인간의 사고와 행위에 방향을 설정해준다."[338] 가르침과 위안을 주면서 요구도 하는 것이다. 그러나 갈수록 종교의 영향은 감소할 것이다. 과학 때문이다.

프로이트에 따르면, 인류가 세월의 흐름에 따라 "세 가지의 거대한 세계관", 곧 "애니미즘(신화)의 세계관, 종교적 세계관, 과학적 세계관"을 발전

---

337) S. 프로이트, "토템과 터부", 『종교의 기원』, 이윤기 역, 열린책들, 2022 신판 2쇄, 23-249, 134.

338) S. Freud, "Neue Folge der Vorlesungen zur Einfuhrung in die Psychoanalyse", *Studienausgabe 1*, 589.

시켜 왔는데, 이 세 가지 세계관은 "단지적으로 연속해"[339]왔다. 물론 프로이트 자신이 처한 당대는 자연과학적 연구방법이 지배하는 시대다. 과학에 무한한 존경심을 품고 있던 프로이트는 정신분석을 인류를 위한 계몽수단이요 예술과 역사를 해명하는 보편적 도구로 이해하고, 그 방법론 위에서 무신론을 당연시하였다. 종교는 개인에게나 전체 인류에게나 사춘기의 표징일 뿐이다. 인간은, 그리고 인류는 영원히 아이로 남아 있을 수 없다. 그는 자라나고 성장하며 과학의 도움을 받아 현실을 성취하고, 닥치는 운명을 의연하게 참아내는 것을 배워간다. 그로써 피안을 향한 동경을 제거하고 에너지를 지상의 삶에 집중시키게 될 것이다. 그것이 인간 성숙의 표지요 과제이다!

4. 검토와 성찰

1) 투사?

마르크스, 니체, 프로이트는 실재의 심층과 표면, 원인과 결과, 기원과 파생이 혼동되고 전도된 데서 발생하는 현상들이 있는바 신앙도 그중 하나라고 공통으로 지적한다. 마르크스는 상부구조와 이데올로기에 대하여, 니체는 형이상학과 도덕에 대하여, 프로이트는 의식 일반에 대하여 의문을 품고, 철학사에서 우선시되던 그것들이 "카메라의 암실"[340]을 통해 거꾸로 된 이차적인 현상이라고 보았다. 이들은 신앙 내용이 인간의 욕구가

---

339) S. 프로이트, "토템과 터부", 138.
340) K. Marxs, *Deutsche Ideologie*, MEW 3, Berlin Dietz, 1960, 26.

투사되어 사실처럼 위장된 것이라고 적발하는 면에서 모두 포이어바흐의 후예다. 우리는 여기서 특히 심리적 투사를 빌어 무신론을 주장하는 논지를 검토하고자 한다. 사실 투사론은 변형된 형태이긴 할지라도 현대 무신론자들이라면 누구나 전제하거나 적어도 공유하는 기제다. 이로 인해 오늘날 일체의 신에 관한 언사는 불가피 투사혐의를 거쳐 검증되어야 하게 되었다.

과연 포이어바흐는 무신론을 심리적으로 추론하여 큰 반향을 일으켰다. 그에게 신에 관한 개념 일체는 인간의 심리적 투사의 결실이다. 종교는 인간의 행복을 향한 바람과 욕구에 근거한다. "인간이 동경하는 것, 그것이 신이 되어있다."[341] "인간은 자기가 되고자 바라는 것, 그것을 신으로 만든다."[342] 종교는 결국 인간 욕구의 결과물이다. 호기심, 욕구, 동경의 대상을 실재하는 본질로 나타내는 것, 그것은 바로 인간 자신의 환상이다. 신은 인간의 상상 이외 아무것도 아니다. 프로이트에게도 정신적인 것들, 예컨대 종교, 학문, 도덕, 예술, 문화 등은 본능적 충동에 대한 방어 기제로서 발생한 결과물들, 쾌락의 원칙과 오이디푸스 콤플렉스의 극복 과정(승화)에서 생겨난 부산물들이다. 그러므로 신앙 행위의 실상은 욕구요 환영이고 투영이다. "영과 악마는 인간의 감정적 충동의 투영에 지나지 않는다. 미개인들은 자신의 감정적 표상을 인격화하고, 이것을 세상에 풀어놓고는 내적 정신 현상을 자기 외부에서 재발견했다."[343]

---

341) L. Feuerbach, *Vorlesungen über Wesen des Christentums*, 136.
342) 같은 책, 262.
343) S. 프로이트, "토템과 터부", 157.

이 같은 심리적 투사론에 이의를 제기하거나 토를 달기는 쉽지 않다. 신앙에 미치는 심리의 역할과 기여사실을 의심하거나 부정할 수는 없기 때문이다. 인간의 다양한 바람과 욕구가, 행복을 추구하고 자기를 확보하려는 욕구가 종교 안에서 중요한 역할을 맡는 사실은 부인될 수 없다. 실제로 적지 않은 사람들, 특히 기복 신앙인들의 허황한 신상에서 '성령'과 '계시'를 값싸게 남발하는 이들의 모임에서 이것은 사실로 증명되고 있지 않은가. 인간의 매 인식에는 상상력이 함께 작용한다. 인간이 대상을 인식하는 경우 그 대상에 주관을 투사해 넣는 사실은 부정될 수 없다. 내가 하느님을 보는 바로 그 시선으로 하느님은 나를 본다고 마이스터 에카르트도 말하였다. 이러한 사실이야말로 포이어바흐의 종교해설에 사람들이 충격을 받으면서 매료되는 이유일 것이다. 그렇다. 이 투사의 혐의로부터 결백을 주장할 알리바이는 없다. 그러나 신앙에서만이 아니라 사랑, 신뢰 등 인간의 모든 행위에서 심리적 투사가 두루 관찰되는 사실을 지적하지 않을 수 없다. 국가에 대한 충성, 가족사랑, 사회봉사에서도 마찬가지다. 신앙뿐 아니라 무신론자들의 생각도 투사의 산물일 수 있다. 포이어바흐가 공존하는 신이야말로 신에 관한 그의 영상인 것이다. 또 프로이트 본인의 말대로 "내적 지각의 외적 투사"는 인간의 "원초적 기제"요, "정상적인 기제이다."[344] 그 때문에 누구나 혹시 그 모두가 본인의 망상이요 투사에 불과한 건 아닌지 하는 두려움을 안고 살아간다. 인간은 소리에 의미를 담아 발성함으로써 개념과 이름을 정하고 그 약속에 따라 의사를 교환한다. 무엇이든 언어로 파악하여 경험하는 것이다. 마이다스 왕이 건드리는

---

344) 같은 책, 121.

것은 무엇이나 금으로 변하였듯이, 인간이 알아차리고 체험하는 모든 것은 언어로 구성된다. 언어와 함께 인간은 일정한 상(象)을 그린다. 상 없는 언어란 있을 수 없다. 그런데 바로 이 상을 형성해야만 한다는 사실이 딜레마에 빠지게 한다. 예컨대 친구에 관한 선의의 선입견이 없다면, 우정은 생동적이지 못하고 메마르기만 할 것이다. 반대로 친구에 관해 상을 미리 만드는 경우 친구를 상상으로 조작하거나 가두게 됨으로써 그의 인격을 훼손할 수 있다.

여기서 물음이 제기된다. 심리적 투사의 사실로써 신앙의 다층적인 현상들이 모두 해명되는 것인가? 신앙에 있어 심리의 역할이 크다고 해서 그것이 곧 신의 부재를 뜻하는 것인가?[345] 물론 어떤 욕구, 바람 그리고 충동에는 실제적 객관이 상응하지 않는 경우가 있다. 그러나 반대로 실제에 상응하는 때도 있다. 이러한 사실에서 하르트만(E. v. Hartmann)은 신이 동경의 산물이라는 이유로 존재 혹은 비존재가 귀결되는 것은 아니라고 말한다. "사람이 동경한다는 그 이유로 그것이 존재하지 않는다고 한다면, 그것은 옳다. 그러나 사람이 동경한다는 그 이유로 동경하는 그것이 존재할 수 없다고 말한다면, 그것은 옳지 않다. 그런데 포이어바흐의 종교비판과 무신론은 바로 이러한 유일한 결론에, 즉 논리적 배리(背理)에 의존하고 있다."[346] 무한자를 향한 인간의 꿈 자체가 의식으로부터 독립된 무한 실재의 존재 혹은 비존재를 결정짓는 것은 아니다. 무한에 대한 의식이 실제로 무

---

345) 참조: Heinz Zahrnt, *Stammt Gott vom Menschen ab?* Zürich/Einsiedeln/Köln, 1986; H. Küng, *Existiert Gott?*, R. Piper & Co. Verlag München/Zürich, 1978, 223-250.

346) E.v.Hartmann, *Geschichte der Metaphysik Bd.I-II*, Leipzig 1900; Neudruck Darmstadt, 1969, II, 444.

한자의 존재를 위한 증명일 수도 있다. 심리적 투사 사실이 곧바로 대상의 존재에 대한 부정을 의미하는 게 아니듯, 심리적으로 투사된 신상이라고 해서 그것이 곧 신의 존재를 부정하는 것은 아니다.

포이어바흐는 인간이 욕구와 실제를 혼동함으로써 자신을 기만한다고, 소망내용들은 환상일 뿐이라고 하였다. 그러나 실제의 경험은 소망이 반드시 몽상적이기만 한 것은 아니라고, 어떤 실재에 관계되어 있을 수도 있음을 알려 준다. 밤새도록 새벽을 기다린다는 것이 새벽이 오지 않는다는 증거가 되는 것은 아니다. 현대 심리학은 꿈이 마냥 물거품일 뿐이지는 않음을, 무의식의 창고에 잠재해 있는 그 어떤 사실들을 암시하는 것임을 말하고 있다. 내가 어떤 것을 소망하고 염원한다는 그 사실 자체로 그것이 실재하지 않음을 의미하는 것은 아니다. 한마디로, 꿀 만한 꿈들이 있다. 이 사실은 누구도 아닌 프로이트가 앞장서서 주장하던 바다. 그러므로 심리 현상에 입각한 무신론은 과장된 주장이다. 물론 심리학, 사회학 그리고 철학이 신 신앙의 개별 사항들을 부분적으로 해명하고 비판할 수 있다. 그러나 신앙 전체를 그러한 방식으로 말소할 수는 없다. 심리적 투사 사실 한 가지만으로 초월자의 실재 여부를 결론지을 수는 없는 것이다. 인간이 투사한다는 사실은 아직 하느님이 존재한다는 사실을 두둔하게 하는 자료도, 그렇다고 부정하게 하는 단서도 될 수가 없다. 그것은 중립적이어서 오히려 종교적 인식을 위해 긍정적이고 정당한 기능을 가질 수 있다. 즉, 그 어떤 무조건의 영역이 있음을 암시하는 것일 수도 있다. 신앙을 불러일으키는 것은 감상도, 마음의 상태도, 간절한 소망도 아니다. 이 우주 안에서 언제까지나 계속되는 하나의 사실이거니와 인간의 지식이나 경험들에 앞서 있는 성스러운 차원이 신앙을 불러일으키는 것이다. 종교의 몸통은 심

리학적 사회학적 분석의 영역을 벗어나 있는 것이다.[347]

2) 성경의 실상

물론 신을 이해하려 노력하는 중에 신앙인은 신의 표상을 떠올리고, 그로부터 도움을 얻는다. 이 표상들은 때마다 하느님의 일면을 나타내며, 무궁무진한 신을 가까이 느끼게 함으로써 신앙과 기도 생활에 방향을 제시해 준다. 오늘날 누구도 황금 송아지를 만들고 그 앞에 열광하지는 않는다. 그러나 현대인도 다양한 방식의 신상(神象)을 형성하는데 습성화되어 있다. 물론 인위적인 형상이 신의 자리를 차지하거나 신격화하는 경우, 그것은 복음과 일치되지 않을뿐더러 또 하나의 우상이 된다. 성경은 그런 우상을 만들고 숭배하는 일을 금한다. 하느님은 그 어떤 그림이나 형상 안에 가두어 조종될 수 없다. 누군가가 신앙을 잃었다고 할 때 실상 잃은 것은 본래의 하느님이 아니라 엉뚱한 사적 환상의 것일 수 있다. 그릇된 신상은 영성에도 해를 끼친다.

투사에 대한 비판은 하느님에 관한 일체의 인위적인 상상과 개념이 언제라도 흩어지고 말 한낱 낙엽과 같음을 주지시킨다. 하느님이 너무나 잘 알려지고 친숙해진 오늘날에 와서는 전체 성경을 통해 줄기차게 이어 오던 또 다른 면이 새롭게 강조될 필요가 있다. 속속들이 알려지고 명명된 분임에도 불구하고 아무것도 알려지지 않았으며 이름조차 없는 분, 명백히 떠오르면서도 개념으로 정할 수는 없는 분, 상상되면서도 파악할 수

---

347) 참조: 아브라함 요수아 헤셸, 『사람은 혼자가 아니다』, 이현주 역, 한국기독교연구소 2007, 282.

는 없는 분, 환한 계시 속에 있으면서도 온전히 은폐 속에 있는 분, 기반 위에 드러난 분이면서도 심연 속에 머무는 분이 하느님이라는 사실이 그것이다. "하느님은 우리가 기대하지 않은 곳에 계시고, 우리가 듣기를 원하는 것과 다른 것을 말씀하신다."[348] 인간은 하느님을 언어에 다 담을 수 있는 존재가 아니다. 하느님은 "언어 저편의 말씀"[349]이다. 하느님은 횔더린(Hölderlin)의 말대로 가장 위대한 것으로도 위압되지 않으면서 가장 작은 것에는 담기는 분이다. 신을 찾느라 벌려온 인류의 모든 노력에도 불구하고 침묵하는 하느님이면서도 믿고 따르는 이들에게는 분명하게 당신의 모습을 선사하는 분이다. 예수 그리스도야말로 바로 그 보이지 않는 하느님의 드러난 모습이었다. 그는 자기를 증명할 표식과 기적을 기대하는 사람들, 남다른 기대로 부푼 고향 사람들의 요구를 거부하였다. 그는 중시되던 것들을 지혜롭다는 사람들과 똑똑하다는 사람들에게는 오히려 감추었다(루카 10,21). 그는 "생명의 근원"(요한 5,26)이면서도 세계 내의 어느 것에도 얽매이지 않고 활동하는 자유로운 존재였다. 역설적으로 그는 은폐의 방식으로 계시하는가 하면 자신을 알리고 계시할수록 자신을 감추기도 하였다.

인간이 자기의 모상에 따라 하느님을 만든다는 주장은 그 반대로 교정되어야 한다. 성경은 하느님이 인간과 가까이 계시며 인간으로 오셨던 분이면서도 또 다른 한편 전혀 다른 분임을, 인간의 상상 구조를 뛰어넘고 오히려 그와는 모순되는 의외의 분임을 말한다. 예수는 온전히 인간이었다. 그러나 동시에 전적으로 하느님이었다. 이 신앙의 신비 앞에 하느님

---

348) 서공석, "하느님에 대한 말", 『사목 175』, 97-126, 107.
349) H. Fries, *Abschied von Gott?*, München, 1979⁶, 80.

에 관한 어떠한 고정된 그림이나 상상은 허락되지 않는다. 하느님은 그림이나 상상에 가두어져 파악되는 분이 아니다. 그리스도인이 고백하는 하느님은 인간의 상상이나 욕망의 집약에서 비롯된 분이거나 인간의 모상에 따라 창안된 분이 아니다. 그는 오히려 인간의 상상이 그려낼 수 있는 바에 대치되는 분이다. 숨겨져 알려지지 않은 삶을 선택하고 가난과 소외 속에, 겸양과 외화 속에, 십자가와 처형당함 속에 면모를 내보이는 하느님이란 전혀 인간의 상상을 불허하는 하느님이다. 유구한 역사 속에서 키워온 유대인의 꿈에 비하여 실제의 예수는 얼마나 초라하였던가. 그의 십자가는 승리의 표식이나 왕관의 장식물이 아니라 "모순에 대한 표식이요, 배척과 죽음을 초래하기에 충분한 훼손의 표식이었다."350 이러한 모습과 형태 속에 자신을 계시하는 하느님에 대하여 사람들은 다만 스캔들, 천치바보, 미친 자라고 수군대었다. 부활한 예수의 발현을 대하는 제자들은 반기기보다는 질겁하였다. 이렇듯 하느님은 인간의 욕망과 투사의 범주를 벗어난 그 이상의 분이다. 당장 지금의 고통 앞에서 침묵하는 하느님 역시 인간의 상상에 부합하지 않는다. 키르케고르가 지적한 대로 성경은 역설을 담고 있다.

성경에서는 우상숭배가 엄격히 금지되어 있다. "하느님에 관한 어떠한 그림이나 비유를 만들지 말라." 그에 상응하여 전체 성경은 하느님을 하나의 이름이나 상상으로 규정하려는 유혹을 일관되게 거부하였다(창세 32,30; 탈출 33,18-23; 탈출 3,14: 판관 13,18; 호세 6,6; 이사 1,11; 1사무 15,22; 집회 34,19; 시편 40,7 참조). 심지어 하느님의 이름마저도 감히 입에 올릴 수 없다. 하느님은

---

350) J. Moltmann, 『십자가에 달리신 하나님』, 김균진 역, 한국신학연구소, 1979, 41.

어떠한 형상이나 범주로도 규명될 수 없는 방식으로 사람들을 만나고, 그런 만남에서 자신을 보여준다. 그는 처리되거나 소유되는 분이 아니다. 그는 상상이나 합리적 추리로 '규명'되지를 않는다. 우리는 이 하느님을 한 '사물'이나 '실체'를 취급하듯이 취급할 수가 없다.[351] "하느님은 다만 하나의 신비일 뿐 아니라 도대체 신비 자체이다."[352] 영원한 것, 불멸하는 것, 근원적인 것, 포괄하는 것은 관찰이나 사유로는 파악될 수 없다. 그는 포착되거나 파악되지 않는 차라리 무(無)다. 비록 그것을 존재, 근원, 근거, 영원, 불멸, 무와 같은 범주를 빌어 명명하더라도 모두가 이미 부적당해지고 만다. 이 세상 위에, 너머에, 밖에, 혹은 나란히 대립하거나 병립해서 존재하는 자로 기술되는 하느님은 그렇게 있는 '존재자'이기 때문에 실재하는 세계의 일부분에 지나지 않는다. 그는 비록 가장 높은 곳에 있기는 하지만, 여전히 한 부분으로서 전체의 구조에 종속되어 있을 뿐이다. 무한한 공간과 끝없는 시간을 가졌다 해도 어떤 것으로서의 그는 하나의 존재자이지 존재 자체는 아니다. 그래서 신학이 자기 사고의 무화(無化) 과정을 지칠 줄 모르고 되풀이해온 것은 하느님에 대한 해석이 침묵 속에서나 완성되기 때문이다.[353]

---

351) 참조: 박봉랑, 『신의 세속화』, 대한기독교출판사, 1988², 487-489; G. 하겐휫틀, 『하느님 - 과학시대를 위한 신론 입문』, 심상태 역, 성바오로출판사, 1983, 107-201; Josef Finkenzeller, "Der Gott der Offenbarung, Probleme und Möglichkeiten der Verkündigung in unserer Zeit", W.Kern(Hg.), *Aufklärung und Gottesglaube*, Düsseldorf, 1981, 133-160.

352) J. Finkenzeller, "Der Gott der Offenbarung, Probleme und Möglichkeiten der Verkündigung in unserer Zeit", W.Kern(Hg.), *Aufklärung und Gottesglaube*, Düsseldorf 1981 133-160, 155.

353) 참조: K. 야스퍼스, 『철학에 직면한 계시 신앙』, 구옥희 변선환 역, 분도출판사, 1989, 119, 395-425.

언어 전달의 과정에 있어서 침묵은 또 하나의 언표방식이다. 그러나 이 침묵은 내가 알고 말할 수 있는 것들을 말하지 않는다는 것을 의미하지 않는다. 설령 가능한 일체의 것들이 말해진다고 하더라도 '본래'에 도달할 수 있는 것은 아니다. 이 침묵은 하느님 앞에서 내가 말할 수 있는 언어의 한계에서 성취되는 언어, 사유와 행위를 침묵으로 변화되기까지 수행함으로써 현실이 되는 묵언이다. 그러나 이 침묵은 직접적인 전달을 통해서는 확인될 수 없는 어떤 깊이가 드러나게 한다. 하느님이 사유 불가능한 분이라고 해서 우리와는 아무 관계도 없는 무관심의 영역에 물러나 있는 게 아니다. 우리는 신에 대해서 그가 어떻다고 한마디도 입 밖에 낼 수 없으면서도 끊임없이 그에 의해 보호되고 있음을 느낀다. 그는 사고나 지식의 대상이 아니지만, 그가 우리에 대해 현실적으로 존재하게 될 때 우리는 변화된다. 모든 암호 너머에 있는 것, 그것을 감지한 사람들은 그곳으로부터 강력한 힘이 소리 없이 잡아당기는 것을 경험한다. 종교란 아직 실현되기를 기다리고 있으면서도 눈앞에 엄연히 실재하는 그 무엇, 여간해서는 파악되지 않으면서도 만사에 의미를 부여하는 그 무엇, 결코 손이 미치지 않는 곳에 있으면서도 그것의 소유가 궁극적인 선(善)이 되는 그 무엇, 머나먼 저편의 가능태이면서도 최대의 현재적 사실인 그 무엇, 그에 관한 탐구가 가망 없으면서도 궁극적인 이상이 되는 그 무엇에 대한 비전이요 동의, 그리고 실현의 과정인 것이다.[354]

하느님은 사고 될 수 없지만 사고 되지 않을 수도 없다. 실상 하느님에 관한 어떠한 상(象)도 단호히 금지하는 성경은 동시에 온통 하느님에 관

---

354) 참조: A.N. 화이트헤드, 『과학과 근대세계』, 오영환 역, 서광사, 1989, 277.

한 인간적인 상과 상상(想像)으로 충만하다. 그렇게 엄격히 금지하는 성경이 사실은 하느님에 대한 다분히 인간적인 그림들로 가득 차 있는 것이다. 종교사적으로 살펴본다 해도 우리는 이러한 의인화의 사실을 뿌리칠 수가 없다. 열정에 불타는 하느님, 질투하는 하느님, 성나서 어쩔 줄 모르는 하느님, 전쟁으로 위협하는 하느님, 자비롭고 사랑에 가득 차 있는 하느님[…], 구약성경의 중요 부분이 민족의 신으로서의 야훼가 그의 백성을 형성하고 준비해 온 보고들로 구성되어 있다. "야훼-엘은 역사 안에서 생성되었다."[355] 인간이 인간적 형식 외에 달리 어떻게 이야기할 수 있겠는가? 창조주를 사람의 모습으로 그린 미켈란젤로는 제2계명을 철저히 글자적으로 지키는 사람들에게 끊임없이 충격을 주겠지만, 그렇다고 그가 하느님이 인간의 모습을 하고 있음을 믿었다고 비난받아야 할 이유는 없다. 하느님과 인간의 만남을 우리는 항상 인간 상호 간의 관계에 유추함으로써 말할 수 있을 뿐이다. 도대체 하느님의 사랑이 무엇인지를 이해하도록 설명하기 위해서는 두 사람 간의 만남을 모델로 삼지 않을 수 없다. 하느님에 관한 언사를 아예 포기하려 하지 않을진대 하느님에 관한 인간적 언사는 정당할 뿐 아니라 불가결한 것이다. 이러한 언사 속에서 하느님과 인간의 무한한 거리가 표현될 뿐 아니라 동시에 인간의 존엄 가치도 드러난다. 전체 피조물 중에 언어와 상을 가진 인간보다 더 하느님 체험을 담을 마땅한 그릇은 없다. 인간은 불가피하게 하느님을 대상화한다. 사람은 이 세상의 존재 방식과 인간의 말로써 밖에는 그에 대해 말할 수가 없다. 인간이 자기

---

355) G. 하젠휘틀, 『하느님 - 과학시대를 위한 신론 입문』, 심상태 역, 바오로딸출판사, 1883, 142.

나름대로 하느님에게 붙여줄 이름을 찾고, 다른 이와 함께 부르며 그 이름을 통해서 하느님이 누구인지를 가까이 체험하려는 노력이야말로 본연의 종교 활동이라 할 것이다.

성경의 증언이 하느님에 관하여 그다지도 여러 모양으로, 그리고 총천연색으로 전한다는 것, 그리고 그 안에 하느님에 관한 상과 상상이 쌓여 간다는 것은 다음과 같은 사실을 암시한다. ① 종교의 힘은 바로 하느님의 의인화에도 깃들어 있다. 누구든 하느님을 저 피안으로 추방하지 않고 역사(歷史) 안에서 역사(役事)하는 분으로 믿는 자는 그러한 의인화 때문에 걸려 넘어지지 않는다. 오히려 하느님 계시의 충만함과 다양함 그리고 생동감을 체험한다. 사랑은 너무나도 얼굴을 요구한다. 사랑은 지나치게 순수하고 결백한 것 앞에서는 무기력하다. 물론 성경은 하느님을 인간의 위치로 격하시키지 않는다. 성경은 하느님을 언어로 묘사함으로써 하느님과 인간의 만남과 접근을 가능케 할 뿐이다. 성경은 하느님을 인격으로 표시함으로써 추상적 개념이 아니라 의지를 가진 구체적인 분으로 나타낸다. 하느님은 자신을 전달하기 위해 논쟁 속에 뛰어들고, 사람들의 죄 때문에 아파하며, 기도에 귀를 기울이고, 죄 고백에 자비를 보여준다. 어머니가 아기에게 한 가지 이름만이 아니라 여러 가지 애칭으로 대하듯이, 사랑하는 이들이 늘 새로운 이름으로 서로 부르듯이, 시인의 환상 속에 여러 가지 상이 줄을 잇듯이, 하느님에 관해 이야기하는 성경의 증언도 마찬가지다. 체험하고 압도당할 때마다 이름과 상이 쌓여 왔다. 추상적이기만 한 신에게는 "기도할 수도 희생을 봉헌할 수도 없다. '자체 원인'(causa sui)앞에 사람은 경외심에 싸여 무릎을 꿇을 수도 없거니와 더구나 그 앞에서 악기를 연주하거나 춤출 수는 없다."[356] ② 하느님의 계시가 인간을 위한 것이라면, 하느님에 관한 인간의 언사도 분명 투사 없이 이루어지지 않는다. 성경의 계시는 인간의 투영을 배제하지 않고 포괄한다. 예수는 사람들이 하느님의 일에 함께 관계하고 있으며, 그것 없이는 자신도 아무것도 할 수 없다는 것을 보여 주었다(요한 6,66; 마르 6,5 참조). 여기서 한 편은 다른 편 없이 있을 수 없다. 하느님의 계시도 일어나지 않는다! 계시가 발생하는 곳에는 언제나 육신이, 즉 인간적인 삶과 개념이 그리고 상상이 함께 한다. 계시는 항상 그 계시를 수용하는 인간에 맞추어 이루어졌다. 인간은 하느님을 통해 소망을 투영한다. 하느님 상은 저마다 인간 상황의 다양성을 반영한다. 인간이 그리는 하느님 위에는 항상 인간의 그림자가 함께 드리워 있다. 인간에게 감지되는 실재가 모두 인간의 시각을 통해 채색되듯이, 하느님의 실재도 마찬가지다. 물론 인간의 상상이 하느님을 앞섬으로써 하느님을 가릴 위험이 늘 견지되어야 할 것이다. 성경은 인간이 하느님을 인간의 척도에 따라 생각한다고 말하지 않는다. 주인공은 하느님이지 인간이 아니다. 그러기에 성경은 크세노파네스(Xenophanes)가 조소하는 신인동형론과는 다르다.[357] ③ 여기서 우리는 은유 혹은 상징의 기능을 생각하게 된다. 은유는 인간의 체험과 인식능력의 영역에 속하지 않는 실재를 함축적으로 밝혀준다. 그것은 때로 실재에 대하여 많은 것을 매개해준다. 우리가 만나는 고귀한 것들, 이를테면 사랑, 아름다움, 매혹 그리고 의의와 충만 등은 개념이나 직설만으

---

356) M. Heidegger, *Identität und Differenz*, Pfullingen, 1957³, 71.
357) 참조: K. Freeman, *Ancilla to the Pre-Socratic Philosophers,* Oxford, 1952, frag. 15, 16. "사람들은 신들이 태어나자마자 말을 했고 옷을 입었으며, 자신처럼 육체를 가지고 있었다고 생각한다. 에티오피아인들은 신이 들창코의 흑인이라고 말하고, 트라키아인들은 신이 푸른 눈에 빨간 머리칼이라고 말한다. 암소와 말이 그림을 그릴 줄 안다면, 신의 모습을 암소와 말같이 그릴 것이다."

로는 온전하게 포착되거나 서술되지 않는다. 감동적인 사랑과 아름다움을 적합하게 표현하는 언어는 개념이 아니라 은유요 예술이다. 인간은 표상을 통해서도 실재를 인식하는 것이다. 표상은 인식의 필수적인 요소이다. 그러기에 표상을 버려서는 안 된다. 버릴 수도 없다. 표상은 물론 시대의 이해 지평에 따라 교정되고 개념으로 대체될 수 있다. 표상은 실재의 현상을 설명하고 표현할 뿐, 실재 자체를 구성하거나 가치를 지닌 건 아니기 때문이다. 어떤 그림도 진리를 온전히 드러내지 못한다. 성경 속 단어와 그림조차 휘발성을 띠고 있다. 그들은 스무고개 놀이를 할 때처럼 하느님의 실재를 알려주면서도, 곧바로 정의 내리지는 못하게 한다. 그 때문에 우리는 아직은 "거울에 비친 모습처럼 어렴풋이"(1.코린 13,12) 본다고 성경은 말한다.

3) 종교의 기원?

누구도 종교의 발전을 부인하지 않는다. 종교들 역시 진화해 왔다. 그런 의미에서 인류학자들과 더불어 프로이트는 일체 고정적이고 정적으로 사고하는 신학자들을 거슬러 정당성을 지닌다. 그러나 진지한 탐구자들은 종교사 안에서의 틀에 박힌 진화나 진보이론에는 동의하지 않는다. 종교는 너무나 다양하고 비체계적으로 발전해 온 것이다. 주술과 혼령 신앙 그리고 귀신 신앙이 많은 종교 안에서 비범한 역할을 담당해 온 것은 사실이다. 그리고 신격화된 조상들이 후에 신의 본질로 공경을 받은 것도 확실하다. 많은 경우에 토템 동물의 공경이 제신 공경으로 넘어갔다는 것도 그러하다. 그러나 이러한 현상 중에서 어떤 한 가지 현상이 종교의 기원이라고 말할 수는 없다. 모든 곳에서 애니미즘이나 토테미즘이 종교의 원형이었다고 못 박는 것은 일종의 교조적 주장이요 역사적으로 증명되지도 않는다. 종교가 한 가지 형태로 발전되어 왔다는 주장, 종교는 주술로부터, 성성(聖性)의 표상들은 터부로부터, 귀신 신앙은 혼령 신앙으로부터, 제신(諸神) 신앙은 귀신 신앙으로부터, 신 신앙은 제신 신앙에서 발전해 왔다는 주장은 일반화될 수 없다. 원시적 혼령 혹은 귀신 신앙이 모든 민족에서 발견되는 것도 아니다. 많은 이유로 인류학자들은 종교의 기원에 관한 프로이트의 주장을 진지하게 고려하지 않는다. 오이디푸스 콤플렉스가 종교의 원천이라는 주장뿐 아니라 그 이론을 지원하기 위해 그가 동원한 종교사 자료는 오늘날 종교학자들 사이에 거론조차 되지 않는다. 학술적 설득력이 부족하기 때문이다.

다른 한편, 오늘날 신학 역시 종교의 시작에 관하여는 별로 아는 것이 없음을 인정해야 한다. 창세기의 진술은 창조주의 위대함과 인간의 자유와 책임에 관한 메시지이지 원시에 대한 역사적 보고가 아니다. 그래서 성경의 증언과 인류의 역사 자료를 종합하는 노력은 난관을 겪는다. 그러면서도 신학과 인류학, 그리고 종교학의 교조주의적 경직성이 완화되고 있는 것은 반가운 일이다. 한 가지만은 분명하다. 이제까지 종교를 가지고 있지 않은 씨족이나 혈통은 없었다. 이미 10만 년 전의 네안데르탈인도 무덤 양식을 통해 저승의 삶을 준비하고 있었고, 15만 년 전의 하이델베르그인도 맏자식을 봉헌하고 있었다. 종교는 늘 존재해 온 것이다.

4) 유아기의 성욕?

프로이트가 종교의 몇 가지 측면을 비판적으로 짚고 드러낸 것은 긍정적으로 평가된다. 그러나 우리는 프로이트의 생각을 넘어서야 한다. 인간이 끊임없이 무의식과 심리적 성향으로부터 영향을 받는다는 것은 명약관화한 사실이다. 그리고 그중에서도 성(性)의 역할이 두드러진다는 것도 분명하다. 해소되지 않거나 전체 인격 안에 수용되지 않은 성적 욕망은 독성을 품고 화를 불러온다. 억압되거나 교란된 성이 병적인 소심증, 공격적 광신, 열광주의를 불러온다는 것도 두루 인정된다. 그러나 프로이트는 리비도 개념을 과장하였다. 그리고 그것을 구별 없이 성뿐만 아니라, 호의, 우정, 사랑, 그리고 신앙 등 모든 분야에 기계적으로 적용하였다. 그리하여 성이 해명의 만능열쇠처럼 나타나게 하였다. 성에 그런 보편성이 부여될 수는 없다. 다양한 충동요인과 복합성이 함께 고려되어야 한다. 젖을 먹고 신나게 뛰어다니는 어린아이를 성적 형태로 관찰할 일은 아니다. 그리고 꿈이 꼭 충족되지 않은 욕망의 발산인 것도 아니다. 꿈은 성적 욕구만이 아니라 정서와 충동 등의 모티브가 이루어내는 복합적인 스펙트럼이다. 그 동기가, 프로이트 본인도 강조하듯, 체계 있게 나열되는 것도 아니다. 성과 사랑, 성과 인간성의 관계가 밀접한 게 사실이지만 구별되어야 할 것이다.

프로이트는 유아기의 경험이 종교에 미치는 영향을 정당하게 인식하였다. 인간의 사고, 느낌, 의욕, 성향이 유아기에서 구성되는 것은 사실이다. 유아기에 해결되지 않은 채 남아 있던 사건이, 본인도 의식하지 못하는 사이에, 일생 갈등을 일으키는 장애 요인, 트라우마로 작용하는 사례가 왕왕 관찰된다. 그러나 프로이트는 유아 초기의 체험과 환경을 과대하게 평가하였다. 유전적 소질과 사춘기 및 갱년기의 또 다른 새로운 경험들이 과소평가되어서는 안 된다. 성을 지향하고 있다고는 볼 수 없는 유아 초기의 관심사와 성숙한 이의 성적 성향이 동일 성질을 가지고 있지 않듯이, 성장 단계의 다른 많은 갈등이 단순하게 유아기 체험과 환경으로 축소될 수는 없는 것이다.

5) 심리학과 신학

마르크스의 무신론이 그의 사회주의와 공산주의에 앞서 형성되어 있었던 것처럼 프로이트의 무신론도 그의 정신분석학에 근거하는 것이 아니라 그 이전에 형성된 것이었다. 프로이트가 정신분석학자가 되기 전 학생 시절부터 이미 무신론자였다는 것은 전기적(傳記的)으로 의심할 나위가 없다. 그는 무신론의 근거를 포이어바흐와 그의 추종자들로부터 이어받았다. 그는 그들의 심리적 투사이론을 심층 심리로 심화시킨 것이었다.[358] 프로이트는 무의식이 얼마나 인간과 인류사를 규정하는지, 유아기의 관계와 성에 대한 태도가 종교적 감성에 얼마나 영향을 주는지를 획기적으로 드러냈다. 그러나 그 사실이 신의 존재 혹은 부재를 결정하는 것은 아니다. "종교적 표상이 인류의 가장 오래되고 강한 강박 욕구들의 충족"이라는 프로이트의 주장은 매우 옳을 수 있다. 돈독한 신자 역시 그렇게 말할 수 있다. 종교는, 프로이트가 말하듯, 심리적 미성숙과 노이로제의 표현이요 환영일 수 있다. 그러나 꼭 그래야만 하는 건 아니다. 분명히 인간의 신앙, 희망, 사랑은 투사의 측면을 내포한다. 그러나 충동과 리비도의 성향, 무의식적 욕망이 신앙생활에 함께 작용하고 있다 해서 그것으로 신앙이 악평을 받아야 하는 것은 아니다. 영생을 향한 욕망으로부터 신의 실재 여부가, 그리고 영생과 행복의 실현이 의심 없이 결론지어지는 것이 아니다. 마찬가지로 비실재 혹은 비현실이 결론지어지는 것도 아니다. 프로이트 자신도 정신분석의 결과가 필연적으로 무신론에 도달하는 것은 아니라는 점을 늘

---

358) 프로이트 자신이 고백하고 있다. "나는 다만 – 이것이야말로 내 진술에 있어서 유일하게 새로운 것인바 – 나의 위대한 선배들의 비판에 심리학적 근거를 추가했을 뿐이다." S. Freud, "Die Zukunft einer Illusion", *Studienausgabe* IX, 169.

인식하고 있었다. 정신분석학은 무신론자나 돈독한 신자가 공유할 수 있는 일종의 편견 없는 연구방법 혹은 치료방법인 것이다. 그 때문에 프로이트 자신도 정신분석학으로부터 무신론적 세계관이 도출된다는 주장을 반박하기도 하였다. 그가 고백하듯, 그의 심층심리학의 확신을 나누던 그의 친구들과 제자들은 그의 무신론까지 공유하지는 않았다. 종교를 "보편적 강박 노이로제"라고 여기며 낮게 평하던 프로이트와 달리 그의 친구와 제자들은 종교에 대하여 관대하거나(아들러), 친근하게(융) 임했다. 융은 도리어 종교가 없으면 신경증이 생겨나며, 종교가 신경증을 예방하고 치유한다고 보았다.[359] 프랭클은 더 나아가 영성이 억압되어서는 안 된다고 주장하였다.[360] 많은 이들에게 프로이트의 주장은 "순전한 가설" "일종의 입증되지 않은 독단"[361]이다. 프로이트도 "신앙 없는 사람들의 신념은 강화할 수 있으나, 믿는 이들의 믿음을 없애는 일은 하지 못한다."[362]

그러나 그렇다고 해서 프로이트의 종교비판이 힘을 잃는 것은 아니다. 많은 이들이 그의 이론과 개념을 비판하고, 또한 그의 제자 중 일부가 그 내용을 수정했음에도 불구하고, 그가 인간 내면의 삶을 이해하는 데 새로운 행적을 남겼고, 종교의 이해에도 영향을 미쳤다는 사실은 변하지 않는다. 그는 일부 초자연 영역을 자연적인 것으로 설명하는 데 성공하였다. 이상하고 혼란스러운 꿈을 꾸었을 때, 인간의 소리와는 다른 소리를 들었을

---

359) 참조: C.G. Jung, "Über die Beziehung der Psychotherapie zur Seelsorge"(1932), *Psychologie und Religion*, Olten 1971, 129-152
360) 참조: V.E. Frankl, *Der Unbewußte Gott*, Psychotherapie und Religion, 1947.
361) 한스 큉, 『프로이트와 신의 문제』, 손진욱 역, 하나의학사, 2003, 116.
362) P. Ricoeur, "The Atheism of Freudian Psychoanalysis", *Concilium*, June 1966, 31-37, 36.

때, 의식적인 논리를 가지고는 이를 수 없는 통찰의 섬광을 경험하였을 때, 갑자기 영적인 힘에 사로잡히는 것을 느꼈을 때, 회심이나 황홀경과 같은 것들을 경험하였을 때 사람들은 초자연적인 힘이 작용하는 것으로 생각했다. 그러나 이제는 지극히 자연적인 것으로 설명하게 되었다. 심층심리학에 따르면, 자아가 경험한 초자연적인 힘을 반드시 하느님, 성령, 혹은 악마에게 돌릴 필요는 없다. 이들은 심층 심리의 맥락에서 관찰되는 초자아 혹은 무의식에서 오는 인간의 활동일 수도 있기 때문이다.

오늘날 심리학자와 신학자, 정신과 의사와 사목자는 여러 방면에서 긴밀히 협동하고 있다. 신학과 정신분석학은 협력파트너가 되고 있다. 신학자들은 정신분석학의 능력과 효과를 높이 평가하고, 정신분석학을 보조과학으로서만이 아니라 본연의 교과로서 인정하고 있다. 그리하여 각 신학대학이 심리학을 정규 교과로 개설한 지 오래다. 그러나 물론 분별도 필요하다. 심리치료와 성사 집행은 같은 것이 아니다. 심리학자는 심리적 실재에 집중하되 전체 실재를 심리 차원으로 축소하거나 환원시키려 해서는 안 된다. 정신분석학은 물론 노이로제나 죄의식을 감해줄 수 있다. 그러나 인간을 죄로부터 해방하지는 못한다. 정신분석학은 심리 질환의 제거에 도움을 줄 수 있다. 그러나 의미와 무의미, 삶과 죽음에 연관된 질문에 최종 답을 줄 수는 없다. 정신분석학의 목표는 의식화이지 용서가 아니다. 치료이지 구원이 아니다. 물론 신학자도 심리학 차원을 대할 때 신중해야 한다. 종교의 입장을 진술할 수는 있으나 심리요법에 관한 다양한 논쟁에서 심판관처럼 임할 수는 없는 것이다.

제8장   제1부의 요약

　우리는 인류의 정신이 데카르트와 함께 인식 확실성의 근거를 외부에서 내부로, 초월에서 내재로 전환하였으며, 이러한 내재의 원리(principium immanentiae)가 계몽주의의 비판 정신, 칸트의 초월 철학, 헤겔의 관념론 철학을 거치는 동안 세속화를 강화하는 방향으로 흘러왔으며, 이른바 코페르니쿠스의 전환(칸트, 포이어바흐, 니체)을 거듭한 끝에, 급기야 무신론이 공론화되는 데까지 이르렀음을 살펴보았다. 다른 한편 종교에 관한 근대인의 사유가 신앙과 이성의 관계를 어떻게 정립하는지의 양상에 따라 변화를 겪고 있었음을 아울러 보았다. 중세기에는 신앙과 이성이 이층집의 구조 속에 균형과 조화를 이루고 있었다. 1층에는 이성, 2층에는 신앙이 자리하는 한 지붕 아래 두 개의 층을 가진 구조였다. 그러나 근대에 와서는 신앙과 이성을 별개의 집으로 분리하는 형세와 거꾸로 이성을 위에 두고 신앙을 아래에 위치시키려는 형세가 분분하였다. 이렇게 흐르는 동안 시대의 지배적인 논리에 따라 여러 신관이 등장하였다. 이원론, 유비론, 변증법, 유물론의 사유와 논리 방식에 따라 유신론, 이신론, 만유재신론, 무신론이 이어졌다.

　우리는 구체적으로 근대의 데카르트와 헤겔을 거쳐 포이어바흐, 마르크스, 니체, 그리고 프로이트가 거론하는 종교와 신 문제를 살펴보았다. 이들의 관점과 논증은 상이하고 때로 상호 모순되지만, 이원론적 사고에 따른 현실 도피를 경고하고 신의 존재를 의문시한다는 점에서는 공통적이고 일관되었으며, 갈수록 예리하게 표현되었다. 그러나 이들이 신의 비존재를 확신하게 하는 것은 아니었다.[363] 포이어바흐의 투사론, 마르크스의 아편론, 프로이트의 환영론은 증명되지 않는다. 신앙에 대한 철학적(헤겔), 인간학적(포이어바흐), 사회 비판적(마르크스), 그리고 인본주의적(니체), 정신분석학적(프로이트) 해석이 하느님의 존재 혹은 비-존재를 결정하는 것은 아니다. 휴머니즘(포이어바흐)을 통한 '종교의 지양'도, 사회주의(마르크스)를 통한 '종교의 소멸'도, 과학(프로이트)을 통한 '종교의 해체'도 인본의 강조(니체)를 통한 '신의 죽음'도 참된 예언이 되지는 못했다. 부분적 타당성을 절대화하여 전체에 적용하면 오류가 발생한다. 종교가 무의미하다는 선언은 억지다.

　물론 그리스도교가 진정으로 이들이 보던 그대로라면, 누구든 그리스도교를 당연히 거절하고 거부해야 할 것이다. 신이란 순전히 사람의 동경과 꿈의 소산이고 사람의 욕심이 투사한 허상이라면, 신이 지배자 계급의 기득권을 옹호하는 이데올로기요, 불평등해진 사회의 안녕과 질서를 고착하는 이념에 지나지 않는 것이라면, '신'이 삶이 상반되는 개념으로서 만사를 해롭게 이끌고 독성을 품게 하는 것이라면, '피안'이 현실 세계를 무가

---

363) 참조: 한스 큉, 『신은 존재하는가?』, 성염 역, 분도출판사 1994, 456-457.

치하게 하고자 고안된 것이라면, '영혼'이 육신을 멸시하고 아파하게 하는 것이라면, '죄'가 본능을 어지럽히기 위해 고안된 것이라면, 우리는 당연히 이들과 함께 철저히 반 그리스도인이 되어야 할 것이다. 그러나 그리스도교가 과연 그러한가? 물론 무신론의 근거가 약하다고 해서 그 때문에 신앙의 근거가 강해지고 혐의가 없어지는 것은 아니다. 무신론이 의문스럽지만, 신의 존재도 의문스럽기는 마찬가지다. 도대체 신앙은 근거 있고 검증 가능한가? 무신론이 증명되지 않지만, 신앙 역시 그러하다. 도대체 신의 죽음 혹은 살아있음이 실증될 수 있는 것인가? 이에 대한 답은 인간학(포이어바흐, 니체), 정치·경제·사회비판(마르크스), 그리고 심층심리학(프로이트)에는 열려 있을 뿐이다. 마르크스의 무신론이 그의 사회주의와 공산주의에 앞서 형성되어 있었던 것처럼, 프로이트의 무신론도 그의 정신분석학에 근거하는 것이 아니라 그 이전에 형성된 것이었다. 니체 역시 무신론을 주창한 것이 아니라 주어진 것으로 전제하였다. 이들은 각자가 심취했던 학문의 필연적인 결과로 무신론에 도달한 게 아니었다. 학문은 무신론자나 돈독한 신자가 공유할 수 있는 일종의 편견 없는 연구방법 혹은 치료방법이다. 그 때문에 프로이트도 정신분석학으로부터 무신론적 세계관이 도출된다는 주장을 반박하기도 하였다. 다른 한편 무신론은 입증되지 않지만 반증되지도 않는다. 무신론의 불가능성을 결론지을 논거란 사실상 없다. 무신론자들의 주장이 단편적이며 그리스도교의 신관에 관한 오해나 왜곡의 산물이라고 지적할 수는 있다. 그러나 신은 존재하지 않는다고 말하는 사람의 주장을 실증적으로 반박할 수는 없다. 그런 주장 앞에서는 엄밀한 신 논증마저도 부질없다. 인간은 신을 부정할 수 있다. 실재의 궁극 근거, 기초, 목적에 대한 신뢰를 거부하거나 회의할 수 있다. 무시하거나 잘라 버릴 수 있다. 아무것도 알 수 없다고 선언할 수 있고(불가지론), 실재란 아무 목적이나 의미도 없이 허무할 뿐이라고 주장할 수도 있다(허무주의). 물론 거꾸로 인간은 신을 긍정할 수 있다. 실재의 의미와 가치를 긍정할 수 있을 뿐 아니라 신뢰할 수도 있다. 실재에 대한 이러한 신뢰 앞에서는 무신론도 필연코 무력하다. 이처럼 이론적으로는 무신론도 유신론도 보편적인 결론으로 입증되는 게 아니다. 그렇다면 이제 우리는 쌍방 비김의 상황에 있는 것이고, 신에 대한 긍정과 부정은 그저 각자의 결단 여하에 맡겨져 있을 뿐인 건가? 무신론도 신앙도 사람의 모험심과 단행에 달린 문제일 뿐인 건가? 절대자 신의 운명은 인간의 선택에 좌지우지되는 것인가?

서구 사상가들의 천상천하 상하좌우에 대한 난도질을 읽다 보면, 그 정당성 여부를 살피기에 앞서 절대자를 향한 안쓰러움과 당황스러움이 커진다. 생각 속 자기의 옳음을 세우기 위해 상호 치열하게 서로를 넘어서고 죽이려 하는 서구 사상가들의 싸움터에서 인간의 이성, 자유, 휴머니즘, 이상은 무색해지고 만다. 거기에 무슨 인간의 품위가 있는 걸까. 저마다 달음질을 거듭하면서도 실제 당도하는 곳은 같은 자리, 늘 제자리가 아니었나? 그렇다면 그간의 철학적 토론과 무신론 문제를 보아온 신학자들의 입장과 의견은 무엇인가? 신학 내부에서는 무신론의 현상과 주장들이 어떻게 해석되고, 대응되고, 수용되는가?

제2부

신학계의 대응

근대적 의미의 무신론이 유럽의 자연과학과 계몽주의 등에 의해 다방면에 걸쳐 준비되다가 19세기에 이르러 만개하였음을 보았다. 이에 대한 역사적 고찰은 신적인 것을 일체 부정하는 근대적 의미에서의 무신론은 그리스도교 이전과 밖에서는 증명되지 않는다는 사실을 알려준다. 그리스도교 밖에서는 무신론이 기껏해야 개별적으로 나타났을 뿐 집단운동으로는 나타나지 않았다. 그러기에 우리는 무신론이 그리스도교 이후에, 그리스도교 문명권 안에서, 그리스도교와 함께 등장한 후속 현상, 다름 아닌 그리스도교를 파괴하고 해체하는 현상이라고 단언하게 된다.[1] 이 거대한 조류의 기세 앞에서 신 신앙은 우선 자기의 언어를 잃어버리고 교제 능력을 상실한 듯 보였다. 신에 관한 언사의 이러한 위기야말로 신학 본연의 위기였다. 이와 같은 근대의 무신론과 그리스도교의 관련 사실은 논쟁과 설명을, 그리고 교회의 책임과 입장표명을 요구한다. 실제로 교회와 신학은 파문으로부터 개별화된 신학적 대응에 이르기까지 방법과 내용에 있어 여러 길을 모색해 왔다. 최근의 신학사에 있어 하느님에 관하여 문제의식을 제기하는 것은 의심할 나위 없이 중요 의제가 되었다. 무신론 문제는 특히 60년대 신학에 오인할 수 없이 강한 인상을 주고 변화를 가져왔

---

1) 참조: W. Kern, *Atheismus-Marxismus- Christentum*, Innsbruck, 1979, 17-22(『무신론 마르크스주의 그리스도교』, 김진태 역, 가톨릭대학교출판부 2009, 31-49; F.König, *Der Mensch ist für die Zukunft angelegt*, Wien, 1975, 31; Augustinus Karl Wucherer-Huldenfeld(1-5), Johannes Figl(6-7), "Der Atheismus", W. Kern, H.J. Pottmeyer, M. Seckler(Hg.), *Handbuch der Fundamentaltheologie 1*, Freiburg/Basel/Wien, 1985, 95-116; M. Heidegger, *Nietzsche II*, Pfullingen, 1961, 135-141; D. Lemke, *Die Theologie Epikurs*, München, 1973; Art. "asebeia", *Theologisches Wörterbuch zum Neuen Testament*, (Hg.), G. Kittel u.a., Stuttgart, 1933-1979, VII, 186-188; N. Brox, "Zum Vorwurf des Atheismus gegen die alte Kirche" *Trierer Theologische Zeitschrift*, Jg.75 (1966) 274-281; F. Dexinger, *TRE IV*, 349-351.

다. 이 시기에 (무)신론은 신학의 중심을 차지하였다. 덱케에 의하면 "60년 대를 거치면서 하느님은 재차 인간사고의 핵심이 되었고 신학은 엄밀한 의미에서 '신-학'이 되었다."[2]

신학은 대단히 다양한 방법과 시각을 갖추고 무신론을 다루어 왔다. 무신론의 발생 배경과 그 출현형태가 다양한 까닭에 그를 대하는 신학의 논술도 서로 다르게, 때로는 부분적으로 상충하기도 하였다. 그러나 수없이 많고 다양한 기점들에도 불구하고 그 개의 답변에 적중하는 기본성향이 확인되고 있다. 그리고 형태적으로 일관성 있게 구별되는 공통구조가 발견되고 있다. 무신론을 대하는 인상과 견지에 있어 다소 개신교적 혹은 가톨릭적인 구조들이 관찰되는 것이다. 이러한 특유의 구조들은 서로 다른 종파의 견지를 대변하는 것이기도 하였다.

개신교 신학에서는 예컨대 신 신앙을 애초부터 유신론과 무신론의 양자택일을 벗어난 장소에, 그 바깥에 자리를 두는 경향이 좀 더 뚜렷하였고, 그 결말이 성서적 신앙의 강조와 사신신학으로 나타났다. 그에 비하여 가톨릭 신학은 무신론에 대하여 부정신학의 기조를 강조하고, 그 극복을 위한 전기를 인간의 신인식 가능성을 해명하는 데서 마련하고자 하였다. 신체험과 인식이 인간에게 가능하다는 사실을 강조함으로써 인간학적 전환을 기하는 면이 가톨릭 신학에서 좀 더 강조되는 것이었다. 이러한 사실은 무신론에 관한 신학적 진술이 종파에 따라 특색있게 진행되었다는 추측 혹은 판단을 내리게 한다. 이러한 판단이 본서 제2부의 배경을 이룬다. 먼

---

2) S.M. Daecke, *Der Mythos vom Tode Gottes*, Hamburg, 1969, 9; 참조: M. Seckler, "Das Wort Gott", *Theolog. Quartalschrift 153*, 1973, 3.

저 개신교 신학의 진술 방식을 살피고자 한다.³

---

3) 제2부는 J. Figl의 다음과 같은 저서와 글들을 참조하였다. Johann Figl, *Atheismus als theologisches Problem, Modelle der Auseinandersetzung in der Theologie der Gegenwart*, Mainz, 1977; "Philosophische und theologische Argumentationsfiguren gegenüber dem Atheismus, Zur Bedeutung religiöser und philosophischer Gotteserkenntnis für das Gespräch mit den Nichtglaubenden", A.K.Wucherer, J.Figl, S.Mühlberger(Hg.), *Weltphänomen Atheismus*, Wien, 1979, 157-176; A.K. Wucherer-Huldenfeld, J. Figl, "Der Atheismus", W. Kern, H.J. Pottmeyer, M. Seckler(Hg.), *Handbuch der Fundamentaltheologie I*, Freiburg, 1985, 95-116; 배영호, "무신론에 대한 종파별 신학적 진술", 가톨릭신학 2002, 한국가톨릭신학학회.

제1장

개신교 신학

1. 일반 흐름

19세기의 역사주의와 자연주의는 계시를 인과적이고 자연적인 사건으로 이해함으로써 그것의 초자연적 성격을 상대적으로 도외시하고 있었다. 카를 바르트의 『로마서 주석』(1919)에서부터 시작된 개신교의 갈씀신학(바르트, 고가르텐, 부르너, 불트만, 에벌링)은 이를 지적하고 계시를 '초 역사' 내지 '실존'의 차원에서 해명하려 했다. 지난 세기의 개신교 신학에서 바르트의 『로마서』와 불트만의 '탈신화화' 만큼이나 큰 비중을 차지하고 시대를 뚜렷하게 갈라 세을 만큼의 다른 획기적 이슈는 없었다.[4] 이 시기 개신교

---

4) 참조: W. Trillhaas, "Die evangelische Theologie im 20. Jahrhundert", *Bilanz der Theologie im 20. Jahrhundert, Bd.II*, 101f; R. Bultmann, "Neues Testament und Mythologie", *Kerygma und Mythos I*, 1941, 15-48.

신학은 바르트와 불트만에서 비롯된 기조와 추진력으로 전개되었다고 해도 과언이 아니다. 휩너는 개신교 신학계에서는 "대개 바르트와 불트만 및 고가르텐의 노선이 그 제자들에게서 계속되고 있는 상황"[5]이라고 말한다. 세계대전 이후의 신학에 대한 평가에 있어 슈밑도 그와 유사한 의견을 제시한다. 그에 의하면 한편으로는 바르트의 기본 기조와 전체적 입장이 이 시대에 와서 새로운 현재를 맞이하고 있으며, 다른 한편 불트만의 해석학적 의문 제기방식이 그 같은 신 중심적 입장을 견제하며 다른 움직임을 보여주고 있다.[6] 물론 이러한 상황의 이면에서는 혼란스러울 만큼 대단히 다양한 신학들이 전개되고 있었음을 간과하면 안 될 것이다.

여기서 제2부의 취지를 정당화할 만한 몇몇 사실들을 지적하고자 한다. 바로 이 시기에 무신론은 나름의 특유한 방식으로 개신교 신학 내부에서 주제화되고 있었다. 20세기에 들어서 자연신학에 관한 물음이 다시 논쟁점이 된 것은 주지하다시피 바르트를 통해서였다. 바르트는 성경과 믿음 그리고 은총을 다시 강조함으로써 개신교 신학에 새로운 힘과 전기를 마련한 인물이었다. 그는 '자연신학'(E. Brunner)이 현대화된 계몽주의 및 자유주의 신학과 같은 노선에 있다고 보고 그에 맞서고자 하였다. 그에 의하면 인간은 스스로는 신에게 도달할 수가 없다. 하느님의 계시와 신앙에 의하지 않고 자신의 노력이나 지식을 동원하여 신에게 이르려는 인간의 모

---

5) E. Hübner, *Evangelische Theologie in unserer Zeit,* Bremen, 1969³, 183.

6) 참조: H. Stephan, M. Schmidt, *Geschichte der evangelischen Theologie in Deutschland seit dem Idealismus,* Berlin, 1973³, 456f.

든 '종교적' '유신론적'[7] 수고는 좌절할 수밖에 없다.[8] 거기서 신은 인간의 고집스러운 조물(造物)일 뿐이다. 거기서 인간은 신의 영역을 점령하고 자신의 상과 그림으로 꾸미려는 오만과 유혹에 빠진다. 따라서 '종교'는 우상숭배다. 그런 뜻에서 바르트는 포이어바흐가 옳았다고 강변할 수 있었다. 바르트는 신학이 인간의 종교적, 도덕적, 미적 지성을 만족시키는 것을 목적으로 삼음으로써 사람에 대한 하느님의 말씀보다 하느님에 대한 사람들의 생각에 치중하고 있다고 보았다. 그는 하느님의 말씀을 등한시하는 이러한 신학에 경고하고 시정을 요구하였다. 하느님이 사람을 섬길 것이 아니라 사람이 하느님을 섬겨야 한다. 하느님의 말씀을 대체할 수 있는 것은 아무것도 없다. 하느님은 언제나 주체요 결코 객체가 아니다. 그러기에 신

---

7) 20세기 개신교 신학에서 언급되는 '유신론' '자연신학' '종교'라는 용어는 희랍철학의 논리 전개 방식에 따라 신을 논증하던 중세의 형이상학적 신론을 지칭한다. '종교' 역시 일반적 의미의 종교(Religion)를 의미하지 않는다. 희랍철학과 스콜라학을 포함하여 인간의 이성과 능력에 의존하여 하느님을 추론하거나 결론을 내리는 경향 일체를 지칭하는 개념인 것이다. 그것은 '이성이 아니라 신앙으로만, 성전이 아니라 성경으로만, 공로가 아니라 은총으로만' 구원이 가능하다는 개신교 신학의 입장을 배경으로 이해되는 개념이다. 여기서는 하느님이 이 세계와 인간에 의해 설명되지 않고 오로지 예수 그리스도의 삶과 죽음, 그 역사로부터 해명된다고 믿는다. 특히 카를 바르트에게 '종교'란 하느님과 인간의 질적 차이를 무시하고, 하느님과 하나가 되려고 하는 인간적 노력의 산물로서 '불신앙'과 같은 것이다. 바르트는 자연과 은혜, 이성과 신앙, 역사와 계시, 종교와 사회, 교회와 정치를 연결하려는 일체의 중재를 반대함으로써 개신교 신학 전통에 서로운 기운을 불어넣었다. 다른 한편 그와 같은 개신교의 이해는 유신론의 본의에 관한 일종의 오해라고 보는 이들도 있다. 본서는 바르트식 이해를 배경으로 할 때 '유신론' '종교' '자연신학'이라고 표기하고, 전통적이고 일반적인 의미로 등장하는 경우 유신론, 종교, 자연신학이라고 표기한다. 아울러 개신교의 성서 중심의 신앙을 성서적 신앙이라고 표한다.
8) 참조: 발터 케른, 『무신론 마르크스주의 그리스도교』, 김진태 역, 가톨릭대학교출판부, 2009, 289-305.

학은 '하느님에게' 말하지 않고 '하느님에 관하여' 말하려 해서는 안 된다.[9] 이러한 배경에서 바르트의 『교회 교의학(Kirchlichen Dogmatik)』 제2권의 한 장 (章) '종교의 지양으로서의 하느님의 계시'가 이해되어야 한다. 그의 핵심 주장은 다음과 같은 명제로 대변된다. "'종교'는 무신적 인간의 중요 관심사요 비신앙이다."(327) 이에 따르면 신학은 인간학일 수 없다. 후에 바르트는 '자연신학'에 대한 그의 모진 비난을 교정하고 '종교'를 긍정적으로 평가하고 진술하기는 하였다. 그러나 그의 본래 기점은 20세기 프로테스탄트 신학에 거대하게 영향을 주었다. 그 영향은 유신론과 무신론 저편에 신학의 기초를 마련하려는 신학자들, 그리고 유신론을 기각함으로써 무신론의 기제를 타당한 것으로 파악하려는 신학자들에게까지 뚜렷하게 이어졌다. 다른 한편 헤겔의 변증법은 개신교 신학의 중요 바탕을 이루고 있었다. 전혀 다른 요소를 삼켜 더 큰 합을 이루는 그 방식, 다름과 틀림마저도 (오히려 찾아 나서고) 적극적으로 수용함으로써 부유해지도록 이끄는 그 방식, 그것은 특히 신의 죽음까지도 받아들이고 전제하는 사신 신학자들에게서 드러나고 있었다. 무신론의 변증법적 기능과 역할을 간파하고 활용한 것이었다.

2. 성서적 신앙

대개의 개신교 신학자들에게 무신론은 신앙의 왜곡된 형태에 대한 부정일 뿐이다. 이들은 성서적 신앙을 지키기 위해 희랍철학을 청산하고자

---

9) 참조: H.R. 매킨토쉬, 『현대신학의 선구자들』, 김재준 역, 대한기독교서회, 1973, 258-314.

한다. 예컨대 단틴에 따르면, 무신론의 발생은 헬레니즘의 존재론과 우주론을 통해 기형화된 신론에 그 동기를 두고 있다. 무신론은 변형되고 왜곡된 하느님 상에 대한 일종의 역반응 현상이다. 희랍철학의 신과 성경의 신은 본질에서부터 다르다. 무신론에 직면한 신학이 해야 할 일은 형이상학적 신론, 곧 '유신론'을 청산하는 일이다. 개신교 신학자들에게 '유신론'은 신약성경을 이해하는 데는 필요하지 않을 뿐만 아니라 심지어 방해된다. '유신론적'인 사고방식으로 인해 성경의 창조주 신앙이 훼손되기 때문이다.[10] '유신론'은 부분적 혹은 외형적으로는 여전히 성서적 선포의 옷을 입고 있지만, 그 속살은 그리스도교 이전의 우주론적 형이상학, 종국적으로 "존재론에 묻힌 고대 희랍의 자연철학"[11]이다. 거기서 성경의 '하늘과 땅의 창조주'는 아리스토텔레스의 '부동 중의 동자(動者)', '제1원인'과 동일시되고 있다. 근대 무신론은 바로 이러한 '자연신학'(theologia naturalis)이 거론하는 신을 부정하는 것이다. 이러한 생각으로부터 단틴은 두 가지 상호 밀접한 귀결을 도출해냈다. 우선 그리스도교 신학은 '유신론'과 달리 창조신앙을 공고히 해야 한다. 돌이켜 보면 신학 내에 '유신론'이 우세하던 시기는 그리스도교의 창조신앙이 제 역량을 제대로 발휘하지 못하던 때였다. '유신론'은 "성경의 창조주를 훼손하고"[12] 불투명하게 만든다. 이제는 성경이 말하는 창조신앙의 '반유신론적' 구조를 드러내야 한다. 즉 구약성경의 야

---

10) 참조: W. Dantine, "Der Tod Gottes und das Bekenntnis zum Schöpfer", B. Bosnjak, W. Dantine, Y. Calvez(Hg.), *Marxistisches und christliches Weltverständnis*, Wien/Freiburg, 1966, 65-136; Art. "Atheismus", *Taschenlexikon Religion und Theologie I*, 62ff: "Atheismus unter christlichem Vorzeichen", *Radius* Heft 1, 1964, 37ff.

11) 같은 책, 72.

12) 같은 책, 118.

훼와 여타의 잡신들 사이의 엄격한 상반성이 강조되어야 한다. 야훼가 창조주라는 고백은 잡신과 악마들은 '아무것도 아닌것'(Nichts)으로 선언됨을 의미한다. 야훼 신앙의 배타성은 주위세계의 역사적 영향 속에서도 흐려져서는 안 된다. "바로 이 창조신앙의 비유신적 구조 자체가 반-유신론적 정점을 가지고 있다. 창조신, 유일신론(Monotheismus)은 잡신 세계의 범신론, 다신론(Polytheismus), 일신론(Henotheismus)으로부터 철저히 구별된다. 여타의 잡신들과 야훼 사이에는 이름을 인계하고 타협할 만한 공통점이 도무지 없다."[13]

이러한 입장은 몰트만의 표현에서 단적으로 드러난다. 무신론은 "잘못 이해된 신에 대한 부정"이기 때문에 "구체적으로는 오류가 아니라 진리이고, 반면 '유신론'은 잘못 이해된 신에 대한 긍정이기 때문에 구체적으로는 진리가 아니라 오류"[14]이다. 성경의 창조신앙에 근거하는 하느님 이해는 무신론에 대해 새로운 처신 가능성을 제공한다. 신앙 자체가 '반유신론적'이고 무신론이 본질에 있어 '반유신론적' 특징을 갖는 것이라면 상호 간의 경직된 적대성은 극복될 수 있는 것이다. 그러면서도 동시에 무신론에는 일침을 가할 수 있게 된다. 무신론에 직면하여 신앙인은 이렇게 말할 수 있다. "무신론의 반 유신론적 구조는 창조주 신에 관한 전통적 '유신론'을 겨냥한 것이지 성경의 증언을 겨냥한 게 아니다."[15] "창조주는 무신론의 공

---

13) 같은 책, 121.

14) J. Moltmann, *Theologie der Hoffnung*, München, 1966⁶, 155.

15) W. Dantine, "Der Tod Gottes und das Bekenntnis zum Schöpfer", B. Bosnjak, W. Dantine, Y. Calvez,(Hg.), *Marxistisches und christliches Weltverständnis*, Wien/Freiburg, 1966, 65-136, 118.

격 목표가 아니다. 하느님에 관한 공격적 부정은 성서적으로 합법성이 없는 바의 것을 부정하고 있을 뿐이다."[16] 단틴에 있어서 신앙의 하느님은 이렇게 무신론의 비판을 빗겨나간다. 그에게서 무신론의 독침은 다만 허공을 찌를 뿐이고 그리스도교 신앙은 치외법권을 누린다. 무신론이 공격하거나 부인하는 신은 복음의 하느님이 아니다.[17] 골빗쩌의 말은 단적이다. "무신론자가 부정하는 바는 그리스도인이 고백하는 바의 것이 아니다."[18] 따라서 "무신론과 창조주 신앙 사이의 세기에 걸쳐 싸워온 논쟁은 원래 부적절한 것"[19]이었다.

이러한 개신교 신학자들의 판단은 오로지 신앙 안에서만 하느님이 올바로 인식된다는 기본노선을 지킨 결과이다. 이러한 신학 노선은 무신론의 비판에 아랑곳하지 않고 일종의 무풍지대에서 안도의 숨을 쉬려 한다. 나아가 무신론은 계시 밖에서 거론되는 잡신들을 드러내고 부정한다는 의미에서, 그리고 '유신론'을 척결하려 한다는 의미에서 협력대상이 될 수 있다. 입장이 같으니 무신론자들의 의견에 동의하고 대화를 나누는 가운데 오히려 복음을 위한 기회로 삼을 수 있다는 것이다.

---

16) 같은 책, 119.

17) 참조: G. Ebeling, *Wort und Glaube* (I), Tübingen, 1967³ 362.

18) H. Gollwitzer, *Die marxistische Religionskritik und der christliche Glaube*, Hamburg, 1971⁴, 150; 참조: H. Gollwitzer, *Krummes Holz - aufrechter Gang*, München, 1971⁴, 특히 345 이하.

19) W. Dantine, "Der Tod Gottes und das Bekenntnis zum Schöpfer", 122.

3. 사신신학

'신의 죽음'에 관한 논의는 1960년대 초 미국과 유럽을 중심으로 주로 종교학과 종교사회학의 영역에서 활발하게 일어나 시선을 모았다. 대부분이 비전문 신학자들이라는 점에서 그들의 내용은 단편적이었고, 곧 희망의 신학, 정치신학, 해방신학 등에 흡수되거나 대체되어 오래 논의되지는 못했다. 그러나 용어 자체의 극단성과 현대인의 신학적 갈증, 기존의 전통을 청산하려는 전후 젊은 세대의 요구를 대변한다는 점에서 많은 사람의 호기심과 관심을 끌었고, 비록 전통적 그리스도교의 언어를 극단적으로 피했지만, 무신론의 입지를 인정하면서도 나름의 신학 형태를 도출하는 점으로 인해 그리스도교 측에서 적극적으로 논의되었다.[20]

두 차례의 세계대전을 겪어야 했던 현실의 모순과 고통은 전통적으로 가르쳐 온 하느님의 창조와 섭리를 공허하게 했고, 하느님의 사랑과 전능에 대하여 의문을 제기하게 하였다. 세상이 악에 의해 지배되고 선한 사람이 고통을 당하는 것을 보고도 내버려 두는 무기력한 신의 사랑은 신뢰할 수가 없는 것이다. 그리하여 개신교 신학자들은 전통적 유신론은 현대에 있어서 적절하지 않다고 보고 하느님을 새롭게 전하고자 하였다. 특히 20세기의 개신교 신학을 주도해 온 바르트, 불트만, 틸리히, 니버 등의 신학을 섭렵한 제2세대 프로테스탄트 신학자들은 전통적 그리스도교의 메시지 전달방식이 세속화로 치닫는 20세기 후반의 현실에서 너무나도 동

---

20) 참조: 박봉랑, 『신의 세속화』, 서울, 1983, 57-70, 582-601; G. 하센휫틀, 『하느님 - 과학시대를 위한 신론 입문』, 심상태 역, 성바오로출판사, 1983, 303-360.

떨어져 있는 것으로 보았다. 여기서 현대 교회가 취해야 할 태도와 방향을 위해 몸부림친 본회퍼(D. Bonhoeffer)의 영향을 간과할 수 없다. 본회퍼 본인은 '하느님의 죽음'을 이야기한 적도 사신신학을 의도한 적도 없다. 그러나 앞으로 올 무신의 시대에 대비하여 그가 요구한 교회의 선교 방식과 태도의 변화, 그리고 종간은 이후 개신교 신학의 새로운 정비를 위한 도화선이 되고도 남았다. 그는 피안에로의 '유신론적' 도피는 지성적으로 정직하지 못하다고 보았다. 그리하여 그렇게 "'존재하는' 신, 그는 존재하지 않는다."[21](Einen Gott, den 'es gibt', gibt es nicht)고 하였다. 저 어딘가에 존재한다고들 하는 그런 신은 없다는 뜻이다. 그에게서 무신론은 매우 긍정적인 기능을 지닌다. 무신론은 현실 세계를 해설하기 위해 윤리적, 철학적으로 요청되는 작업가설로서의 초월 신을 폐기하게 함으로써 그리스도인을 여기 지상의 삶에 충실하도록 이끄는 데에 도움이 될 수 있다. 그리스도인이 인간 본연의 현존의식을 회복하고 자립적으로 성숙한 사람이 되게 하는 데에, 세상에 대한 책임감을 강하게 지닌 사람이 되게 하는 데에 이바지할 수 있는 것이다. 인간은 이 세계 안에서 아버지 하느님 없이 생활할 수 있어야 한다. "우리는 하느님 앞에서 그리고 하느님과 함께 하느님 없이 살아가야 한다."[22]

---

21) D. Bonhoeffer, *Akt und Sein*, München, 1956, 52.

22) D. Bonhoeffer, *Widerstand und Ergebung,* München, 1962, 244. 246. "마치 '하느님이 없는 것처럼' 이 세상에서 살아야 한다는 사실을 숙지하지 않는다면 우리는 정직하지 못할 것이다. [...] 하느님 자신이 우리가 이것을 인식하도록 강요한다. 이리하여 우리는 성숙하게 됨으로써 하느님 앞에 있는 우리의 상황을 바르게 인식하게 된다. 하느님은 우리가 하느님 없이 삶의 문제를 해결하는 자로서 살아야 한다는 사실을 깨닫게 하신다. 우리는 하느님이라는 작업가설 없이 이 세계 안에서 살도록 하는 하느님 앞에 언제나

헤겔의 변증법적 사유 형식을 적극적으로 수용하던 개신교 신학은 여기서 무신론을 '유신론'에 대한 안티테제로 해석하고, 그 둘을 종합하는 단계로서 새로운 신학, 곧 사신신학을 계발하게 되었다. 그리하여 이후 무신론을 신학의 내적 전제로 받아들여 언어화하는 흐름이 한 줄기를 이루게 되었다. 그것은 짧은 시기나마 세계적으로 회오리를 일으켰다. 그에 반대하는 의견이 거세고 무수했던 사실이 그것을 간접적으로 증명한다. 이 흐름에서 두각을 나타냈던 이들로 브라운(H.Braun), 쇨레(D.Sölle), 로빈손(J.A.T.Robinson), 바하니안(G.Vahanian) 등을 꼽을 수 있다. 이들은 한결같이 60년대의 상황을 무신론적이라 규정하고 신의 죽음을 기정사실로 받아들였다.[23] 역사 비평적 성경연구를 통해 그리스도교 본래의 것들이 고대 형이상학과 혼합되거나 유실되어왔음을 알아챈 이들은 인간의 기대와 투사에 의해 치장된 채 화석처럼 굳어버린 전통 '유신론'에서 벗어나고자 하였다. 브라운에게 '유신론'의 신은 텅 빈 껍데기요, 공상 속의 수표, 공허한 어휘다.[24] 이러한 신관은 신약성경에서 본래 관건으로 삼는 것, 신앙의 핵심이 되는 것을 파악하고 생활하는 데는 없어도 될 뿐 아니라 오히려 장애가 된다. 이렇게 '유신론' 없이, 즉 무신론의 조건에서도 신약성경이 의도하는 바를 언어화할 수 있다는 의미에서 무신론적 해설의 새로운 가능성이 열

서 있다. 하느님 앞에서 하느님과 함께 우리는 하느님 없이 사는 것이다." D. Bonhoeffer, *Widerstand und Ergebung. Briefe und Aufzeichnungen aus der Heft*, E. Betheke(Hg.), Siebenstern Taschenbuch Verlag Hamburg, 1974[8], 177.

23) 참조: G. 하센휫틀, 『하느님 - 과학시대를 위한 신론 입문』, 323-326.

24) 참조: H. Braun, "Gottes Existenz und meine Geschichtlichkeit im Neuen Testament. Eine Antwort an Helmut Gollwitzer", E. Dinkler(Hg.), *Zeit und Geschichte*(FS R. Bultmann), Tübingen 1964, 297.

렸다. "예수 사건 앞에서 세계관이 된 '유신론'은 얼마나 얼빠진 것이고, 무신론적 입장은 얼마나 사소한 것인가!"[25] "만일 그리스도가 오늘 다시 온다면, 그는 무신론자일 것이다."[26] 사신신학은 복음(하느님)을 이 시대의 무신론적 상황에서 해석하려고 했던 적극적인 시도라는 점에서 높이 평가되었다. 그것은 성경의 하느님을 부각하는 데에 새로운 자극을 주었을 뿐 아니라 새로운 신론을 낳게 하였다. 사신신학은 신 중심의 신학으로부터 인간 중심, 상황 중심, 문화 중심으로, 계시의 신학으로부터 세속화 신학으로의 전환을 촉진하였다. 여기서 신은 '존재'하는 절대자가 아니라 인간의 현실매 활동에서 '발생'하고 역동하는 자로 이해되었다.

다른 한편 이러한 취지가 결과적으로 신앙을 다만 인간에 곤한 주장으로 환원하는 건 아닌지, 신학을 단순히 인간학으로 축소하는 건 아닌지, 그리고 이러한 주장이 여타의 세속적 휴머니즘과 양태만 다를 뿐 같은 지평에 서 있는 건 아닌지 적지 않은 이들이 우려하고 의문을 제기하였다. 이들은 사신신학이 하느님을 내재화하고 세속화하는 중에 성경이 말하는 또 하나의 중요한 차원, 즉 하느님의 거룩함, 인격성, 초월성을 충분히 고려하지 못한다고, 왕왕 인간의 윤리적, 실존적 의식을 하느님으로 고양하고 있다고 지적하였다. 무신론적 기후 앞에서 그리스도교의 하느님을 말한다고 하면서 신학 자체가 무신론적 성격을 가진다는 것은 일종의 무장해제일 뿐 그리스도교의 하느님에 대한 변증이라고 보기는 어렵다. 그러한 주장이 진정한 의미에서 복음을 위한 것이 될 수 있을까? 세속적 기후를 인

---

25) 같은 책, 298.

26) D. Sölle, "Gibt es ein atheistisches Christentum?", *Merkur*, 23, 1969, 33-44, 41.

정한다는 것이 그리스도교 신학과 세속적 문화의 구별을 없애는 걸 의미할 수는 없다. 하느님이 인간의 자의식, 윤리의식, 종교의식과 동일시될 수는 없다. 인간학과 동일시되고 인간학의 특수 형태로 자처하면서 하느님에 대해서는 다만 기능과 암호의 성격만을 말하는 그 같은 신학은 정작 인간과 동료 연대성의 절대적 근거요 지극히 깊은 신비이며 실제로 자유롭고 뛰어난 상대방인 하느님을 희생시키면서 하느님께 대한 신앙은 구해 보려는 모순을 안게 된다. 빈대 잡다가 집을 태우는 격인 것이다. 그러기에 이미 60년대 초반 '무신론적' 신앙의 가능성이 독일 순복음-루터 일치교회로부터 공식적으로 거부되었다는 사실은 놀라운 일이 아니었다.[27]

4. 딜레마

'유신론'에 대한 무신론적 비판이 성경의 신에는 적용될 수 없다는 주장은 예컨대 판넨베르그에겐 설득력이 부족하다. 왜냐면 "그에 해당하는 유비들이 있고 심지어는 구약성경과 초기 그리스도교 신사상의 형태와 주위세계의 종교 형태 사이에 그 생성과정에 있어 너무나도 명백한 맥락이 있는"[28] 때문이다. 무신론자들과의 대화를 중시하는 신앙인이라 해서 무신

---

27) 참조: *Der Atheismus als Frage an die Kirche*, Lutherischen Kirchenamt(Hg.), Berlin/Hamburg, 1962.

28) W. Pannenberg, *Das Glaubensbekenntnis ausgelegt und verantwortet vor den Fragen der Gegenwart*, Hamburg, 1972, 28; W. Pannenberg, *Grundfragen systematischer Theologie*, Gözttingen, 1971.

론적 비판으로부터의 치외법권이 보장되는 가운데 무풍지대에서 안도의 숨을 쉴 수 있는 건 아니다. 실상 포이어바흐 이래 종교비판이 다름 아닌 그리스도교를, 그리고 그리스도교의 신을 반대하여 가해졌음은 어떠한 이유로도 부인될 수 없다. 인간으로부터 주도된 모든 하느님에 관한 언사를 포기함으로써 인간 편에서 발설되는 반대의 비판도, 외부로부터의 어떠한 의문 제기도 불허하겠다는 태도는 무신론의 진실한 도전 앞에 겨우 항복하거나 기권하는 것으로 밖에는 보이지 않는다. 그리스도교에 있어 (인간의) '종교'가 아니라 (신의) 계시가 관건이라고 하는 주장은 정면 대결이 아니라 우회로를 찾아 회피하려는 또 하나의 순진한 호교론 혹은 심지어 궤변으로나 들릴 수 있는 것이다.[29] 무신론의 비판에 대하여 신학은 여기서 결국 속수무책과 무방비로 머물 뿐이다.

신에 대한 '종고적', 철학적 진술을 거절하는 이들의 신학에도 무신론의 불길은 번져 있다. 단적으로 사신신학이 그것을 보여주었다. 사신신학은 '유신론적' 신인식을 첨예하게 비판하던 개신교 신학의 종국적 귀결이었다. 여기서 사신신학을 포함하여 개신교 신학이 안고 있는 딜레마가 드러난다. 신에 관한 그리스도교적 언사에 특별지위를 부여하든가, 아니면 '유신론'에 대한 비판을 그리스도교 하느님께도 확장하든가 해야 한다. '종교'로부터의 극단적 구별을 요구하는 전자의 경우는 일종의 주관적 주장으로서 나타날 뿐이고, 후자의 경우는 그야말로 신학의 종말을 의미하는 것이 된다. 그리스도교 신앙을 '반유신론적'으로 이해함으로써 어떠한 무신론적 비판도 피해 보겠다는 가설은 최종적으로 이같이 쓴맛을 본다. 무

---

29) W. Pannenberg, *Gottesgedanke und menschliche Freiheit*, Göttingen, 1972, 30.

신론에 처하여 정작의 딜레마는 하느님을 오로지 그의 계시에 힘입어, 그리고 하느님에 의해 가능하게 된 신앙 안에서만 인식할 수 있다는 해석학적 전제로 인해 생겨난다. 여기서 그리스도인은 무신론적 비판에 직면하여, 골빗쩌의 말대로, 반박하지는 못하고 겨우 반항적으로 맹세를 반복할 수 있을 뿐이다. 그는 확신할 수 있을 뿐 설명해 보일 수가 없다. 개인적 신앙에 머물 뿐 남과 공유하는 신학이 되지는 못한다. 이 해석학적 거리는 쉽게 극복되지 않는다. 그것은 인간에 의해서는 극복될 수 없고 또 인간적 증명 노력으로는 극복될 만한 게 아니기 때문이다.

제2장

가톨릭 신학

1. 일반 흐름

근대 무신론의 등장과 확산은 무엇보다도 전통적 호고론과 교회에 위기로 다가왔다. 제2차 바티칸공의회에 이르기까지 가톨릭 신학은 근대의 무신론과 그 현상을 논함에 있어 성경과 교부들, 그리고 중세기 스콜라 신학의 방식에 의존하고 있었다. 구약성경에 따르면 "하느님은 없다!"(시편 10,4; 14,1)라는 주장은 버릇없는 악의에서 온다. 왜냐면 창조의 사실과 역사 안에서의 하느님의 지배가 너무나 명백하기 때문이다. 이러한 의미에서 지혜서에 따르면 신을 인식하지 못하는 이는 어리석은 자다. "피조물의 웅대함과 아름다움으로 미루어 보아 그 창조자를 알 수 있는"(지혜 13,5) 때문이다. 신약성경도 이러한 논지를 받아들인다(로마 1,18-20; 사도행전 14,15-16; 17,26-29 참조). 구약성경과 마찬가지로 신약성경도 무신적 태도 안에서는 다만 하느님을 하느님으로서 인정하지 않으려는 악의를 볼 뿐이다. 그것을 주장하는 이들은 지상의 것을 우상으로 섬김으로써 도덕적으로 도착(倒錯)되고 타락된 이들이다(로마 1,24-25; 갈라 4,8; 1테살 4,5; 에페 2,12; 4,17-19 참조).

무신론의 극성을 보는 개신교회가 서로 다른 의견과 태도로 빠르게 임했던 데 비해 가톨릭교회의 대응은 다소 느린 편이었다. 거기에는 많은 까닭이 있겠지만, 무엇보다도 중세기부터 체계를 갖추고 다듬어온 스콜라 신학을 '영원한 학문'으로 공인하고 교회의 공식 학문으로 권장할 만큼 그에 의지하는 가톨릭교회의 의지가 강해서이기도 하였다. 온갖 의문과 물음에 답하면서 정립된 스콜라 신학의 위용은 대단했지만, 격변기의 변화에 신속히 대응하기에는 그 육중함이 도리어 어려움을 주었다고 하겠다. 무신론에 관한 교도권의 명시적인 논의의 모든 형태를 여기서 상세히 다룰 수는 없다. 다만 제2차 바티칸공의회 이후 가톨릭 교도권과 신학은 서서히 본연의 일관성과 패턴을 지니고 파문과 단죄를 넘어 대화와 협동의 관계를 향해 매진해왔음을 언급하는 것으로 만족할 것이다.[30] 무신론과 연관하여 최근 가톨릭 신학에 있어 가장 의미 있는 국면은 의심할 나위 없이 제2차 바티칸공의회가 갈음하였다. 제2차 바티칸공의회의 무신론에 관한 상론은 내용적으로뿐 아니라 외형적으로도 큰 의미를 지닌다. 특히 「사목헌장」이 무신론 문제를 다루는 방식과 태도는 이후의 신학계에 이정표가

---

30) 참조: Franz Padinger, *Das Verhältnis des kirchlichen Lehramtes zum Atheismus*, Wien-Salzburg, Geyer/Edition, 1973; Augustinus Karl Wucherer-Huldenfeld(1-5), Johannes Figl(6-7), "Der Atheismus", (Hg.), W. Kern, H.J. Pottmeyer, M. Seckler, *Handbuch der Fundamentaltheologie 1*, Freiburg/Basel/Wien, 1985, 95-116; 배영호, 『신학의 주제로서의 맑스주의』, 가톨릭대학교출판부, 2000, 205-290.

되었다.³¹ 공의회는 무신론 문제에 3중의 방식으로 접근하였다. 첫째, 무엇보다도 무신론의 발생 사실과 표현방식, 그리고 특히 그 동기를 긍정적으로 평가하였다. 둘째, 무신론의 논지와 자극을 정식으로 자기에 대한 물음으로 삼고 그 발생에 신앙인들이 연루된 사실과 그 책임의 연대를 고백하는 가운데 그것이 하느님에 관한 언행을 정화하는 데 봉사할 수 있다고 밝혔다. 셋째, 분석하고 논의하는 중에 새로운 강조점을 제시하였다. 인간의 실존 체험을 암시하는 가운데 이성을 통한 신인식의 가능성을 보완한 것이었다. 공의회는 인간의 존엄성을 중시하면서도 하느님 없는 인간은 해답 없는 물음으로 머문다는 사실을 부각하고, 신앙이 인간의 존엄성과 가치에 모순되지 않고 오히려 그것에 기초를 주고 완성을 향해 이끈다고 적극적으로 나섰다. 공의회는 이러한 인간학적 논지를 그리스도론적으로 갈무리하였다. 인간을 둘러싼 수수께끼, 인간의 아픔과 죽음의 비밀은 예수 그리스도의 신비 안에서만 참으로 빛을 받아 밝혀진다고 한 것이다.³²

공의회 초기만 해도 서로 다른 예비안에 산재한 채 숨어 있던 무신론이 열띤 논의를 거쳐 최종적으로는 「현대 세계의 교회에 관한 사목 헌장 - 기쁨과 희망」 내 19-21항에 집약되어 정식으로 자리 잡게 되었다. 이 사실은 공의회의 무신론에 관한 진술을 이해하는 데에 중요한 자료요 단서가 된다. 공의회가 진행되면서 뒤늦게 무신론 현상이 중시되고 주제로 채택

---

31) 이 밖에도 「사목헌장」 22항 5, 「교회헌장」 16항, 「주교들의 교회사목직에 관한 교령」 11항과 13항, 「사제의 직무와 생활에 관한 교령」 4항도 무신론에 관하여 언급하고 있다.
32) 참조: Walter Kern, Walter Kasper, "Atheismus und Gottes Verborgenheit", Franz Böckle, Franz-Xaver Kaufmann, Karl Rahner, Bernhard Welte(Hg.), *Christlicher Glaube in moderner Gesellschaft 22*, Freiburg/Basel/Wien, 1982, 5-57, 35f.

된 것이기 때문이다. 또 「사목헌장」 내에서 차지하는 본문의 위치 역시 중요한 의미를 지닌다. 공의회는 '부르심을 받은 교회와 인간'이라는 제목의 제1부에 무신론 단원을 편집함으로써 이 문헌의 인간학적 성격이 짙게 나타나도록 하였다. 이러한 인간학적 지평은 특히 무신론 단원이 제1장('인간의 존엄성')에 들어있다는 사실로부터도 강조된다. 인간을 하느님의 모상으로 보는 견해를 강조한 것이다. 이러한 의도는 무신론 단원의 앞과 뒤의 단원들을 통해 더욱 두드러진다. 바로 앞 단원에서는 죽음의 신비가 다루어졌는데, 이로써 인간 운명의 수수께끼를 절정에 달하게 하는 죽음과 함께 그리스도인과 무신론자들 사이에 상이성에도 불구하고 실존적 공통성이 있음이, 그리하여 대화의 가능성이 있음이 암시되었다. 제1장을 끝맺는 바로 뒤의 항 '새 인간 그리스도' 역시 단순히 그리스도에 관해 말하지 않고 새 인간으로서의 그리스도를 말하는 가운데 인간학적 지평을 강조하고 있다. 이처럼 인간학적으로 정립된 신학을 공의회가 관건으로 삼았음을 무신론을 다루는 그 위치를 통해서도 알 수 있는 것이다. 공의회는 전승된 신앙을 인간학의 테두리 안에서 묘사함으로써 대화의 공동 토대를 마련하고자 했다. 이 점이야말로 무신론을 대하는 공의회의 특징이요 공헌이라 할 것이다. 공의회는 인간 존엄성의 근거를 하느님의 초월성에 정초하는 것으로 무신론의 인본주의적 기조에 대응하였다. 그리하여 무신론의 기조가 단순히 배격되지 않고, 무신론이 인간 존엄성의 수호를 관건으로 삼는 이상 그리스도교 신앙은 동행할 수 있다고 밝힌 것이다. 이러한 견지에서 제2차 바티칸공의회가 무신론의 기조를 인간학적으로 포용하였다고, 「사목헌장」이야말로 무신론과의 대화를 도모한 문헌이었다고 말하게 된다.

2. 부정신학

성서적 신앙을 바탕으로 무신론의 독침을 무력화하던 개신교 신학의 기획을 앞서 살펴보았다. 무신론의 예봉을 꺾기 위해 가톨릭 신학이 취한 우회의 방법은 인간 인식의 한계를 지적하는 것, 이른바 부정신학의 전통을 회상하는 것이었다. 무신론이 하느님에 관한 언어를 무분별하게 사용한다고 본 것이다. 급하게 믿는 사람들, 주관적 판단을 너무 깊이 확신하는 사람들은 대개 스스로가 만든 신상에 정신을 잃고 있기가 십상이다. 하느님의 말씀으로 위장한 인간의 말, 신학의 덧칠과 수다가 기승을 부렸던 경우도 많았다. 근대 이후의 무신론은 바로 그런 풍토에서 성겨난 신상들에 대한 비판이었다고 보는 견해가 가톨릭 측에서 강하게 부각한 것이었다.

진실한 마음으로 신앙하는 이들은 하느님을 늘 더 크신 분으로(Deus semper Major) 체험한다. 하느님은 객관적으로 묵상하기에는 너무나 가까이 계시고, 주관적으로 명상하기에는 너무나 멀리 계신다. 그리하여 신학 안에는 애초부터 하느님에 관한 긍정적 진술과 부정적 진술 형태 사이에 풀리지 않는 긴장이 있었고, 그 사이에서 유비론이 계발되고 있었다. 인간에게 하느님에 대한 범주화는 포기될 수 없다. 하느님은 유한한 인간에 의해 생각될 수 없지만, 생각되지 않을 수도 없는 것이다. 벨테에 의하면 이러한 긴장의 틈에서 무신론이 피어난다. 무신론은 일차적으로는 직접적 실재요 파악 가능한 존재자를 마치 최고요 유일한 존재처럼 생각하고 정작 무한하고 파악할 수 없는 바의 것을 아무것도 아닌 것처럼, 혹은 아예 없는 것처럼 여기는 데서 생겨난다.[33] 그리고 이차적으로는 무한한 것이 유한한 것으로, 하느님이 설사 최고의 존재자일지라도 여하튼 '존재자'로서 사유되는 데서 무신론이 발생한다. 이에 따라 무신론의 여러 형태(부정적 무신론, 방법적 무신론, 비판적 무신론, 반유신론, 허무주의적 무신론, 적극적 무신론, 휴머니즘)가 나타나는 것이다. 벨테는 특히 토마스 아퀴나스와 마이스터 에카르트 그리고 하이데거에게서 부정신학의 전망을 발견하고 무신론 해설에 적용하였다. 이들의 공통점은 무엇인가? 그들은 한결같이 형이상학의 표상 방식이 지닌 한계를 극복하고자 하였다. 벨테는 형이상학의 신개념에 의문을 제기함으로써 그러한 신개념으로 인해 불붙었던 일부 무신론의 비판을 상대화하고자 하였다. 벨테에 의하면 이러한 취지가 특히 토마스 아퀴나스에게서 발견되고 있다. 보통 토마스는 개념 신학의 아버지로 상상되지만, 토마스 저작의 결정적 근간인 또 다른 전망도 함께 주목해야 한다. 그것은 하느님이 범주적인 방식으로는 다 진술되지 않는다는 명제로 대변된다 (Quod Deus non sit in aliquo genere).[34] "하느님에 대한 인간의 최종적 인식 즉 하느님이 누구인가 하는 것은 우리가 그에 관해서 알고 있는 모든 것을 넘어선다는 것을 인식하는 한에서 하느님을 인식하지 못한다는 것을 인식하는 것이다."[35] 벨테는 심지어 에카르트와 연계하여 "형이상학의 극복"을 언급하는 하이데거에 대응했다.[36] 토마스와 에카르트의 기점은 형이상학의 산

---

33) 참조: B. Welte, "Die philosophische Gotteserkenntnis und die Möglichkeit des Atheismus", *Concilium 2*, 1966, 399-406, 403.

34) *S.th.I*, 3, 5; *S.c.gent.I*, 25. B. Welte, *Zeit und Geheimnis. Philosophische Abhandlungen zur Sache Gottes in der Zeit der Welt*, Freiburg/Br., 1975, 221, 각주 4).

35) *Quaest. disput.* de potentia q7, a5, ad14; 재인용: G. Hasenhüttl, 『하느님 - 과학 시대를 위한 신론 입문』, 심상태 역, 서울, 1983, 279.

36) B. Welte, *Zeit und Geheimnis. Philosophische Abhandlungen zur Sache Gottes in der Zeit der Welt*, Freiburg/Br., 1975, 217.

물 혹은 그 반작용으로서 해설되는 저 '비판적 무신론'에 대한 답변으로 이해될 수 있다는 것이다. 비판적 무신론이 하나의 존재자로서 생각되고 그로써 또한 하나의 유한한 사물이 될 수 있는 하느님에 반항하고 그렇게 개념적으로 확증된 하느님에게 죽음을 선고하는 것이기 때문이다. 그러기에 형이상학의 한계를 지적하고 극복하려는 벨테의 기점은 이제까지 개념적으로만 이해되던 신은 죽었다고 주장하는 '비판적' 무신론에 대한 좋은 응답이 될 수 있다. 무신론의 비판은 객관 대상으로서의 하느님을 향하고 있는 것이기에 표적 없는 비판이 되는 것이다. 여기서 우리는 적어도 무신론을 극복하는 방법 중의 한 개가 개진되었다고 말해도 좋은 것이다.

그러나 성서적 신앙에 바탕을 두고 무신론의 공격을 피하려던 개신교 신학이 처하던 딜레마는 비록 다른 색깔이기는 하지만 이러한 입장에도 적용될 수 있다. 마찬가지로 이러한 부정의 생각을 극단화할 때 하느님에 관한 언사가 아예 불가능하게 되지는 않을까? 인간의 언어, 인식의 한계가 분명하다면 신학은 무신론과 동반 자살이라도 해야 하는 게 아닐까? 신인식이 불가능한 것이라면 신학의 미래는 보장되는 것인가? 알지도 못하는 것에 대하여 말하는 자가 아닐진대, 그리고 불가지론의 늪에 투신하는 자가 아닐진대 그리스도교는 이제 이 문제를 어떻게 타개할 것인가? 물론 부정신학의 원래 관심사는 신인식을 부정하는 데에 있는 게 아니었다. 그것은 도리어 인식의 어려움을 딛고 신인식을 정련하는 데에 있었다.[37] 계시만을 중시하는 개신교 신학과는 달리 가톨릭 신학은 대대로 인간의 신인식을 긍정하고 그 전통을 중시해왔다. 그렇다면, 이제 부정신학의 전통까

---

37) 부정신학의 발원과 의미에 관한 좀 더 상세한 내용은 본서 제3부를 참조할 수 있다.

지도 귀히 여기는 가톨릭 신학은 어떠한 전망을 지니고 신인식을 긍정하는 것이며 무엇을 보여주려 하는가?

3. 인간학적 전환

데카르트와 계몽주의, 칸트의 철학과 독일의 관념론, 그리고 20세기의 현상론과 실존주의는 모두 인간을 세계이해의 중심이요 주체로 삼는 데에 역점을 두고 있었다.[38] 근대 무신론을 대표하는 포이어바흐와 마르크스, 니체와 프로이트 역시 그러한 토대 위에서 그리스도교의 신앙 내용이 인간의 자유와 성숙에 방해된다고 보고 인간 자신의 투사와 환상의 산물이라며 배격하였다. 이들은 신앙을 인간학의 차원에서 관찰하고 환원하고자 하였다. 이러한 비판을 피하거나 우회하지 않고 상면하여 철저하게 대응하기 위해서라도 신학은 불가피하게 자신의 논지를 인간학의 바탕에 두지 않을 수 없게 되었다. 이는 가톨릭 신학이 하느님을 더는 고대의 신화론에서처럼 세계 위에 군림하는 절대 지배자나 우주론적 사고에서처럼 세계 피안의 초월자로 내세울 수는 없게 되었음을 의미한다. 그리하여 하느님을 세계 안에 현존하는 인간의 심층 소인이요 주체의 성취 지평으로 설정하고, 그렇게 함으로써 인간이 필연적으로 신을 향하고 있음을 밝히는 길을 모색해야만 하게 되었다. 이것이 유신론의 근거를 제시하고 무신론의

---

38) 참조: K. Rahner, *Schriften zur Theologie*, Bd. *VIII*, Einsiedeln, 1967, 56; K. Rahner, "Grundsätzliche Überlegungen zur Anthropologie und Protologie im Rahmen der Theologie", *Mysterium Salutis II*, 414.

극복 가능성을 개진하는 현대신학의 길이 되었다. 여기서 무한에 대한 갈망과 영원을 향한 동경, 아름다움에 대한 추구와 사랑에 대한 바람을 지니고서 자아를 실현하고 완성해 가는 인간에게는 필연적으로 종교가 전제되고 수락되어 있다고 보는 견해가 강하게 등장하였다. 이에 따르면 "절대자를 향하도록 재촉하는 빛과 진리에 대한 욕구를 지닌"[39] "인간이 곧 신 존재 증명"[40]이다. 이러한 입장은 동시에 부정신학이 제기하는 하느님 인식의 난제를 풀어가는 길이기도 하였다. 이것이 초월 신학의 틀 안에서 하느님 인식의 가능성과 무신론을 해명하는 칼 라너에게서 단연 명시적으로 드러나고 있었다.

1) 신학의 장으로서의 인간학

하느님은 인간이 직접 그 고유한 핵심까지 파악할 수 있는 어떤 대상이나 사실이 아니라는 건 부정신학을 통해, 그리고 무신론적 비판을 통해 너무나도 확실해졌다. 그런데 절대자에 대한 이성적, 자연적 인식이 불가능하고 형이상학적 진술이 부인되는 경우 그리스도교 신학은 그 기초부터 위협받기 마련이다. 그렇다면 신인식의 어려움을 전제하면서도 학문으로서의 형이상학과 신학의 존립과 기초를 놓는 일은 어떻게 가능한가? 이 물

---

39) 베네딕토 16세, 『기도』, 22. "인간은 하느님께 향하고 그분께 기도할 수 있다는 사실을 어떻게든 알고 있습니다." "하느님의 상이 인간의 본질에 새겨져 있기에, 인간은 실재의 깊은 의미와 상관된 질문에 답하기 위해 빛을 찾을 필요를 느낍니다."(베네딕토 16세, 『기도』, 20) "하느님을 향한 갈망은 인간의 마음속 깊이 새겨져 있다. 인간은 하느님을 향하여, 하느님에게서 창조되었기 때문이다."(『가톨릭교리서』 27항)
40) 발터 키른, 『무신론 마르크스주의 그리스도교』, 김진태 역, 가톨릭대학교출판부, 2009, 29.

음에 새롭게 답함으로써 가톨릭 사상을 쇄신하는 근간이 지난 세기에 마련되었다. 특히 마레샬(J. Maréchal 1878-1944)은 의식적으로 칸트의 '초월론'을 중개하며 존재론을 다루었고, 그의 이름으로 학파를 형성한 일군의 학자들은 칸트를 넘어 하느님 인식의 가능성을 새삼 제시함으로써 20세기 가톨릭 신학에 새 기운을 일으켰다.[41] 칸트는 존재 자체와 현상의 상반성을 절대적인 것으로 상정하였다. 여기서 인식은 절대 존재의 영역에는 이르

---

41) 마레샬은 존재에 대한 토마스의 시각을 고스란히 다시 찾으려는 노력 때문에 신토마스주의자(네오토미즘)로 불리기도 한다. 대개 그의 제자로 분류되는 롯쯔(J.B. Lotz), 브루거(W. Brugger), 라너(K. Rahner), 벨테(B. Welte), 코레트(E. Coreth), 그리고 이들에게서 신학을 학습한 제자들을 단일한 그룹으로 분류하는 데는 문제가 없지 않다. 그들 각자의 출발점과 강조점이 상이하기 때문이다. 그러나 그 밑바탕에서는 같은 목표에 도달하려는 의지를 공유하고 있었기에, 즉 인간 정신과 존재의 상관성을 증명해내는 일, 주체의 존재론적 정체(Konstitution)를 밝히는 일이었기에 상이성에도 불구하고 하나의 단일한 그룹으로 소개한다고 해서 그것이 부당하다 볼 수는 없을 것이다. 참조: W. Philipp, "Neuthomismus", *RGG*³ IV 1441; O. Muck, *Die transzendentale Methode in der scholastischen Philosophie der Gegenwart*, Innsbruck, 1964; "Die deutschsprachige Marechal-Schule – Transzendentalphilosophie als Metaphysik: J.B.Lotz, K.Rahner, W.Brugger, E.Coreth u.a.", *Christliche Philosophie im katholischen Denken des 19. und 20. Jahrhunderts, Bd.2*, Coreth, Neidl, Pfligersdorffer(H.g.), Graz/Wien/Köln, 1988, 590-622(오토 묵, "독일의 마레샬학파, 형이상학으로서의 초월철학", 김진태 역, 신학전망 24, 1998, 170-225; H. Holz, *Transzendentalphilosophie und Metaphysik. Studie über Tendenzen in der heutigen philosophischen Grundlagenproblematik*, Mainz, 1966; H. Verweyen, *Ontologische Voraussetzungen des Glaubensaktes*, Düsseldorf, 1969; K.Lehmann, "Transzendentalphilosophie", *LThK X* 316; P .Eicher, *Die anthropologische Wende*, Freiburg, 1970, 11; M. Müller, *Existenzphilosophie im geistigen Leben der Gegenwart*, Heidelberg, 1964³, 255f; H. Vorgrimler, *Karl Rahner. Leben-Denken-Werke*, München, 1963, 50; W. Wieland, "Ontologie", *RGG*³ IV 1635; 심상태, 『익명의 그리스도인. 칼 라너의 신학과 다원적 종교의 세계』, 분도출판사, 1999; "칼 라너의 토마스 수용", 김진태 역, 신학과 사상 30호, 1999, 200-229; 이찬수, 『인간은 신의 암호』, 분도출판사, 1999; 에버리히 코레트, 『전통 형이상학의 현대적 이해』, 김진태 역, 가톨릭대학 출판부 2000; 이규성, "초월 철학과 신학: 칼 라너의 사상을 중심으로", 신학전망 216, 2022, 2-44.

지 못하고 다만 속절없는 체험의 현상 영역에 제한되어야 했다. 인식에 대한 이러한 제한은 특히 존재론과 절대 존재에 관한 가르침을 근본으로 삼고 있는 전통 형이상학과 신학을 그 중심부에서 흔들어 놓았다. 마레샬은 바로 이러한 칸트의 문제의식을 존중하면서도 동시에 극복하고자 하였다. 그는 하느님이 인간의 지성에 의해 '입증'될 수 있는 존재가 아니라는 사실을 인정하면서도 인간 인식의 내부 조건을 통해 하느님이 알려지고 개방될 수 있다는 것을 드러내고자 했다. 그리하여 절대 존재, 즉 하느님에 대한 인식을 실천이성의 영역으로 미루었던 칸트와는 달리 이미 순수이성의 차원에서 인간이 본질적으로 절대 존재를 향해 열려 있으며, '초월론적' 방법을 통해 절대 존재가 긍정될 수 있고, 이렇게 인식의 선험적 조건을 살핌으로써 인간이 적어도 함축적으로 무한자를 알게 된다고 밝혔다. 인간 이성은 무한자와 역동적인 관계에 있기에 단순한 유한자로 함몰되지 않고 긍정적으로 부상하며, 이 관계야말로 유한자를 떠받쳐 주는 원천적 조건이라는 것이다. 그 때문에 무한자가 공허한 관념으로 남지 않고 유한자 안에 들어온다고 하였다. 마레샬을 따르는 이들의 시도도 이러한 방향에서 추진되었다.

마레샬학파를 대표하는 이들 중의 하나인 라너의 사유에는 (중세) 토마스의 형이상학, (근대) 칸트의 초월 철학, 그리고 (현대) 하이데거의 실존 현상학이 두루 침투되어 있다. 그는 우선 칸트의 방법론을 사용하면서도 칸트와는 구분되는 길을 갔다. 수평적 선험성만을 보면서 신과 같은 초월자를 실천이성의 영역으로 미루던 칸트와는 달리 그는 마레샬처럼 수직적인 방향, 즉 종교적 깊이의 세계에 있는 신에 대한 앎의 가능성까지도 보았다. 라너가 '초월론적' 인식조건을 묻는 점에서는 칸트에 연결되고 있지만, 존재로의 초월을 인정하는 점에서는 구별된다고 하겠다. 이제 어떻게 무한한 신이 유한한 인간에게 알려지는 것이며, 어떻게 범주 세계의 인간이 초월의 세계를 말하게 되는가? 라너에게도 신학은 물론 종교철학도 인간 자신에 의해 구성되는 명제들의 체계가 아니라, 비록 인간의 언어로 이루어진다고 하더라도, 인간을 향한 하느님의 말씀을 '이미 빛으로 밝혀진 정신으로 귀 기울여 듣고' 성찰하는 학문이다. 신학의 학문적 정초 작업은 바로 이 하느님의 말씀을 들을 수 있는 인간의 선험적 조건을 제시하는 작업인 것이다.[42] 여기서 라너는 인간이 선험적으로 이미 신적 세계를 알아들을 수 있도록 틀지어져 있어서 이미 근원에서부터 신을 만나고 있다고 본다. 인간은 하느님의 계시를 인식하고 받아들일 '초월론적' 구조를 선험적으로 지니고 있다. '초월론적' 구조란, 칸트가 밝혔듯이, "주체 자신 안에서의 인식 혹은 행위 가능성의 필수 조건을"[43] 묻는 방식을 취한다. 여기서 주목되는 것은 신에 대한 인식과 체험을 가능하게 하는 인간 내부의 조건이다. 라너는 하느님이 인간의 본성에 선행하면서도 인간의 본성을 그대로 긍정하고 수용한다는 사실을 인간의 주체성 안에서 보고자 한 것이었다. 이러한 기획은 신학의 "인간학적 전환"[44]을 불러왔다. 인간학적 바탕은 라너의 철학 및 신학의 전체입장에 있어 기반을 이룬다. "늘 이미 인간에 관한 그 무엇을 말하지 않고는" 하느님에 관하여도 말할 수 없다.[45] 이렇게

---

42) 참조: 칼 라너, 『말씀의 청자』, 김진태 역, 가톨릭대학교출판부, 2004, 18-27.

43) K. Rahner, *Schriften zur Theologie*, Bd. VIII, Einsiedeln, 1967, 44; 참조: 본서 각주 50.

44) 참조: P. Eicher, *Die anthropologische Wende*, Freiburg, 1970.

45) *Anthropologie und Protologie*, 406. 라너는 철학이 하느님의 복음을 들을 수 있는 인간을 형성해준다는 의미에서 그리스도교적이라고 말한다. "올바로 이해하기만 한다면 철

"신학의 장소는 인간학"[46]이라고 말하는 라너의 생각은 근대의 무신론과 부정신학을 분석하는 데 있어 매우 중요하다. 그것이 하느님을 세계 내 다른 많은 원인과 병존하는 또 하나의 원인이나 객관 대상으로 제시하지 않으면서 근대의 인간학적 전환을 중시하고 인간의 존엄성을 드높이기 때문이다. 라너는 인간은 인간이라는 이유만으로 이미 하느님의 음성을 들을 수 있는 조건을 지니고 있으며, 경험하는 세계의 모든 유한을 넘어 무한을 향해, 궁극적으로 하느님을 향해 초월하는 구조를 갖추고 있다고 보았다. 인간은 하느님의 은혜로운 계시를 인식하고 받아들일 가능성을 이미 자신 안에 지니고 사는 것이다.

2) 무신론자들의 함축적 유신론

라너가 '함축적 신인식'을 먼저 무신론과의 관계에서 구명한 것은 아니었다. 자신의 종교철학 사상을 처음부터 규정하고 있던 주제를 여기서 구체화하였을 뿐이다. 그 주제란 '인간은 하느님을 (함축적으로) 인식한다.'라는 것이다. 그에 따르면 무한을 향해 자신을 개방하는 인간은 불가피하게 하느님에 연계되고 있다. 그리고 이러한 절대자를 향한 인간의 정신 자체가 무신론을 반박한다. 이러한 전망은 라너가 허무주의와 회의주의를 기각하는 곳에서, 그리고 '질문'과 '선취'가 이루는 맥락을 그 근거로 드는 데서 잘 드러난다. 인간이 신을 인식한다는 라너의 주장을 받치는 지렛대는 '질문'이다. 질문의 배경과 조건, 그리고 그 효력을 성찰하는 데서 그것

학은 항상 대림(待臨)이고, 복음에 대한 준비이며, 따라서 그 자체로 그리스도교적이다."(라너, 『말씀의 청자』, 235).
46) 같은 책.

이 드러나기 때문이다. 질문은 그 어떤 출처(ein Woher)를, 곧 답이 가능하기 위한 원리를 품고 있다.[47] 모든 질문에는 전제된 바가 있다. 우선 답을 원하지 않거나 필요로 하지 않는 물음은 스스로 힘을 잃고 포기된다. 제기될 이유가 없기 때문이다. 그리고 전적으로 미지의 것은 의문을 유발할 수조차 없다. 그러니까 알고는 있으나 다 알지는 못할 때 질문은 의미를 지니고 제기된다. 물음과 그 물음을 제기하는 인간은 근원적으로 언제나 통일성을 이루고 있다. 여기서 라너는 존재에 대한 물음을 제기하고 답을 구하는 일이 인간에게 필연적이기에 형이상학의 단념은 아예 가능하지 않다고 본다. 그에 따르면 형이상학은 근본적으로 "'존재자로서의 존재자'의 존재에 대한 물음, '존재'의 의미가 어떠한 것인가에 대한 물음"[48]을 다룬다. "형이상학에 있어 모든 물음의 시작이요 끝, 목표요 출처는 존재다."[49] 이때 묻는다는 말은 매 경우 물음의 내용과 대상이 없지 않고 있다는 사실을 전제한다. 그리고 이 '있음'에 관해 묻는다는 것은 인간 안에 이미 존재 일반에 대한 일종의 선행적 앎이 함축적으로라도 들어있음을 전제한다. 라너는 이렇게 존재에 관한 질문 속에 포함되거나 둘러싸고 있는 존재 일반에 대한 잠정적 지식을 주목하고, 그로부터 존재의 '근본적 인식 가능성'을, 형이상학의 존립을 긍정하기에 이른다. 그는 "모든 존재자가 그 자체로, 자

---

47) 참조: K. Rahner, *Hörer des Wortes. Zur Grundlegung einer Religionsphilosophie*. Neu bearb. v. J.B. Metz, München, 1963, 50-62(이하 HdW); 라너, 『말씀의 청자』, 50-63; P. Eicher, *Die anthropologische Wende*, 114-152, 153ff; O.Muck, *Die transzendentale Methode*, 202ff; 이찬수, 『인간은 신의 암호』, 분도출판사, 1999, 41; 에버리히 코레트, 『전통 형이상학의 현대적 이해』, 김진태 역, 가톨릭대학 출판부 2000, 50-72.

48) K. Rahner, *HdW*, 49. 라너, 『말씀의 청자』, 48-49.

49) 같은 책, 55.

기 존재의 힘으로, 즉 본질적으로 가능한 모든 인식을 향해 내적으로 정향되어" 있으며, 따라서 "인식 가능성이 존재자 자체의 존재론적 규정"[50]으로 주어져 있고, "이 인식 가능성은 모든 개별 존재자의 초월론적 규정"[51]이라고 보았다. 묻는 자는 이미 형이상학자인 것이다. 존재의 물음은 필연적으로 인간 현존재에 속해 있다. 모든 명제에는 존재에 관한 물음이 함께 내포되어 있기 때문이다. 인간은 생각하고 말하지 않고는 인간으로 존재할 수가 없다. 그런데 모든 진술은 한 특정 존재자에 관한 진술이고, 이것은 존재 일반에 관해서 비명시적이기는 하지만 선행하는 지식을 배경으로 삼아서 이루어진 것이다. 다시 말해, 질문되는 존재는 질문자의 질문 속에 이미 (비명시적이기는 하나) 알려진 것일 수밖에 없다. 어떻게든지 그 존재가 질문자의 질문 속에 이미 알려져 있다면 그 존재 물음은 그렇게 묻는 질문자 자신의 내적 구조를 반영하는 것이 된다. 질문자가 질문을 던질 때, 그 질문의 내용이 이미 그 질문자 안에 (함축적으로) 갖추어져 있는 탓이다. 이러한 입장으로부터 라너는 인간은 선험적, 구조적으로 하느님을 인식하게 된다고, 하느님 인식은 비 주제적이고 무명의 형태이기는 하지만 인간 안에 이미 주어져 있다고, 그 때문에 인간은 존재에 절대 가방되어 있다고 본

---

50) 같은 책, 56. 라너, 『말씀의 청자』, 57.

51) 같은 책, 57. 라너, 『말씀의 청자』, 58. 이 말은 "인식 가능성이 외부에서 존재에 덧붙여지는 것이거나, '우연히 해당 존재자를 파악할 수 있게 된 인식과 그 존재자 사이의 관계'로서 존재자 자체의 외부에 있는 어떤 관계에 불과한 것이 아니라는 것, 오히려 인식 가능성은 존재자의 본질 규정에 처음부터 '존재자 자체에서 출발하여' 내적으로 속하고, 존재의 명광성의 지평인 존재 자체에 대하여 말할 때 이미 언급한 것을 명시적으로 말하는 것일 뿐이라는 것을 의미한다."(같은 책, 59) 이로써 라너는 형이상학적 비합리주의가 애초부터 배제된다고 본 것이었다.

다. 라너의 인간학은 "존재를 향한 초월성은 다름 아닌 인간의 기본 규정이다."[52]라고 요약된다. 라너는 이 명제가 '존재의 자기 자신과 함께 있음'에 관한 토마스 아퀴나스의 견해와 일치한다고 보았다.[53]

인간이 제한된 대상에 매여 머물지 않고 그것을 넘어서는 것은 어떻게 가능한가? 그 가능성의 조건은 무엇인가? 라너는 이 가능성의 근거를 존재를 향한 '선취'(Vorgriff)에서 본다.[54] 어떤 대상을 그 대상으로 파악할 수 있으려면 이미 그 대상의 한계를 넘어 '그 이상'을 지향하고 있어야 한다. 이 조건과 능력이 '선취'이다. 인간에게는 이 선취능력이 부여되어 있다. 인간은 세계의 밑바닥에 거주하면서도 세계 밖을 그리워하고 세계를 끝없이 넘어서고자 하는 존재, 자신을 영으로 경험하는 존재이다. 그 때문에 인간의 유한성 경험은 동시에 초월을 경험하는 것을 의미한다. 자신이 세계 '안'에 던져져 규정되고 제한되어 있음을 자각하는 인간은 곧 그 제한성을 넘어서고자 하기 때문이다.[55] 이 자각이 무한한 지평을 연다. 유한이 무한을 열어주는 것이다. 그러나 과연 유한이 무한을 열어줄 수 있는가? 인간

---

52) 같은 책, 71; 참조: 라너, 『말씀의 청자』, 75.

53) 참조: 라너, 『말씀의 청자』, 58-73.

54) 참조: 같은 책, 83-94.

55) 라너는 동시에 인간이 자신의 고유한 유한성, 우연성, 피투성을 결연히 인식할 때만 존재의 참된 무한성을 깨달을 수 있음을 강조한다. 인간은 자신의 유한성을 인정하고 그런 자신과 함께할 때 존재 일반에 관해 묻고 알게 되기 때문이다. 우연적인 사실이 그 자체로 자신의 긍정을 요구하는 불가피성이 있다. 묻는 인간은 자신의 우연성을 필연적으로 긍정하는 가운데 우연성 속에 있는 자신의 현존재를 그 우연성에도 불구하고 무조건적인 것, 절대적인 것으로 긍정하게 되는 것이다. 달리 말하자면, 우연적 사실의 긍정이 불가피하게 필연적이기 때문에, 우연성 자체에서 절대성이 드러난다고 하겠다. 그렇게 인간은 존재의 명광성과 존재 일반을 향한 자기 고유의 초월을 긍정하면서 하느님 앞에 선다(참조: HdW, 105-116; 칼 라너, 『말씀의 청자』, 112-126.).

은 자신의 유한성을 의식하기 때문에 현 상황에 대해 의문을 제기하고 그
것을 넘어서고자 한다. 그러므로, 라너에 의하면, 이때의 유한이란 단순한
유한이 아니다. 그것은 유한이되 무한에 근거를 둔 유한이다. 인간은 유한
하지만, 이미 무한을 향하는 존재이기에 근원적인 차원에서 보면 유한을
타파하고 있는 유한이다. 그런 점에서 유한이 유한을 알려주는 자리, 그 자
리는 유한을 넘어선 자리, 즉 무한이 열리는 자리가 아닐 수 없다. 이렇게
유한이 자각되는 곳에서 무한이 탈 은폐되는 것이다. 여기서 인간은 무한
이 이미 유한의 지평으로 자리 잡고 있음을 자각한다. 이런 점에서 유한의
자각과 함께 이미 인간의 초월이 이루어진다고 말하는 것이다. 각개의 판
단에서 무한 존재를 향한 선취가 발생하는 한, 그리고 이러한 판단이 인간
존재의 필연에 속하는 한, 존재와 무한성의 선취는 필수적으로 인간 현존
재의 기본이해에 속하는 것이다.

여기서 라너는 무한한 존재 지평으로서의 하느님이 인간 실존 안에
자신을 내어준다고 믿는다. 하느님의 자기 전달 곧 계시가 바탕이고 배경
이라는 뜻이다. 이것이야말로 그리스도교의 근본 신념이자 온 인류가 처
한 실존론적 상황이다. 매 인식은 동시에 하느님에 대한 함축적 인식이기
도 하다. 인간은 각자의 행위 안에서, 설사 그것이 "잃어버린 일상생활" 중
일지라도, "그 자신이 명백하게 의식하든 않든 혹은 그가 원하든 않든"[56],
무한을 향해 개방되어 있다. 인간이 당장 무엇을 하고 있는지는 상관없다.
매 정신적 행위에서 인간은 끊임없이 하느님을 체험하고 있다. 이는 특정
종파의 신앙인에게만이 아니라 모든 이의 실존에 현존하는 무조건적이고

---

56) HdW 86; 참조: *Schriften X*, 134

보편적인 사실이며, 전 인류에 적용되는 객관적인 사실이다. 인간은 이러한 원천적이고 객관적인 현실 안에 들어있고, 이 현실은 인간 실존과 함께 이미 주어져 있다. 그러기에 하느님을 체험하는 것은 몇몇 신비주의자들만의 특권이 아니다. 비록 반성의 힘과 명료성에는 차이가 있지만,[57] 그 체험 가능성은 모든 사람에게 부여되어 있다. 라너에 따르면 하느님은 하느님을 부정하는 행위 안에서조차 긍정된다. 인간은 하느님의 일반적 구원 의지를 통해서 애초부터 당신 자신을 전달하는 하느님의 은총으로 형성되고 둘러싸여 있기에 존재론적으로 은총에 의해 들어 높여져 있으며, 그의 인식 차원 역시 초자연적이다. 하느님은 "이 불가피성과 최종적 구조로 말미암아 부정과 의심의 행위 안에서조차 함축적으로 긍정된다."[58] 이러한 발언은 무신론에 대한 분석에 있어서 아주 중요한 의미를 띤다. 무신론적 부정 안에서도 하느님에 대한 '예'가 말해지고 있다는 말이기 때문이다. 이

---

57) 참조: 같은 책, 83. 하느님은 선취를 통해 인식된다. 여기서 이 중개의 성격이 간과되어서는 안 된다. 선취를 통한 하느님 인식은 직접적이지 않다. 절대 존재(esse absolutum)의 체험은 늘 다만 중개로만(vermittelt) 가능하다. '함축적'이라는 개념이 의미하는 바가 그것이다. 절대자는 선취를 통해 "함축적으로 함께 긍정될" 뿐이다(K.Rahner, *Geist in Welt. Zur Metaphysik der endlichen Erkenntnis bei Thomas Aquin*, 2.Aufl., überarb. v. J.B.Metz, München, 1957, 190). 라너에 따르면 이 점에 형이상학의 한계가, 그리고 형이상학의 하느님에 관한 논의의 한계가 놓여 있다. 하느님의 실재는 논리의 손길에서 빠져나가 있고, 그래서 그것은 다만 선취적으로 파악될 뿐이다. 이렇게 함축적 인식 안에서 이루어지는 하느님에 관한 인식이 직접적이지 못하다는 사실은 질문자가 질문된 존재에서 떨어져 있는 점에서도 드러난다. "물음의 무한한 지평은 인간이 자기에게 대답을 하면 하는 만큼 더욱더 후방으로 물러가는 지평으로 경험된다."(칼 라너, 이봉우 역, 그리스도교 신앙 입문. 현대 가톨릭 신학 기초론, 분도출판사, 1994, 52). 이는 인간에게는 "어떤 대답도 항상 새로운 물음의 시작일 뿐"(같은 책, 53)임을, 그리하여 '이미'를 깨닫는 순간 언제나 '아직'이라는 답을 얻을 뿐임을 뜻한다.

58) *Schriften X*, 134.

로부터 하느님과의 관계란 어차피 "피할 수 없고 도망갈 수도 없고,"[59] 따라서 엄밀한 의미의 두신론이란 있을 수 없다고 말하게 되는 것이다.

3) 탓 없는 무신론

하느님이 이미 인간의 본성에 당신을 내어주었으므로 자아를 철저하게 수용하는 것은 동시에 하느님을 수용하는 것이 된다. 이때 인간은 하느님 '안'에서 하느님을 체험하는 것이다. 그러기에 인간의 자유와 하느님의 은총이 반비례하는 게 아니다. 하느님은 인간을 인간답게 해주는 근거이자 목표이다. 자유를 본질로 하는 절대 존재가 개개의 인간 행위의 내적 소인인 까닭에 인간이 하느님에 의존하는 그 만큼 그는 더 자유롭다. 이것이 근대의 휴머니즘을 배경으로 제기되던 무신론에 주는 라너의 답변이다.

라너는 인간이 하느님을 대하는 네 가지 방식을 구별한다. 이 분류의 기준은 인식과 자유로운 의지에 의한 결단이다. 인식 차원에서는 다시 한 번 '명시적'인 인식과 '비명시적'(함축적) 인식이, 의지의 차원에서는 긍정(동의)과 부정(거부)이 나뉜다. 그리하여 때마다 쌍 고리 속에 나타나는 분류원칙(인식/의지, 명시적/비명시적, 동의/거부)이 라너의 형이상학 초안에 자리하고 있다. 라너에 따르면 각 무신론은 다음과 같이 축약될 수 있다. ① 인식론적으로 올바른 유신론을 자유의지 속에 부정하는 경우(탓이 있다). ② 인식

---

59) *Schriften IV*, 69; 참조: P. Eicher, *Die anthropologische Wende*, 277; 아브라함 요수아 헤셸, 『사람은 혼자가 아니다』, 이현주 역, 한국기독교연구소 2007, 283. "신앙을 지닌다고 함은 성(聖)의 차원에 살고 있음을 깨달아 아는 것이다. 사람은 자연을 등지고 떠날 수 없듯 성의 차원을 벗어날 수 없다. 죄로도, 어리석음으로도, 배교로도, 무지로도 그는 그 성스러운 차원으로부터 스스로 떨어져 나갈 수 없다. 하느님으로부터 도망칠 길은 없다."

론적으로 그릇되거나 잘못된 하느님 개념이지만 자유의지로 긍정하는 경우(탓이 없다). ③ 하느님에 대한 파괴적 개념을 가지고 있을 뿐 아니라 초월론적으로 부정하는 경우(탓이 있다). 이러한 형태들을 가름하는 결정적 차이는 인식론적으로 올바른 유신론을 지니고 있는지 아닌지 혹은 그러한 유신론이 긍정되고 있는지 부정되고 있는지 그 여부에 있기보다는 하느님을 향한 초월론적 정향성이 긍정되고 있는지 부정되고 있는지 그 여부, 곧 자유의지에 달려있다.[60] 그리하여 긍정되는 경우 탓 없는 무신론이 있을 수 있음이 진술된다. 이러한 맥락에서 라너는 인간성의 깊이에서 들려오는 양심의 소리에 귀를 기울이고, 그 신비에 자신을 비우는 사람, 심지어 무신론자라 할지라도 자기의 양심에 따라 행동하고 진리를 탐구하며 자기의 도덕적 양심이 요구하는 대로 실천하는 사람을 '익명의 그리스도인'이라 하였다.

---

60) 여기서 인간존재의 인식 차원만이 아니라 자유의지의 차원이 함께 하느님과의 관계를 규정하고 있음을 주목할 필요가 있다. 무신론과의 맥락에서 라너도 인간의 윤리적 결단을 중시한 것이었다. "절대를 향한 정신의 초월은 인식론적 초월일 뿐만 아니라 늘 이미 절대 가치를 향한 하나의 의지적 선취행위이기도 하다."(P. Eicher, *Die anthropologische Wende*, 344)

제3장 — 제2부의 요약

제2차 바티칸공의회의 공식 논의 외에는 특정한 언어권 신학의 기점을 살피는 수준에 머물렀다. 오늘날 무신론을 대하는 개신교 신학과 가톨릭 신학의 차이를 구체적으로 지적하기란 쉽지 않다. 어차피 신학의 시작과 끝은 같기 때문이다. 다만 신학의 방법이나 과정 그리고 그 출발점에 있어 어느 정도의 구별은 가능하고, 이러한 시각으로 바라볼 때 전체적으로 개신교는 더 성경에만, 가톨릭은 인간에게도 무게를 주는 기존의 인상이 무신론을 대하는 마당에서도 엿보인다고 하겠다. 양측이 무신론의 직접적인 공격을 피하는 우회의 길을 알고 있다. 개신교 신학은 중세 이래 서양인들이 파악해온 신론이 성경을 떠나 정립되었음을 지적함으로써 무신론의 예봉을 꺾는 데 어느 정도 성공한다. 그에 비해 가톨릭 신학은 사유의 한계, 즉 형이상학의 한계를 지적하는 가운데 무신론의 독침을 무디게 함으로써 내용은 좀 구별되지만, 방법적으로는 유사한 길을 가게 되었다. 그러나 무신론을 대하는 양측의 이 같은 소극적 대응은 60년대의 사람들을 만족시킬 수가 없었다. 결국은 직접적 전면전이 전개되었다. 이러한 전면

전은 결국 피안이 아니라 차안, 신적 차원이 아니라 인간적 차원의 중요성을 강조하게 하였다. 이 맥락에서 개신교 신학은 사신신학이라는 극단적인 노선을 태동시킴으로써 논쟁에 전격적으로 임하게 되었다. 그러나 인간을 살리기 위해 신을 죽이는 모순, 신학 자체의 딜레마에 처하는 어려움에 봉착하였다. 가톨릭은 '초월론'의 길을 모색함으로써 전통에 충실한 가운데 인간학적 전환을 도모하였다. 여기서는 신을 강조하면 할수록 오히려 인간도 강해진다는 논리를 도출할 수 있었다. 이러한 귀결에 있어 양측은 퍽 대조적이라 할 것이다.

그러나 물론 오늘날 이러한 단순한 태도만을 시야에 넣고 우열을 가리려는 우는 범하지 않아야 한다. 60년대의 치열했던 논쟁과 진술은 이제는 어느 종파만의 논지가 아니라 공유자산이 되어 신관을 계발하는 데에 이바지하고 있기 때문이다. 세상에 놀람과 기쁨을 주던 그 많은 의견은 이제 에큐메니컬한 내용으로 소화되고 있다. 그러기에 종파별 특징적인 태도를 양자택일적, 상호 배타적인 것으로 이해해서는 안 될 것이다. 양 측은 상호 연관되어 있었다. 예컨대 복음의 신과 일치되지 않는 그릇된 신상을 물리치는 일은 공의회 문헌에서도 중요하게 권고되는 사항이고, 인간학적 전환은 이미 판넨베르그의 예에서 드러나듯 가톨릭의 전유물이 아니다. '감추어진 하느님'(Deus absconditus)에서 오는 긴장을 바르트를 비롯한 개신교 신학자들도 놓친 적이 없다. 또 성서적 신앙을 지키기 위해 철학적으로 정립되어 온 신관을 청산하고 무신론이 비인격적 사고의 한 결과라고 반박하는 주장은, 형태와 정도는 다를지언정, 60년대의 가톨릭 측 토론 마당에도 자주 등장하였다.[61] 또 무신론을 그리스도교 후의 현상으로 고찰하려는 세속화 신학의 입장은 고가르텐을 비롯한 개신교 신학에서 물꼬를 텄지만, 그 물을 농작에 활용하는 일은 가톨릭 신학에서 활발하였다 제2차 바티칸공의회, 메쯔, 키른 등도 그와 같은 입장을 기본처럼 전제하였다. 이러한 다방면에서의 상호소통은 정보의 공유화, 대화의 긴밀화, 공동 작업을 추구하는 시대에 갈수록 선명해지고 있다.

---

61) 참조: H. Mühlen, *Die abendländische Seinsfrage als der Tod Gottes und der Aufgang einer neuen Gotteserfahrung*, Paderborn, 1968², 30; H. Mühlen, "Das unbegrenzte Du", *Wahrheit und Verkündigung* (FS Schmaus), Bd. II, München 1967, 1263; D. Schülter, "Der Atheismus der Gegenwart", *Die neue Ordnung 19*, 1965, 179; J. Schmucker, *Die primären Quellen des Gottesglaubens*, Freiburg, 1967, 14; "Die Problematik der Gottesbeweise und 'das schöpferische Prinzip der Religion'", *Trierer Theologische Zeitschrift 75*, 1966, 41; O. Semmelroth, "Atheismus – eine echte Möglichkeit?", *Theologische Akademie IV*, 1967.

제3부

무신론의 온상인 고통, 그리고 하느님의 은폐성

제1장

세상의 고통,
'무신론의 바위'

    신의 존재를 부정하거나 외면하게 하는 가장 대중적이고 실제적인 요인은 세상에 만연해 있는 부조리, 피할 수 없는 고통, 이해할 수 없는 악의 현실일 것이다. 인류의 역사는 고난 체험의 역사다. 갖가지 인재와 천재, 한 맺힌 사연과 운명적 비애로 탄식과 신음이 어디서든 높다. 죄 없는 아이들과 착한 이들의 희생은 늘 더 커 보인다. 존재 안으로 들어와 있는 모든 사람과 만사는 언젠가 존재 밖으로 던져져 소멸할 것이다. 이렇게 같은 운명을 안고 모두가 똑같이 하루하루 죽음을 향해 가면서도 그 걸음의 속도와 모양은 또 평등하지가 않다. 여기서 수고롭게 논증할 필요도 없이 본능적으로 의구심이 표출된다. 전능하고 자비로운 하느님이 창조하고 섭리하는 세상 안에 왜 악과 고통이 존재하고 넘쳐나는가? 그마저도 균일하거나 평등하지 않고 사람마다 다르게 겪어야 하는 까닭이 무엇인가?

    이참에 담력 있게 하느님은 없는 거라고 무신론을 선택하거나, 적어도 세상 고통에 그렇게 무기력하거나 방관하는 하느님에 대해서는 나도 관심 없다고 여기는 이들이 생겨난다. 그래서 세상의 고통은 무신론이 의지하는 언덕, 곧 '무신론의 바위'라는 표현이 자연스럽게 등장하였다. 의를 찾는 많은 문학가와 철학자는 이렇게 감당하기 어려운 고통과 악의 현실을 하느님의 전능과 사랑에 관련짓고, 그 양측의 모순 관계에서 어느 한쪽을 부정하는 식으로 출로를 찾았다. 그들의 생각과 필치는 예리하고 확신에 차 있다.[1] 이때 신을 변호하거나 적어도 신이 악의 원인은 아니라는 주장, 곧 변신론(辯神論)도 등장하였다.[2] 사람이 신을 변호하는 상황이 벌어진 것이다. 우선 여러 변신론적 설명을 살펴보고 교회의 해명을 듣고자 한다.[3]

---

1) "나는 어린이들이 만신창으로 학살되고 있는 이 창조를 죽는 순간까지 거부하겠소."(까뮈) "나는 어른들의 고통에 관해 이야기하려는 게 아니란다. 그들이야 나름대로 지선악수의 열매를 따서 먹었기 때문에 저주를 받을 이유가 있다. 그러나 이 아이들[…], 이 아이들은 무슨 이유로 하느님의, 저 앞날의 천국을 위한 밑거름이 되어야 한단 말이냐? 도대체 나에게는 이 입장권이 너무나 비싸다."(도스토옙스키) "아우슈비츠나 히로시마를 주시했던 눈이 도대체 어찌 신을 인정할 수 있겠는가?"(헤밍웨이) "이 세상이 단지 신의 사냥 놀이터에 지나지 않는단 말이요?"(상투치) "하느님을 위한 유일한 변론은 그가 존재치 않는다는 사실을 밝히는 것, 신의 부재가 신의 가호다."(스땅달) "누가 고통을 대신 짊어진단 말인가? 네 고통은 너 자신이 짊어질 뿐이다. 구세주를 믿지 말라. 고통을 부정하거나 대속하기를 기도할 때 우리는 마치 고통 없는 삶이 가능하기라도 할 듯 착각하는 것, 구세주 때문에 도리어 삶을 부정하게 되는 것이다."(니체)
2) '변신론'(辯神論), 혹은 '신정론'(神正論)은 라이프니츠(1646-1716)가 신을 옹호하고 정당화한다는 취지에서 그리스어 '신(θεός)'과 '정의(δίκη)'를 합성하여 명한 데서 시작되었다.
3) 참조: 박승찬, "인간 고통의 의미, 인간연구', 가톨릭대학교 인간학연구소 2000, 159-189; 심상태, 『인간-신학적 인간학 입문』, 서광사, 1989, 235-271; 손희송, "그리스도교의 고통 이해", 가톨릭 신학과 사상 19(1997), 75-97; 강영옥, 『고통에 대한 그리스도교의 이해』, 서강대학교 대학원, 1996; 한스 큉, 이종한 역, 『믿나이다』, 분도출판사 1999, 123-135.

1. 변신론

1) 악과 고통의 실재와 그 까닭에 관한 설명 중 가장 오래된 것은 이원론적 세계관에 바탕을 둔 해석이다. 인간이 겪는 모든 고통은 사탄과 같은 사악한 존재나 세력, 즉 악신들의 힘과 작용으로 인한 것이라는 견해다. 페르시아 조로아스터교, 영지주의, 마니교는 선한 신과 악한 신이 끊임없이 싸움을 벌이는데, 선한 신이 승리하면 세상에는 정의와 평화가, 악한 신이 더 큰 힘을 발휘하면 불의와 전쟁과 폭력이 난무하게 된다고 보았다. 인간이 고통으로부터 해방되려면, 악의 원리에 속하는 물질적인 것들을 피하고 벗어나야 한다. 그 방법으로 금욕적 수행이 권고되었다. 그러나 이런 생각은 고통의 책임을 제3의 악신에게 전가함으로써 개인의 윤리적 책임의식을 약화하고, 유일신론 및 신의 전지전능에 관한 교리에 어긋나거나 충돌하는 약점을 지니고 있다. 여기서 과연 "악이란 과연 실재하는 어떤 것인가?"라는 물음이 제기되고, 그것은 그 자체로 존재하는 어떤 것이 아니라, 선의 결핍일 뿐이라는 의견이 제시되기도 하였다(아우구스티누스).

2) 고통은 지은 죄의 결과요 벌이라는 이른바 인과응보의 의견이 있다. 욥기를 비롯한 구약성경과 다른 많은 이들이 쉽게 가지는 생각이다. 원죄론의 배경이기도 한 이러한 생각은 회개를 촉구하고 사회 법질서를 유지하는데 이롭다. 그러나 이러한 변론은 죄 없는 의인이 고난을 심하게 겪는가 하면 죄 많은 악인이 무탈하게 사는 현실을, 모두가 원조의 자손이건만 겪는 고통의 종류와 정도가 평등하지 않은 사실을, 전쟁, 가난, 고문, 지배, 살상 등의 사회 구조적 요인, 또는 홍수, 가뭄, 지진, 해일, 화산 폭발 등

의 천재로 인한 고통을 해명하지 못한다. 나아가 예수의 뜻에 일치되지도 않는다. 태생 소경이 불행을 겪게 된 까닭을 묻는 물음에 예수는 소경의 죄 탓도 아니고 부모의 탓도 아니라고 답하였다(요한 9,1-3; 루카 13,1-5 참조). 고통이 징벌하거나 치유하는 효과를 내는 것이라면 예수는 그에 맞서 싸우지도, 고통 중의 사람들을 돕지도 않았을 것이다.

3) 고통은 인간의 정신적 성숙과 도덕적인 성장을 위한 신의 교육 방식이요 세상을 정화하는 방식이라는 변론이 있다. 고통은 인간을 참인간이 되게 한다. 병만이 열어 줄 수 있는 인생 철문이 있다. 불운과 역경을 통해 사람은 성장하고 영글며 슬기로워진다. 멋진 사람들은 대개가 심한 역경과 고난을 두루 겪은 이들이다. 아픈 만큼 성숙한다지 않는가. 위대한 작품들은 고통 중에 나왔다. 고통은 자기를 창조적으로 극복하고 완전성에 근접하게 함으로써 참인간이 되게 한다. 창조적 힘은 고통으로부터 나오고, 창작은 고통받는 이의 결실이다. 자신의 현재와 운명을 긍정함으로써 자신을 강하게 만들 수 있다(니체). 이러한 변론은 회개와 쇄신을 유도하는 신의 뜻에 부합할 수 있다. 그러나 이러한 변론에도 흠이 없는 게 아니다. 중세의 유럽을 휩쓴 페스트, 아우슈비츠와 히로시마, 허다한 전쟁과 양민 학살, 거대한 재앙으로 인한 무죄한 어린이들의 죽음이 창조주의 교육 수단일 수는 없다. 고통을 겪으면서 인내와 배려심을 길러 성숙할 수 있는 게 사실이지만, 반대로 오히려 성품이 더 이기적이고 냉소적인 사람이 되는 경우도 많다. 이미 목숨을 잃은 이에게는 그 어떤 교육도 소용이 없다.

4) 악과 고통은 선과 행복을 돋보이게 한다는 변론이 있다. 이런 주장

은 현존하는 세계를 가장 좋은 세계로 보는 라이프니츠에 의해 제기되었다.[4] 그는 악 없이 선이 존재할 수 없고 악을 거쳐 선이 더 드러난다고 보았다. 전체 조화에 이바지하는 악의 기능과 의미가 있다. 참혹한 양태는 전체적 아름다움을 위한 부득이한 희생이고, 어둠도 알고 보면 찬란한 예술에 이바지한다고 생각할 수 있다. 아름다운 음악이 불협화음을 요구하는 것처럼 최선의 세계를 위해서는 피조물의 불완전성도 불가피하다. 병에 걸리고 나서야 비로소 평상시의 건강에 대해 깨닫지 않는가. 계속되는 쾌락은 권태를 낳는다. 죽음이 없다면 삶에 대한 실감이나 감사도 불가능할 것이다. 칸트는 도리어 현세의 삶에서 선한 이가 잘못되고 악한 이가 잘 되는 경우가 있기에 인류가 기대하는 영원한 보상이 이루어지려면, 그리고 세상에서의 윤리와 물리적 질서가 보증되려면 그것을 보증해줄 신이 요청된다고 보았다. 헤겔은 나아가 선과 악을 변증법적으로, 곧 상호 역동적으로 관통하는 것으로 사유하였다. 여기서는 고통의 문제가 신과 신 사이의, 심지어는 신이 신에 맞서는 변증 과정의 국면으로 설명된다. 절대정신 신은 역사를 통해 일어나는 온갖 비참을 스스로 짊어지고 나아간다. 온갖 참상과 부정마저도 신이 시간 속에서 자신의 정체와 자유를 더해 가는 전개 과정의 일부 양태이다. 최악의 재앙일수록 더욱 극적으로 선을 부각한다. 헤겔은 역사 전체가 개인의 희생을 딛고서 궁극적 선을 향해 진전한다고 보았다. 그러나 이러한 추상적인 생각은 개인의 구체적이고 실존적인 고통을 진실하게 해명할 수가 없다. 무고한 이들의 고통과 희생을 단순히 역사 발전의 부산물로 치부하는 이런 변론, 그리고 현실을 전체의 부분으로 조작함으로써

---

4) 참조: 고트프리트 빌헬름 라이프니츠, 『변신론』, 이근세 역, 아카넷, 2014.

무의미만 남기는 이런 변론은 설득력이 없는 빈말일 뿐이다.

이처럼 각 변신론은 아픔을 겪는 이에게 잠시 고통의 현실을 받아들이도록 권하고 순간적인 위로를 줄 수는 있다. 나름대로 고통과 악을 일시적으로나마 잊게 하거나 밀어두게는 할 수 있다. 그러나 문제를 타파해서 이겨내거나 낙관하도록 치유하지는 못한다. 그저 그 어떤 철학적 관념이나 사변도 악과 고통의 현실을 흠 없이 해명하지는 못한다는 사실만 확실하다. 그렇다면, 이 세상의 혼란스러움을 인정하고 하느님의 존재와 역사(役事)를 거부하는 수밖에 없는 걸까? 남아 있는 유일한 결론은 무신론일까? 하느님의 전능과 사랑을 얘기하는 교회가 이 길목에서 할 수 있는 말은 무엇인가? 교회는 1755년의 리스본 대지진, 1945년의 아우슈비츠 외에도 크고 작은 고통의 현실 앞에서 어떤 말을 할 수 있을까? 현금의 고통을 두루 바라보는 성경과 교회가 하는 말은 무엇일까?

2. 범죄사화의 진의

우선 창세기의 낙원과 범죄에 관한 이야기는 역사적 사실 보고가 아니었다. 성경은 사실보다 더 깊은 진리를 알리려 했다. 인간이 고통 속에 죽는다면, 전쟁이 벌어진다면, 공해가 심각하다면, 그것은 하느님의 의도가 아니라 인간 자신에게 탓이 있다는 것이다. 하느님은 누구를 벌할 이유가 없다. 인간의 죄로 말미암아 바뀐 것은 세계 실재가 아니라 인간 자신이다. 죄로 인하여 하느님 곁을 잃어버림으로써 세계와 낯선 관계, 곧 비 구원에 처하게 된 것이다. 인간은 자유의 상황을 스스로 신과 같이 되는 데에 씀으로써 세상 고난에 대한 책임을 면치 못하게 되었다. 아주 일상적인 부부싸움에서 고도의 정치적 중상모략에 이르기까지, 자그마한 환경오염에서 히로시마의 원폭에 이르기까지, 마녀재판에서 유대인 대학살에 이르기까지 하느님이 아니라 인간 스스로가 자기 무덤을 파 왔고, 그렇게 세계는 어두워졌다. 그렇다면 왜 하느님은 자유를 주는가? 자유는 사랑의 표지이다. 자유 없이 사랑이 있을 수 없다! 자유 속에는 그르칠 여지가 섞여 있고 상호 간에 해를 끼칠 가능성이 들어있어도 하느님은 그 자유를 선택한다. 사랑을 원하기 때문이다. 가장 사랑하는 이가 얼마나 자신을 망쳐 놓는지 우리는 종종 회의하고 무기력하게 바라만 보아야 하는 때가 있다. 사랑하는 이의 무력함, 타인의 자유 앞에서 달리 어찌할 수 없는 사랑의 무기력이다. 자유를 원하는 이가 감수하는 모험이 있다. 하느님은 바로 이 모험에 뛰어든 것이다. 절대적인 하느님이 사람에게 예속되는 것은 마치 엄마와 아빠가 아기 앞에서 쩔쩔매는 바와 같다. 왜 선한 하느님이 사람들이 고통당하도록 버려두는가? 어째서 하느님은 이 불의의 역사 안에 뛰어들지 않고 가만히 계시는가? 우리의 자유를 존중하기 때문이다. 왜 그는 우리의 자유를 이토록 존중하는가? 사랑을 원하기 때문이다. 자유 없는 사랑은 생명 없는 쇠붙이일 뿐이어서다.

    구별해야 한다. 세상에는 없어질 수 있고 또 없어져야만 하는 고통이 있는가 하면 (인간존재 자체에 속하는 것이기에) 지양될 수 없는 고통이 있다. 우리 인간의 이기심, 무관심, 비겁함과 악의로 인해 빚어지는 고통은 지양될 수 있다. 이러한 고통에 대해서는 인내와 허용이 아니라 저항과 반대로써 맞서야 한다. 그러나 인간존재를 구성하는 고통, 없어질 수 없는 고통이 있다. 인간은 시간적이고 사멸하는 존재이다. 피조성 자체가 악인 것은 아니지만 인간이 해산의 고통을 통해서만 인간이 될 수 있는 바와 같은 것이다. 인간이 겪는 환멸, 체념, 희생, 실망, 이별 등이 다 이 해산의 고통에 속하는 것들이다. 이별은 늘 아픔을 준다. 부모가 성장한 자식들을 떠나보내는 때 아픔이 따른다. 그러나 이별의 슬픔을 통해 자식은 자유로운 어른이 된다. 마침내는 이 세상과의 하직이 있다. 죽음 역시 인간존재를 이루는 요소이다. 그 누가 이러한 이별의 아픔을 밀어내고 거부하려 한다면 그는 자신을 거부하는 것이고, 이는 곧 인간이기를, 인간이 되기를 거절하는 것이다.[5]

3. 그리스도인의 고백

니체는 고통 자체가 아니라 '무엇 때문에 고통스러워하는가?'라고 외치는 질문에 대한 답이 없는 게 문제라고 옳게 지적하였다. 고통이 아니라 고통의 무의미함이 저주이고, 의미 없는 고통이 지옥인 것이다. 고통의 목적이나 의미를 아는 사람은 그 고통을 받아들이고, 찾아다닐 것이다.[6] 예컨대 해산의 고통, 가족을 위한 노동은 유의미하다. 그렇다면 교회가 제기하는 고통의 의미는 무엇일까? 앞서 소개된 변신론의 흠과 한계를 딛고서 내놓는 교회의 답변은 무엇인가?

교회도 고통으로 인해 제기되는 의문과 고발을 너무나 잘 알고, 그에

---

5) 참조: 요한네스 브란친, 『고통이라는 걸림돌』, 배영호 역, 바오로딸, 1990.
6) 참조: F. 니체, 『도덕의 계보』, III 28: *KGW VI* 2, 429.

대한 응답을 숱하게 궁구해 왔다. 그러나 결국 교회는 세상의 고통은 자신에게도 하나의 걸림돌(Skandal)이 되고 있음을, 속 시원히 풀어 없앨 사안이 아님을, 그래서 자신도 답변자가 아니라 질문자임을 통감하고 실토해 왔다. 교회는 모든 의문에 대한 해답을 보관한 은행이 아니다. 그래서 교회는 이 고통의 문제를 '하느님에 관한 질문'으로서가 아니라 '하느님께 드리는 질문'으로 묵상하고자 했다. 그러면서도 교회는 이 세상의 고통을 신앙의 관점에서 파악하는 길이 열려 있음을 확신한다. 그것은 초연(스토아)이나 해탈(싯달타), 혹은 영웅적인 침묵(프로이트), 영원한 긍정(니체)을 기대하는 이에게는 어처구니없는 길로 보일 것이다. 그것은 십자가에 못 박혀 죽었지만, 다시 살아난 예수가 보여준 길을 걷는 것이다. 물론 여기에는 신앙의 눈이 아니라면 넘기 어려운 두 개의 벽이 가로막고 있다. 전능하신 하느님이 십자가에 달려 죽었다는 역설, 그리고 죽음으로부터 부활하셨다는 불가사의가 그것이다. 그것이 너무나 일상적이지 않기에 그 메시지를 놓치고 걸려 넘어지는 이가 적지 않았다. 막상 하느님의 부재를 뼈저리게 누구보다도 체험해야 했던 예수에게도 세상 고통은 수수께끼였다. "저의 하느님, 저의 하느님, 어찌하여 저를 버리셨습니까?"(마태 27,46)라고 부르짖는 그의 고독한 절규 속에는 욥과 우리가 겪는 고뇌가 절정에 차고 넘쳤다. 십자가에 달린 그는 오히려 가장 위로받지 못한 이였고, 가장 억울하게 억압받은 이였다.

    그렇다면 우리가 신으로 믿는 하느님의 아들 예수, 그는 누구이고 어떻게 살았나? 이에 대한 교회의 답변은 분명하다. 그는 세상의 악과 고난을 길게 설명하거나 평가하지 않고, 몸소 함께 겪고 신음하였다. 그는 영광이 아니라 다만 고통과 부끄러움을 나타내는 십자가에 참혹하게 달림으로써 인간의 운명을 똑같이 겪으려 했다. "신앙인은 하느님이 이 세상에 고난을 보내지 않는다는 걸 알고 있다. 또 그는 하느님이 이 세상의 고난을 없애지 않으며 해명조차 하지 않는다는 것도 알고 있다. 오히려 하느님은 인간과 함께 이 세상의 고난을 짊어지는 그런 분이다. 사람은 바로 이런 하느님을 신뢰할 수 있고 또 사랑할 수도 있다. 왜냐하면, 가난한 사람은 자기 가난을 설명해 주는 사람이 아니라, 그 가난을 자기와 함께 나누는 그런 사람을 사랑하겠기 때문이다. 똑같이 고난을 겪는 사람은 자기 고난을 해명해 주는 이가 아니라, 그 고난을 자기와 함께 몸소 겪는 이를 사랑한다."(H. 하아크) 예수는 우리와 더불어 고난을 받고 우리와 함께 죽고자 하였다. 십자가는 그 자체로 볼 때 분명한 실패요 좌절이다. 그러나 십자가의 하느님은 부활의 하느님에 의해 해명되었다. 부활은 무의미한 것만 같은 인생에 의미를 투여하는 하느님의 결정적인 답변이었다. 그것은 우리가 실패에도 불구하고 삶을 긍정하고, 절망에도 불구하고 역사의 적극적 의미를 보게 한다. 물론 부활 신앙이 인생의 아픔을 없애거나 마취하는 것은 아니다. 그러나 바로 이 부활 신앙에 의지해 그리스도인들은 보통 회피하고만 싶어 하는 고통을 적어도 직시할 수가 있다. 생로병사는 인생의 법칙이고 불만족과 불쾌감은 살아있음의 징후다. 아픔에서 벗어나려고만 하는 한 아픔 문제는 해결되지 않는다. 아픔을 내면에 품을 때에야 그 아픔으로 말미암아 우리 자신을 강하게 만들고, 비로소 두려움에서 해방될 수 있다. 부활 신앙이 이를 가능하게 해준다.

 분명 간절한 열원과 기도에도 불구하고 여전한 고통으로 인해 많은 이들이 탄식하고 있지만, 많은 이들이 주어진 고역을 의연히 이겨내고 있는 것도 사실이다. 고통을 없앨 수는 없지만, 그리고 고통 때문에 신앙을 포기하는 이들이 있지만, 가혹한 고통을 신앙으로 극복하고 도리어 감사의 기도를 올리는 이들이 있다. 세상에는 신의 존재를 인정하면서도 실제 생활에서는 냉담하게 지내는 이른바 '실천적 무신론자들'이 있지만, 반대로 극심한 고통의 현실 때문에 신음하면서도 더욱 신을 찾는 '실천적 신앙인들'이 또한 있다. 신의 존재라고는 인정할 수 없는 아우슈비츠의 지옥, 나가사키의 불바다에서조차 신앙인들은 기도하였다. 쓰라린 고통은 경이로운 신비와 한 켤레를 이룬다. 어느 신학생이 소록도 체험을 얘기하는 것을 들었다. "도착했을 때 여러 환우가 뭉그러진 손으로 애써 조약돌들을 모으더니 이내 하나하나 밀어 허무는 장면을 보고 운동 삼아 하는 소일거리인 모양이라고 생각했어요. 그러나 며칠이고 반복되는 그 동작을 유심히 살피지 않을 수 없었는데, 그것은 다름 아닌 그들의 로사리오 기도행위였습니다. 이들에게서 고통은 하느님을 거부하게 하는 걸림돌이 아니라, 오히려 '디딤돌'이 되고 있었습니다." 하느님을 대하는 우리 인간의 모습이란 마치 방바닥에서 누워 노는 아기가 병풍의 수를 끝내 가는 엄마를 쳐다보는 것과 같은 격이다. 수가 박히는 그 이면(裏面)을 보는 아기는 실밥으로 뒤엉킨 쪽만 본다. 그 아기는 성장하여 일어나서(부활!) 놓인 수를 내려다볼 때 비로소 그렇게 헝클어졌던 위쪽 반대편에 예쁜 꽃송이가 피어나고 나비가 날고 있음을 알게 된다(브란첸). 우리도 그렇게 되리라 성경은 말한다. "그날이 오면 물어볼 것이 하나도 없게 될 것이다."(요한 16.23)

제2장

부정신학,
'하느님의 은폐성'

　　인류는 일찍부터 경험을 통해 얻은 자료들을 측정, 분류, 비교, 식별하고 범주화함으로써 지식의 체계를 만들고, 이를 바탕으로 절대자를 추상하고 초월성을 부여하며 삶의 수호자로 신앙하는 데까지 나아왔다. 이 전체 과정의 토대와 구조를 정립하는 과제가 신학과 형이상학에 맡겨졌다. 신학은 신의 계시와 함께 인간의 이성을 성찰하는 활동이다. 그런데 우리는 앞서 인간 이성의 한계를 들어 신인식의 어려움을 말하는 가운데 전통 형이상학의 존립을 위협하던 칸트, 서구의 합리적 사유 전통에 반기를 들던 니체의 견해를 살펴보았다. 지식의 직접적 대상이 되지 않는 궁극 실재는 알기도 어렵고, 그 내용을 표현해내거나 전달하기도 어렵다. 인식도 문제이지만 언어도 문제인 것이다. 이러한 비판적 의견은 하이데거, 비트겐슈타인 등을 통해 거듭 제기되어왔다. 이러한 신에 대한 불가지나 비판은 신학에 직접적인 도전이 되었고, 이에 대한 신학 측의 의견 역시 아주 오래

전부터 다방면으로 논구되었다. 이른바 '부정신학'의 방식이 그중 하나다. 이는 하느님이 누구인지를 이성적으로는 알거나 말할 수 없지만, 누가 아니고 무엇이 아닌지는 알고 말할 수 있다는 전제하에 하느님을 진술하는 신학 전통이다.[7] 하느님에 관한 인간의 인식과 진술은 허위는 아니지만 불완전하다. 이 같은 한계를 절감하는 이들은 하느님을 인식하고 서술하는 데에는 긍정의 길만이 아니라 부정의 길도 있음을 깨닫고, 그에 의지하여 하느님 신비를 천착해왔다. 이는 조각상을 제작하는 예술가가 완성품을 향해 직접 접근하는 방식만이 아니라 아직은 감춰진 아름다움이 선명하게 드러나도록 군더더기를 깎아 없애는 방식도 고려하는 바와 같다. 부정의 길은 비록 소극적이고 우회적이긴 해도 긍정적 서술의 한계와 오류를 피할 수 있기에 안전하다. 일시에 산화하거나 좌절되는 일 없이, 그리고 물러섬 없이 실체에 한치라도 더 가까이 가게 하기 때문이다. 이 부정의 길은 인간 자신의 불완전성을 고백하는 동시 하느님의 초월성을 칭송하는 길이기에 적극성을 띠고 계발되기도 하였다.

---

7) 참조: Walter Kern, Walter Kasper, "Atheismus und Gottes Verborgenheit", Franz Böckle, Franz-Xaver Kaufmann, Karl Rahner, Bernhard Welte(Hg.), *Christlicher Glaube in moderner Gesellschaft 22*, Freiburg Basel Wien 1982, 5-57; Joseph Möller, "Die Gottesfrage in der europäischen Geistesgeschichte", W. Kern, H.J. Pottmeier, M. Seckler(Hg.), *Handbuch der Fundamentaltheologie 1*, Freiburg im Bre. 1985, 73-94; Nikolaus von Kues(Übertragung und Nachwort von Fritz Stippel), *Der verborgene Gott*, Kraulling vor München 1941, 55-61; Hans Michael Baumgartner, "Aufklärung – ein Wesensmoment der Philosophie?", W. Kern(Hg.), *Aufklärung und Gottesglaube*, Düsseldorf 1981, 25-50; 이종희, "西洋哲學史에 나타난 無", 『신학전망』 103호, 광주가톨릭대학 1993, 86-116; 오창선, "무의 빛 - B.Welte의 종교철학적 해석", 『가톨릭 신학과 사상』 11호, 가톨릭대학, 1994, 104-139; 배영호, "하느님의 은폐성", 『전례와 선포(최윤환 신부 회갑기념 논문)』, 수원가톨릭대학교출판부, 1995, 555-580.

본 장은 하느님의 은폐성을 둘러싸고 형성된 이른바 부정신학의 전통을 소개하고 그 의의를 개진하고자 한다. 여기서 제기되는 질문은 다음과 같다. 하느님에 관한 인간의 (자연적) 인식은 가능한 것인가? 그 인식과 사유의 수단인 언어는 믿을만한 것인가? 존재로서의 하느님이 인간에게 계시하고 개현(開顯)하는 방식은 어떠한가? 신인식을 떠받치는 긍정과 부정이라는 두 방식의 관계는 어떻게 정립되는가? 그들은 마치 한 집 안에 든 두 주인처럼 서로 견제하는가, 아니면 빛과 그림자처럼 떨어질 수 없이 서로를 드러내 밝히는가?

1. 부정신학의 전통

1) 부정신학의 발원과 전개

서양인의 인식과 언어에 관한 부정적 신론는 철학 활동의 초기로 소급한다. 인식의 한계에 관한 성찰은 이미 소크라테스 이전부터 언급되고 있었다. 소크라테스도 인간의 대화가 진리에 접근하는 훌륭한 수단이기는 하지만, 언어를 통한 현상적 인식은 억견(doxa)에 지나지 않을 뿐 '그것 자체'의 세계, 곧 이데아에 관한 참된 인식에 도달하지는 못한다고 보았다. 플라톤도 이데아를 인식하려면 언어가 아니라 순수한 정신(nous)을 통해야 한다고 보았다. 이데아는 언어의 틀에 잡히지 않고 그 피안에 있기에 그에 관한 언어적 파악은 상대적일 뿐이다. 아리스토텔레스도 태양을 보려고 애쓰는 올빼미는 어리석다고 했다. 이처럼 고대인에게 신과 인간은 완전과 불완전의 관계, 함께 할 수 없는 모순 관계에 있었다. 이 관계를 고대의 사람들은 아예 이원론의 방식으로, 즉 이데아와 신을 감각 세계 저편으로 갈라 세우는 방식으로 정리하였다. 그러나 세계 저편과 이편의 사이는 넘을 수 없는 거리에도 불구하고 상호 무관한 게 아니었다. 이 거리와 관계로 인한 새로운 긴장을 해소할 방법이 있기는 한가? 그것은 불가능한 가능성인가, 가능한 불가능성인가? 고대인들은 이 어려움을 온전히 인정하면서도 그 긴장을 무마하고자 '분유'(分有), '유출'(流出), '조명'(照明) 등의 개념을 계발하였고, 그리스도교는 나아가 '창조', '발출', '계시', '참여', '모상'을 이야기하고, '긍정의 길' '부정의 길' 그리고 '유비'(類比)를 통해 언어화할 수 있다고 보았다.

교부들은 이미 바오로의 아레오파고 연설에서 드러난 부정의 길을 숙지하고 있었다. "여러분이 알지도 못하고 숭배하는 그 대상을 내가 여러분에게 선포하려고 합니다."(사도 17,23) 볼 수 없고 말할 수 없는 하느님에 관한 지적은 안티오키아의 이냐시오와 알렉산드리아와 카파도치아의 교부들에게 이어졌다. 특히 나찌안즈의 그레고르와 니사의 그레고르는 이러한 맥락에서 하느님의 신비로움을 강조하였고, 다마스쿠스의 요한은 하느님은 개념으로 규정되지 않으며, 그래서 명명될 수 없다고 밝혔다. 아우구스티누스는 "네가 개념화한 신은 신이 아니다."라고 하였다.[8] "할 수만 있다면, 우리는 신을 선하시되 선한 성질이 없으며, 거대하되 양적으로 생각될 수 없으며, 창조주이되 피조된 것에 대한 욕구가 없으며, 모든 것 위에 왕으로 군림하시되 장소적인 위치는 없으며, 무소부재하되 장소의 규정됨이 없으며, 영원하되 시간이 없으며, 변화하는 사물의 창조주이되 스스로

---

8) Si comprehendis, non est Deus. Ep. 130, 15, 28; 198.

는 변함이 없는 그러한 존재로 인식한다."⁹ 이러한 전통은 중세 신비주의의 대변자로 통하는 아레오파기타의 디오니시우스와 함께 확장되었다. 그에 따르면 하느님이 아닌 것을 부정해가는 방식이야말로 진실로 하느님을 보고 알아가는 길이고, 만상 드높은 곳에 계신 분을 찬미하는 현명한 길이다. 사람이 일상에서 쓰는 '존재' '실재' '정의' '부정' '긍정' 등은 인간의 말일 뿐 하느님에게 쓸 수 있는 말이 아니다. 하느님은 긍정하는 진술이든 부정하는 진술이든 인간에게 가능한 모든 진술을 무한히 뛰어넘기 때문이다.¹⁰ "신즉 존재는 부분도 아니며 전체도 아니면서도 동시에 부분이며 전체이다. 왜냐하면 모든 것을, 그러니까 부분과 전체 모두를 자신 안에 포괄하니, 취하기 전에 이미 자신 안에 그것을 탁월한 방식으로 지니고 있기 때문이다. 그는 완전하지 못한 것 안에서 완전하신 자이니, 이는 그가 완전함의 원천이기 때문이다. 그러나 또 완전한 것 안에서도 완전하게 드러나지는 않는 자이니, 이는 그의 탁월한 완전함이 시간을 초월하여 있기 때문이다."¹¹ 제4차 라테란 공의회(1215)는 "창조주와 피조물 사이에 큰 상이성을 지적하는 것보다 더 큰 유사성을 지적할 수는 없다."(DS 806)라고 고전적으로 표현하였다. 토마스 아퀴나스는 심지어 하느님을 알지 못한다는 것을 아는 것이 인간이 하느님을 인식하는 가장 극단적인 형태라고 여겼다. 그는 디오니시우스를 1700번 이상 인용하면서 후대의 표준이 될 부정신학의 표현을 남겼다. "하느님에 대한 인간의 최종적 인식 즉 하느님이 무엇인가

---

9) 재인용: 야스퍼스, 『철학에 직면한 계시신앙』, 구옥희 변선환 역, 분도출판사, 1988, 396.
10) 참조: 요셉 피퍼, 『중세 스콜라철학, 신앙과 이성 사이의 조화와 갈등』, 김진태 역, 가톨릭대학교출판부, 2003, 61-77.
11) Diony., De div. nom II, 106.

하는 것은 우리가 그에 관해서 알고 있는 모든 것을 넘어선다는 것을 인식하는 한에서 하느님을 인식하지 못한다는 것을 인식하는 것이다."[12] 길이 남을 위대한 고전들을 집필하던 그가 그의 역작 모두가 지푸라기에 지나지 않는다며 펜을 거두고 언어 장애인처럼 침묵으로 생을 마무리했다는 일화는 자못 알려져 있다.

물론 하느님에 관한 남김 없는 인식이 가능하지 않다고 해서 그 어떤 인식도 아예 불가능하다고 보는 건 아니었다. 신학자들은 인간의 '피조성'을 근거로 그 인식의 불완전성과 동시에 가능성을 천착하고 있었다.[13] 올바른 신앙인이라면 하느님이 "알려지지 않은 자"(quasi ignoto)이지만, 그의 역사(役事)를 통해 유비적(類比的)으로 인식된다는 사실을 놓치지는 않았다.[14] 마이스터 에카르트에 따르면 하느님을 만나는 효과적인 길은 덧셈이 아니라 뺄셈의 길이다.[15] 모든 색을 볼 수 있으려면 무색이어야 하듯, 자신을 부정하고 포기함으로써 순수 본질에 닿아 갈 일이라는 것이다. 그게 영혼의 가장 높은 덕이다. 쿠사누스에게도 무한과 유한 사이에는 비례관계가 없기에 정확한 인식이 불가능하지만, 이 "무지에 대해 더 깊이 알게 되

---

12) "Quaest. disput. de potentia" q7, a5, ad14; 재인용: G. Hasenhüttl, 『하느님 – 과학시대를 위한 신론 입문』, 심상태 역, 서울 1983, 279.
13) 참조: 요셉 피퍼, 『성 토마스의 침묵』, 이재룡 역, 한국성토마스연구소, 2023.
14) 참조: *Summa theol.* 12, 13 ad I; 정의채, 『형이상학』, 성바오로, 1975, 88-109; "Analogia entis", *LThK 1*, 468-473; E. Jüngel, *Gott als Geheimnis der Welt*, Tübingen, 1982, 307-408.
15) 참조: J. Hochstaffl, *Negative Theologie. Ein Versuch zur Vermittlung des patristischen Begriffs*, München, 1976, 65ff; 140ff; 매튜 폭스 저, 『마이스터 에카르트는 이렇게 말했다』, 김순현 역, 분도출판사, 2006, 93-97.; 에띠엔느 질송, 『중세철학 입문』, 강영계 역, 서광사 1987³, 108-167; D.T.Suzuki, 『에크하르트와 선』, 강영계 역, 주류·일념, 1992⁵.

면 될수록, 그만큼 더 가까이 진리 자체에 다가가게 된다."[16] 그는 하느님을 정의하는 개념으로 '하나' '존재' '참' '선' '실체'와 같은 긍정의 말도, 또한 '비존재' '무'와 같은 부정의 말도 안정적이지 못하다고 보고, '다른 것이 아닌 것'을 제시함으로써 하느님의 초월성과 내재성을 포괄하고자 하였다.[17] 그에게는 그것이 "모순의 모순으로서 모순 없이" 신을 이해하는 "비개념적 개념"이었다. 근대의 칸트 역시 이성이 (본성상) 거부할 수도 없고 그렇다고 해서 (능력을 벗어난 주제에) 답할 수도 없는 이 문제로 괴로워하는 유별난 운명에 빠져 있음을 잘 인식하고 있었다. 그 때문에 "형이상학은 그 자체만으로는 자기 모순적이요 기만적"[18]이라고, 혼미와 모순에 빠질 수밖에 없는 이 논쟁의 싸움터에서 이성의 활동은 미완성인 채로 머문다고 고백하였다.[19] 그런 가운데서도 칸트는 감각되지 않는 '물 자체'를 인식하는 일은 가능하지 않기에 절대자에 관한 이성적 인식은 불가능하지만, 실천적인 도덕 차원에서는 신의 존재를 요청하게 된다고 결론지었다. 쉘링은 그 어떤 것의 정체(Was)를 파악하지는 못해도 그것의 사실(Daß)은 인식할 수 있지 않냐고 보았고, 헤겔은 하느님과 인간 사이의 분리와 대립을 주장하는 칸트를 넘어 적극적으로 통합의 길을 모색하였다. 그는 '부정의 힘'을

---

16) 쿠사누스 니콜라우스,『박학한 무지』, 조규홍 역, 지식을 만드는 지식, 2023. 10.
17) 참조: 쿠사누스 니콜라우스,『다른 것이 아닌 것』, 조규홍 역, 나남, 2007; Nikolaus von Kues(Übertragung und Nachwort von Fritz Stippel), Der verborgene Gott, Kraulling vor München 1941.
18) I. 칸트, "비판철학 서론", III 242, 빌헬름 바이셰델 엮음, 손동현, 김수배 역, 이학사, 2006, 205.
19) 참조: I. 칸트, "순수이성비판", II 11, 빌헬름 바이셰델 엮음, 손동현, 김수배 역, 이학사, 2006, 201.

변증의 원동기로 삼는 방법을 활용했다. 이를 통해 헤겔은 상반되던 신과 세계 상호의 화해는 물론 심지어 세계 없는 신은 신일 수 없다고 말하기까지 하였다. 그러나 다른 한편 그와 같은 신과 인간의 사변적 통일은 신앙인의 선택과 결단을 소홀히 하거나 제거할 수 있고, 계시종교로서의 그리스도교를 파괴할 위험을 안고 있었다. 여기서 키르케고르는 '변증'이 아니라 '역설'을 강조하였고, 그 기세는 개신교 신학 전반에 걸쳐 영향을 주었다. 이렇게 하느님 인식을 두고 계시론, 이원론, 유비론, 변증론, 역설과 더불어 부정신학이 걸음을 같이 하고 있었다. 궁극적으로 부정의 길은 인간의 인식 노력을 무가치하거나 무의미하게 하지 않는다. 오히려 회의주의나 상대주의에 빠지지 않으면서 하느님을 향해 더 상승하게, 더 높은 차원에서 신비를 긍정하게 한다. 부정을 통한 상승은 끝나지 않을 신비, 하느님만이 홀로 복된 직관 속에서 인간에게 열어 보일 신비를 향하게 하는 것이다. "부정신학은 긍정 신학을 위해서도 필수적이라고 하겠으니, 그것은 부정신학 없이는 신이 무한한 신으로서가 아니라, 오히려 창조물처럼 숭배되겠기 때문이다."[20]

중세의 실재론에 맞서 유명론이 득세하면서부터는 실재의 인식과 함께 언어에 관한 제고가 부쩍 늘어났고, 이에 따라 신학과 과학 모두 변화를 맞이하였다. 사실 인식과 언어는 분리될 수 없는 관계, 상호 종속의 관계를 이루고 있다. 언어가 사고의 수단이기는 하지만, 사고가 언어에 종속되어 있기는 마찬가지다. 그리스인은 희랍어로 생각하고 한국인은 한글로 생각할 수밖에 없는 것이다. 언어는 생각의 결과이지만, 생각을 만드는 것 또한

---

20) 쿠사누스 니콜라우스, 『박학한 무지』, 조규홍 역, 지식을 만드는 지식, 2023, 59.

언어다. 언어 없이는 사고가 진행되지도 설명되지도 않는다. 그리하여 인식론과 별개로 언어 자체에 대한 성찰이 철학의 고유 대상이 되기 시작하였다. 이와 관련해서 결정적인 자극은 중세기의 보편논쟁을 통해 주어졌다. 개별 존재자에 앞서 보편적인 실재가 존재한다고 보는 전통 실재론에 맞서 유명론자들은 그것은 개체로부터 임의로 추상해낸 한갓 이름일 뿐 개체를 넘거나 앞서 존재하는 건 아니라고 주장하였다. 이러한 입장은 시대를 가르며 인식론뿐만 아니라 자연과학과 언어 차원에도 많은 (부정적으로도 긍정적으로도) 영향을 미쳤다.

언어 자체의 의미와 그에 대한 분석은 헤르더(1744-1803), 훔볼트(1767-1835)와 함께 본격적으로 시작되었다. 언어를 이성적 사유의 수단으로 고찰하는 데서 그치지 않고, 도리어 언어를 실마리로 세계와 이성을 이해하려는 시도가, 일종의 전환이 일어난 것이다. 하이데거와 가다머에게도 언어는 이성이 순수 사고에 의해 도달한 바를 표현하는 수단에 불과하기만 한 게 아니다. 언어는 오히려 세계 내에 존재하는 인간이 존재자들과 관계하는 근본 방식이요 능동적 틀이다. 인간은 언어에 의해 구성된 세계 속에서 그 언어의 질서를 따라 생각하고 행동한다. 언어는 이성적 사고를 방해하거나 장애가 되기도 하지만 사고를 적극적으로 구체화하고 정리해주기도 한다. 존재가 언어에 의해 드러나기에 언어에서 존재와 이해가 만난다고 하겠다. 이들은 실재를 드러내는 언어의 차원도 다양함을 주목하였다. 예컨대 근대 자연과학이 수학적 기호언어만으로 세계를 지배하려 함으로써 신비의 차원을 상실하고 말았던 바와 달리 시어와 예술의 언어는 사물의 고유한 존재와 함께 신비도 함축하여 드러낸다. 이처럼 언어는 존재를 은폐하지만 드러내기도 한다. 비트겐슈타인은 전통적 형이상학의 주장들은 그것이 참인지를 검증할 수 없기에 무의미하고, 그렇게 요소명제로 표현할 수 없는 것에 대해서는 침묵해야 한다고 함으로써 충격을 주었다. 그러나 그가 검증되고 명료하게 말할 수 없는 것은 중요하지 않다고 주장한 건 아니었다. 객관적 사실만을 탐구하고 언급하는 과학으로는 접근할 수 없는 윤리와 예술, 그리고 종교의 차원이 있으며, 삶에는 그것이 (더욱) 중요하고 정당하다고 말하고자 한 것이었다. 그는 신비의 차원을 무시하고 과학과 기술만을 우상시하는 태도, 과학이 모든 문제에 답할 수 있다고 믿거나 답하려고 하는 태도야말로 인류의 위기를 불러온다고 보고 있었다. 이처럼 언어적 전환 이후의 현대철학은 언어와 정신 사이의 근본적이고 필연적인 연관 사실을 새삼 강조하는 데까지 나아갔다.[21] 이러한 사실들은 (부정) 신학이 하느님에 관한 인식을 부정하고 언어의 한계에 머물러 있지 않고, 적극적으로 나서서 그 가능성을 열도록 자극을 준다. 언어가 진실을 가리기도 하지만, 궁극적 진실로 나아가기 위한 필수의 수단이라는 사실은 변하지 않는 것이다. 이 점은 동양의 '개오'에 관한 가르침에서도 확인된다.

2) 동양의 '개오'(開悟)

동양 유불선(儒·佛·禪)의 현자들도 이미 일찍부터 실재(진여, 도)의 심오한 신비를 경험하고 그에 접근하는 방식을 독특하고 정교하게 다듬어 수련하고 있었다. 이들은 진즉부터 일상 언어로는 실재의 신비를 부분적으

---

21) 참조: 박찬국, "언어를 사용하는 동물로서의 인간", 『언어, 진실을 전달하는가 왜곡하는가』, 운주사, 2023, 245-317, 305.

로만 적중할 뿐임을 경험하고, 초월적인 그것을 비언어적 섬광으로 깨닫기(覺) 위해 올바른 자세로 호흡하고 명상할 것을 권해왔다. 눈과 귀 그리고 말로 닿을 수 없는 그것을 개념으로 이해하고 설명하려 하면 십중팔구 그 개념의 그물과 업(業)에 속박되기 때문이었다.[22] 언어는 진리 자체가 아니라 표현수단으로서 어린아이를 달래기 위해 던져주는 장난감과 같은 것이다. 논리적 추론으로는 작위(作爲)를 벗어나지 못한다. 그것은 복잡하고 치밀할수록 다른 것과의 연관성과 전체성을 상실하고 공통의 기반으로부터 멀어지고 고립되게 한다. 닻을 내리지 못한 배나 끈 떨어진 연처럼 허공을 부유하게 하는 것이다. '허망분별'(虛妄分別)이 따로 없다. 이것이 불가사의에 관해 장광설을 늘어놓거나 공론(空論)하는 것을 경멸하는 이유다. 언어로써는 궁극적 진리를 나타내기는커녕 긁어 부스럼을 낼 뿐이다. "만약 어떤 사람이 도에 관해서 묻고, 다른 사람이 거기에 대답한다면 그들 중의 누구도 도를 알지 못한 것이다."[23] "그것(眞如)은 존재하는 것도 아니며 존재하지 않는 것도 아니고, 존재와 비존재가 동시에 존재하는 것도 아니고, 존재와 비존재가 동시에 존재하지 않는 것도 아니다."[24] 동양 사유의 특징은 모든 사물과 사건들, 시간과 공간을 상호 관통하는 존일성(存一性)과 통

---

22) 참조: 『도덕경』 14; 오경웅, "토마스 머튼", 『선의 황금시대』, 류시화 역, 경서원 1986, 323-346; F. 카프라, 『현대 물리학과 동양사상』, 이성범, 김용정 역, 범양사, 1989², 316 이하; K.Gloy, "동서양 사상에 있어서의 자연", 『이성과 신앙』 7호, 수원가톨릭대학, 1994, 269-294.

23) 蔣周, 莊子, trans, James Legge, arranged by Clae Waltham, New York 1971, 22; 재인용: 같은 책, 138.

24) Ashvaghosha, "The Awakening of Faith", trans. 鈴木大拙(Open Court), Chicago 1900, 59; 재인용: F. 카프라, 『현대 물리학과 동양사상』, 이성범, 김용정 역, 범양사, 1989², 171.

일성을 통찰하고 체험하는 데에 있다. 그 때문에 세계의 기원, 인생의 의미에 관한 개별 질문에 대하여는 고귀한 침묵으로 응대할 수밖에 없었다. 그렇게 언어와 소리 및 색깔을 넘어선 곳에 고향을 두고자 한 데서 교외별전(教外別傳), 이심전심(以心傳心), 염화미소(拈華微笑), 불립문자(不立文字)가 성하게 된 것이었다. "(동양의) 정신은 단지 정의를 내릴 수 없는 것을 일깨우기 위해서만 언어를 사용하고 침묵을 일깨우기 위해서만 소리를 사용하며 형태 없는 무한을 상기시키기 위해서만 색깔을 사용한다."[25] 그리하여 부지불식간에 일어나는 직관적 통찰을 중시하고 단박에 깨우치라 권했다.

그러나 선사들도 "말에는 끝이 있으나 뜻에는 끝이 없는"[26] 사실을 잘 알고 있었다. 실재를 알 수 없는 것은 태양에 눈이 부셔서 아무것도 볼 수 없는 바와 같은 것이니, 언어로 전달하기 불가능한 것은 역설과 반질(反質) 혹은 유머의 방식으로 얻으라 하였다. 그것은 논리와 통상적 개념을 넘어 실재를 드러내는 효율적 소통방식, 따지고 계산하는 과정을 넘어 전체를 금방 알아채게 하는 고도의 방식이다. 그것은 벽과 문을 설치하는 목수의 고생이 다름 아니라 공간을 비게 하여 쓰기 위해서인 걸 알고 웃음을 터뜨리는 바와 같은 것이다(도덕경 11). 웃지 않으면 도가 될 수 없다(도덕경 41). 이 가운데서 선사들의 수많은 어록이 다시 등장하여 언어로써 선의 세계를 에둘러 풀이하는 (벽암록과 같은) 요로설선(繞老說禪)이 유행했음은 특기할 사실이다. 그렇게 문자를 세우지 않는 '불립문자'에서 문자를 떠나지 않는 '불리문자'(不離文字)로의 전환, 그리고 또다시 선문답과 화두를 통해 논리

---

25) 오경웅, 『선의 황금시대』, 류시화 역, 경서원 1986, 31; 75.
26) 같은 책, 31.

적인 사유로는 이르지 못하는 지점에 닿게 하는 간화선(看話禪)의 불립문자를 향한 재전환이 전개되고 있었으니, 선종 발전사는 "불립문자와 불리문자의 이중주"[27]로 표현되기도 한다. 여기서 '공'(空) 혹은 '허'(虛)는 일상적인 절망이나 공허가 아니라 충만과 완성을 향해서 가라고 권하는 언어다. '불립문자'(不立文字)나 '언어도단 심행처멸'(言語道斷 心行處滅) 역시 말이나 문자에 집착하거나 구애받지 말라는 것이지, 언어의 말살이나 폐기를 의도하지 않는다. 무념무상(無念無想)도 마찬가지로 말의 덫에 걸려서 기존의 관념이나 판단에 물들지 말고 사물을 있는 그대로 보라는 뜻이지 아무 생각도 하지 말라거나 모든 사상을 끊어 버리라는 것을 뜻하지 않는다.[28] 진리의 수단으로서의 언어를 완전히 부당하다고 선고할 수는 없다. 부득이하게 언어로 말을 하되 언어의 분별과 이원성에 매몰되지 않고 뛰어넘으라 권하던 선사들이야말로 실상 언어와 문자에 극히 밝은 이들이었다. 이러한 점은 그리스도교의 계시 이해에 시사하는 바가 크다.

2. 계시의 실상

우선 하느님을 알리는 성경이 역설적이게도 하느님을 은폐한다. 하느님을 소개하면서도 하느님의 형상을 가시적으로 직접 언급하는 대목은 어디에도 없다. 성경은 다만 하느님 현존의 표징을 언급할 뿐이다(탈출기의 불

---

27) 김방룡, "불립문자와 불리문자의 이중주", 『언어, 진실을 전달하는가 왜곡하는가』, 운주사, 2023, 175-243, 240.
28) 참조: 같은 책 73.

타는 가시덤불, 구름 기둥, 구름과 천둥 번개, 신명기의 불길). 모세는 하느님의 얼굴을 보려 하지 말라는 경고마저 듣는다. "내 얼굴을 보지는 못한다. 나를 본 사람은 아무도 살 수 없다."(탈출 33,20. 참조: 레위 16,2; 민수 4,20) 모세는 그리하여 지나간 하느님의 뒷모습만을 보았다. 하느님 앞에서 떠다니던 세라핌들은 두 날개로 그들의 얼굴을 가렸다. 하느님을 직시해서는 안 되기 때문이었다(이사 6장 참조). 네 가지 모습의 케루빔은 주님 영광의 형상, 곧 주님 신비에 관한 암시일 뿐이다(에제 1장 참조). "하느님을 보면 곧 죽는다."라는 말은 구약성경의 기본 전승이요 철칙이다. 우상숭배의 금지도 하느님을 은폐하는 선상에 있다. 그림이나 이름, 세상의 그 어떤 형상을 통해서 신을 제어하려 해서는 안 되는 것이었다. 성경은 하느님을 이름이나 상상으로 규정하려는 태도를 일관되게 금한다. 애써 이름을 물은 모세는 겨우 회피성 짙은 답변을 들었다. "나는 있는 나다."(탈출 3,14). 하느님의 이름은 감히 입에 올려서는 안 되는 지엄한 것, 이름을 묻는 야곱에게 하느님은 다만 복을 빌어 주었다(창세 32,30 참조). "내 이름은 무엇 때문에 물어보느냐? 그것은 신비한 것이다."(판관 13,18). 하느님에 대한 객관화와 대상화는 극구 금지되었다. 하느님을 표상하는 인간의 언어는, 긍정적으로든 부정적으로든, 상대적이고 상징일 뿐이다.

하느님의 계시가 지닌 은폐성의 역설은 계시의 절정인 예수 그리스도에게서 적나라하게 드러난다. 예수는 바로 보이지 않는 하느님이 드러난 하느님, 온전히 하느님의 아들인 동시에 전적으로 인간이다. 그는 사람들의 예상으로부터 너무나 어긋나고 다른 분, 인간의 상상에서 벗어나고 오히려 모순되는 전혀 의외의 분, 대치되는 분이었다. 세계사에 있어 별 역할도 없는 민족 가운데서, 유명해질 까닭이 없는 시골뜨기 소녀의 몸을 통해

축사에서 태어난 그, 범죄자로 몰려 십자가에 달린 그, 빵과 포도주로 추락한 그는 도대체 알 수 없는 존재였다. 그는 철부지들에게는 나타내 보이면서도 지혜롭다는 사람들과 똑똑하다는 사람들에게는 감추는가(루카 10,21 참조) 하면, 생명의 근원(요한 5,26 참조)이면서도 세계 내의 어느 것에도 매이지 않고 활동하여 목격되는 "아버지 하느님의 모상"(2코린 4,4; 콜로 ,15 참조), "하느님 영광의 광채"(히브 1,3)였다. 그를 보는 것은 아버지를 보는 것과 같은 것일 정도로(요한 14,9 참조) 하느님과 본질이 같은 예수는 그러나 도리어 종의 모습을 취하고 "십자가 죽음에 이르기까지" 순종하고(필립 2,5-8 참조), 부유하면서도 인간을 위하여 가난하게 되었다(2코린 8,9 참조). 전래의 하느님 상과 부합하지 않는 이러한 실상으로 사람들은 걸려 넘어졌다. 십자가에 관한 이야기는 유대인들에게는 혐오스러워 듣기 싫은 대기요 희랍인들에게는 어이없는 헛소리였다. 이처럼 예수 그리스도를 통한 하느님의 계시도 은폐된 방식으로 드러나고 있었다. 숨겨져 알려지지 않은 삶을 선택하고 가난과 소외 속에, 십자가와 처형당함 속에 면모를 드러내는 하느님이란 전혀 인간의 상상을 불허하는 신이었다. 그는 신성을 인성과 교환하였다. 전능(全能)하면서도 무기력하게, 전지(全知)하면서도 바보스럽게, 전성(全聖)하면서도 죄스럽게, 전복(全福)하면서도 저주스럽게, 충만하면서도 부족하게, 그리고 영광스러우면서도 수치스럽게 되었다.[29] 예수의 죽음은 하느님에 관한 인류의 모든 기대를 침몰시키는 심연이다. 신이 죽다니. 죽은 신을 믿다니. 이처럼 성경의 하느님은 은폐의 방식으로 계시한다. 무

---

29) 참조: Erich Przywara, *Was ist Gott?*, Nürnberg, 1953², ㅅ9; H. Poehlmann, "Erich Przywara", *Gottesdenker*, Hamburg, 1984, 191-205.

기력의 그늘에 전능을 숨기고, 불투명의 어두움에 영광을 감추는 그는 어떤 의미로 자신을 알리고 계시할수록 자신을 사라지게 한다. 하느님은 우리가 기대하지 않는 곳에 계시고, 우리가 듣고자 하는 바와는 다른 것을 얘기한다.[30] 하느님은 볼 수 없으며(로마 1,20; 콜로 1,15 참조), 너무 신비로워 파악 불가능하다(시편 139,6; 욥 36,26 참조). 자신을 숨기는(이사 45,15 참조) 하느님의 지혜와 지식은 헤아리기 어렵다(로마 11,33 참조).

그러나 성경이 보여주는 또 다른 사실이 있다. 성경은 분명 하느님에 관한 어떠한 상도 금지하지만, 그 안에는 온통 하느님에 관한 인간의 상과 상상이 가득하다. 성경은 하느님에 관하여 여러 모양으로 그리고 총천연색으로 증언한다. 언어의 형식을 떠나서 어떻게 인간이 하느님에 관해 이야기할 수 있겠는가? 하느님에 관한 언사를 아예 포기하지 않을진대 하느님에 관한 인간의 언사는 정당할 뿐만 아니라 불가결하다. 계시와 언어, 그리고 진리는 하나의 현장에 있다. 그렇다면 하느님의 '은폐성'이 말하고자 하는 바는 무엇인가?[31] 그것은 하느님을 부정하는 말이 아니라 하느님에 대한 인간의 상상과 제어를 경고하는 말이다. 그것은 하느님 인식을 금지하는 말이 아니라 하느님 계시의 탁월성을 부각하는 말이다. 성경의 하느님은 늘 숨어 있지만, 사람들이 찾아내기를 바라고 (인)기척을 보낸다. 깊숙이 감추어 있으면서도 술래잡기를 멈추지 않는 이들에게는 반짝반짝 신호를 보내는 것이다. 성경은 하느님을 인간에게는 없는 본질을 지닌 분으로

---

30) 참조: 서공석, "하느님에 대한 말", 『사목』 175, 97-126, 107.
31) 참조: Walter Kern, Walter Kasper, "Atheismus und Gottes Verborgenheit", Franz Böckle, Franz-Xaver Kaufmann, Karl Rahner, Bernhard Welte(Hg.), *Christlicher Glaube in moderner Gesellschaft 22*, Freiburg/Basel/Wien, 1982, 5-57, 47-49.

진술하지 않는다. 오히려 인간을 향해 다가오는 분, 역사 안에서 구원을 실현하는 분, 사람보다도 더욱 인간적인 분으로 묘사한다. 신앙인에게는 그것이 하느님의 힘이요 새로운 생명과 삶을 움트게 하는 오묘한 지혜다(1코린 1,24). "패배당한 바로 그분이 승리자라는 것, 십자가에서 죽임당한 바로 그분이 부활한 분이라는 것, 이러한 사랑의 우회로를 가는 하느님이 계신다."라는 고백에서 "그리스도교의 독특성"[32]이 드러나는 것이다.

3. 현대신학의 이해

하느님이 인간에 대해 '절대 타자'이고 '온전히 다른 자'라면, 인간이 어떻게 하느님을 알고 말씀을 이해할 수 있을까? 하느님의 일방적인 계시 말고는 방도가 없는 걸까? 이와 같은 의문과 관련해서 개신교와 가톨릭교회의 신학 전통을 - 그를 대변하는 신학자 두 명의 생각을 현대 신학계에 미친 영향과 기여도를 고려하여 - 소개하고자 한다.

1) 카를 바르트(1886-1968)

앞서 본 바와 같이 20세기 개신교 신학은 카를 바르트의 변증 신학(말씀의 신학, 위기의 신학, 신정통주의)과 함께 분수령 혹은 전환을 맞이하였다.[33] 바르트는 로마 가톨릭 신학은 물론 하르낙, 트뢸취의 자유주의 신학을 거

---

32) H. 퓔만, 『교의학』, 이신건 역, 한국신학연구소, 1990, 152.
33) 참조: Horst G.Poehlmann, "Karl Barth", *Gottes Denker*, Reinbeck bei Hamburg(Rowohlt), 1984, 28-54.; 김진규, 『현대 신학사상』, 새물결플러스, 2014, 23-77.

부하고, 세상과 역사로부터 하느님 말씀으로, 문화로부터 계시로 다시 돌아설 것을 외치던 '신앙인'이다. 그에게는 당대의 문화적 요구와 사조에 부응하던 자유주의 신학이 돛은 활짝 올렸으면서도 정작 닻이 없어 부유하는 배처럼 보였다. 신학은 하느님에 관한 인간의 사유와 말이 아니라, 인간에 관한 하느님의 사유와 말씀에서 시작되어야 한다. 하느님과 세계의 절대적 차이를 인간이 뛰어넘을 방법은 없다. 하느님은 곧 '인간에 대한 극단적 부인이요 지양'이다. 바르트는 자연과 은혜, 이성과 신앙, 역사와 계시, 종교와 사회, 하느님과 인간의 관계를 중재하거나 중립적으로 포괄하려는 당대의 신학에 분노하고 투쟁하였다. 그에 따르면 종교적 신비경험(슐라이허마어), 역사(트뢸취), 철학(헤겔)을 통해서는 '철저히 다른' 하느님에게 이를 수 없다. 도대체 하느님에 닿을 가능성은 오직 위로부터 수직적으로 하강한 예수 그리스도의 계시와 이에 대한 믿음밖에는 없다. 신앙이란 증명에 맞선 믿음의 모험이다(히브 11,1-31; 요한 20,29; 2코린 5,7 참조). "신앙"은 "결코, 끝나지 않았고, 주어지지 않았고, 보장되지 않았다. 그것은 항상 그리고 늘 미지의 자에게로의, 어둠을 향한, 텅 빈 공기를 향한 새로운 도약이다."[34] 하느님이 다른 대상들처럼 인간의 능력에 의해 인식되고 파악된다면, 그는 하느님이 아니다. 바르트에 의하면 하느님에 관한 인식은 하느님 자신으로부터, 성령의 능력을 통하여, 오직 하느님의 은혜로서, 오직 신앙 가운데 있는 사람들에게 주어진다. 먼저 하느님이 말씀을 통해 인간에게 객체로 등장함으로써 유비가 발생하고 하느님 인식의 문제가 인간에게 비로소 제기되는 것이다. 그러나 이 유비는 하느님과 인간 사이의 유비, 곧 '존

---

34) Karl Barth, *Der Römerbrief*, Zürich, 1921², 1978¹², 73.

재의 유비'가 아니라 (예수 그리스도를 통해서만 가능한) 신앙의 유비, 관계의 유비일 뿐이다 하느님 인식은 "오직 하느님 자신으로 말미암아" 가능하기에 바르트는 하느님에 더한 모든 종류의 자연적 인식을 거부하고, 타 종교의 방식을 배타하였다. 하느님에 대한 자연적 인식은 하느님의 은혜와 계시, 예수의 육화를 필수로 요구하지 않게 하며, 이것은 죄 속의 인간을 정당화하는 꼴이 된다. 자연적 인식이란 인간이 하느님 앞에서 끝까지 자기 자신을 포기하지 않고 오히려 자기 자신을 보존하고 주장하고자 하는 시도이고, 그것은 그저 불신앙일 뿐이다. 하느님의 말씀에 대한 이해는 인간의 자연적인 능력에 의한 것이 아니라 능력 없는 자들의 능력, 인간적으로는 도저히 설명할 수 없는 기적이다. 그것은 인간의 가능성이 아니라 하느님의 가능성이며, 인간에게는 이해 불가능한 신비이다. 바르트에게서 하느님은 단순히 세계와 인간의 초월이나 심화로 인식되지 않는다. 하느님은 인간이 자신을 넘어 더 나아가거나 자신 안에 깊숙이 빠진다고 해서 체험되는 존재가 아니다. 하느님의 존재와 행위는 인간의 존재와 행위와는 다르다. 여기와 거기 사이에는 넘을 수 없는 죽음의 선이 그어져 있다. 유한한 자는 무한한 분을 수용할 수가 없다(Finitum non capax infiniti.).

바르트에 따르던 하느님은 인간적으로 정의될 수 없다. 인간에게는 하느님과의 그 어떤 접촉점이 없다. 따라서 자연적 인식, 자연신학은 불가하다. 하느님은 무엇보다도 신비요, 파악 불가능한 분, 당연하지 않은 분, 해명하거나 조종하는 일이 불가능한 분, 낯선 분이다. 하느님이 인간에게 오시지 거꾸로 인간이 하느님에 다가가는 게 아니다. 바르트의 신학은 "위로부터의 신학"의 전형이다. 그의 신학이 지닌 순수성과 진실성은 올바로 평가되어야 할 것이다. 다만, 근대 이후 인간에 관한 연구와 그 담론이 강력히 부상하였고, 신학도 이에 무심할 수는 없던 점을 고려해야 할 것이다. 하느님의 하느님다움을 위해 인간을 작아지게 하거나 박멸하는 듯한 그의 생각은 하느님의 육화에 역행하거나 도피하는 것일 수 있다. 여기서 바르트의 신학은 바르트 자신에게 부메랑이 되고 있음을, 바르트가 바르트에게 맞서는 상황이 되고 있음을, 그의 강점은 동시에 약점이 되고 있음을 지적할 수밖에 없다.

2) 칼 라너(1904-1984)

앞에서 바르트에게서는 (훗날 조금 수정되기는 했지만) 하느님과 인간, 신앙과 인식이 철두철미 분리되어 있음을 보았다. 이는 두루 개신교 신학의 전통이기도 하다. 그에 반해 가톨릭 신학은 하느님에 관한 인간의 자연적 인식을 하느님과 사람 사이의 유비를 통해 긍정하는 견해를 밝혀왔다. 성경도 자연 속 하느님의 계시를 분명히 인정하고 있다.[35] 만물은 하느님을 향해 가는 도상에 있다고 밝히는 것이다. 토마스 아퀴나스는 '더 큰 비유사성을 품은 최소의 유사성'이라는 의미의 유비가 하느님과 피조물의 무한한 질적 차이를 파괴하지 않고 오히려 구제한다고 보았다. 하느님과 피조물 사이를 일의적으로 말할 수는 없지만, "아득한 심연과도 같은 비유사성을 지닌 어떤 유사성"[36]에 의지하여 신비로운 것을 말하는 데 성공할 수 있

---

35) 참조: "하늘은 하느님의 영광을 이야기하고 창공은 그분 손의 솜씨를 알리네. 낮은 낮에게 말을 건네고 밤은 밤에게 지식을 전하네. 말도 없고 이야기도 없으며 그들 목소리조차 들리지 않지만 그 소리는 온 땅으로, 그 말은 누리 끝까지 퍼져 나가네."(시편 19,2-5); "세상이 창조된 때부터, 하느님의 보이지 않는 본성 곧 그분의 영원한 힘과 신성을 조물을 통하여 알아보고 깨달을 수 있게 되었습니다."(로마 1,20)
36) *In Sent.*, I, d.8, q.1, a.1, ad4. (재인용: 바티스타 몬딘, 『성토마스 개념사전』, 한국성토마스

다는 것이다. 하느님에 대한 인간의 인식은 불완전할 뿐 허위인 것은 아니다. 하느님의 초월성은 인간의 인식이 닿을 수 없다는 의미가 아니라 다만 완전히는 인식할 수 없다는 것을 뜻한다.

라너는 하느님에 관한 자연적 인식의 가능성을 긍정하는 가톨릭교회의 오랜 전통과 인간의 인식을 현상계에 제한했던 칸트의 주장을 대립의 관계로 고정하지 않고 포괄하여 극복하고자 했다. 그는 칸트의 방법론에 충실하게 머물러 하느님에 대한 인식과 체험을 가능하게 하는 인간 내부의 조건을 주목하고, 신인식 가능성에 대한 긍정적 결과를 도출하였다. 그리하여 그는 인간이 이미 근원으로부터 하느님을 만나고 있으며, 선험적으로 신적 계시를 알아들을 수 있도록 틀지어져 있다고 보았다. 인간은 그가 경험하는 유한을 넘어 무한을 향해, 궁극적으로 하느님을 향해 초월하는 구조를 지니고 있고, 이로써 하느님의 계시를 인식하고 받아들일 가능성을 자신 안에 지니고 있다. 이 '초월론'의 구조가 인간이 지닌 선험 조건이다. 그에 따르면 무한을 향해 자신을 개방하는 인간은 불가피하게 하느님에 연계되어 있다. 앞서 제2부에서 살펴보았듯이, 라너는 '질문의 속성과 구조'를 통해서, 그리고 '전이해와 선취'를 통해서 유한한 인간이 어떻게 무한에 닿는지를 구명하였다. 인간은 자신의 유한과 제한을 자각하는 즉시 무한에의 개방을 염원한다. 여기서 인간은 무한이 이미 유한의 지평으로 자리 잡고 있음을, 자신의 초월이 이루어지고 있음을 감지한다. 모든 행동과 각개의 판단에서 무한 존재를 향한 선취가 발생하고, 이러한 판단이 인간존재에 속해 있는 한, 존재와 무한은 필수적으로 인간 현존재의 기

연구소, 2020, 520).

본에 있는 것이다. 라너는 이런 의미에서 매 인식의 경우 하느님에 대한 함축적 인식이 이루어지고 있다고 보았다. 그러기에 하느님 체험은 몇몇 신비주의자들이나 신앙인의 특권이 아니라, 비록 그 힘과 명료성에 차이가 있을지라도, 모든 사람에게 (미처 그리스도교 신앙을 접할 수 없던 이에게도) 주어지는 은혜로운 것이다.

    라너에 따르면, 하느님이 이미 인간의 본성에 자신을 내어주었으므로 자아를 철저하게 수용하는 것은 동시에 하느님을 수용하는 것이 된다. 이때 인간은 하느님 '안'에서 하느님을 체험하는 것이다. 그러기에 인간의 자유와 하느님의 은총이, 인간의 인식과 하느님의 계시가 반비례하거나 양자택일적으로 경쟁하는 게 아니다. 하느님은 인간을 인간답게 해주는 근거다. 자유를 본질로 하는 절대자가 개개의 인간 행위의 내적 소인인 까닭에 인간이 하느님에 의존하는 그만큼 그는 더 자유로워진다. 하느님은 인간 자유의 가능성의 조건이요 그 완성이어서 창조주에의 종속이 심할수록 피조물의 고유성은 심화하는 것이다.[37] 이처럼 오직 믿음과 은총을 강조함으로써 개신교 전통을 회복하려던 바르트와는 달리 라너는 하느님이 인간의 본성에 앞서 있으면서도 인간의 본성을 그대로 긍정하고 수용한다고 보고, 인간의 하느님 인식이, 비록 직접적이지 않고 함축적이지만, 가능하다고 보았다. 그리고 이것은 가톨릭교회의 전통을 강화하는 것이었다.

---

[37] 참조: W. Kern, "Über den humanistischen Atheismus", K. Rahner(Hg,), *Ist Gott noch gefragt?*, Düsseldorf, 1973, 9-55, 49.

4. 종언

신앙을 고백하는 이들의 이중적이고 역설적인 태도가 있다. 신을 알면 알수록 동시에 알 수가 없다며 벽에 부딪힌 듯 좌절하는가 하면, 하느님을 알아낼 도리가 없다그 고개를 흔들면서도 너무나 훌륭하게 신앙의 일상을 사는 것이다. 이 이중성으로 인해 신앙 여정은 굴곡을 겪는다. 하느님이 숨는 방식으로 당신을 드러낸다는 통찰은 오래전부터 지역(東西)과 시대(古今)에 따라 다양한 형태로 정설이 되어왔다. 동서양의 현자들은 '모른다는 사실을 아는 것'(소크라테스)과 '안다는 사실을 모르는 것'(노자)이 최그의 지혜라는 것을 알고 있었다. 심지어 오늘날에는 물리학자들도 관찰과 실험의 내용을 진술하는 언어가 불완전하고 부적합하여 탄식하고 있다. 진리의 신비성을 공유하는 것이다.

우리는 하느님의 은폐성을 확인하였고, 그 해소 방식으로 직관, 유비, 역설, 변증법 등이 동원되었음을 보았다. 우리가 가지고 있는 앎은 단편이요 조각일 뿐 전체 진리는 늘 손밖에 놓여 있다. 명제와 반 명제, 긍정과 부정의 과정에 있는 우리에게 종합명제(Synthese)는 늘 신비로서 숨겨진 채 물러나 있다. 그런데 그때의 남아 있는 그 무엇의 사실에 대한 앎이 주목된다. 절대자의 정체가 아직 명시적으로 주제화되지는 않지만, 절대 신비를 향한 인간의 초월 지향과 경험의 배후를 이루는 지평으로서 하느님이 감지되는 것이다.[38] 이러한 맥락에서 "우리는 어떤 방식으로든 언제나 이미 존재 이해를 '소유하고' 있다."[39]라고, 나아가 브정신학의 방법은 신앙의 훌

---

38) 참조: K. 라너, 『그리스도교 신앙 입문』, 이봉우 역, 분도출판사, 1994, 79-103.

륭한 길잡이가 될 수 있다고 말하게 된다. 사람이 하느님을 객관적으로 진술할 수는 없다. 하느님은 시공간의 어떤 한 조각이 아니기 때문이다. 하느님은 세계 혹은 원인의 한 부분이 아니다. 세계를 설명하기 위해 동원되는 인과의 연결고리 중의 한 원인, 기능 혹은 계기가 아니다. 세계의 창조주요 주인으로서의 하느님은 이 세계에 예속되어 있지 않다. 사물과 대상이 존재하듯 그렇게 존재하는 하느님은 존재하지 않는다. 증명된 신은 신이 아니다. "'존재하는' 신은 '존재'하지 않는다."[40] "하느님은 다만 하나의 신비일 뿐만 아니라 도대체 신비 자체"[41], 차라리 무(無)다. 그 때문에 영성가들은 하느님에 대한 해석은 침묵 속에서 완성된다고 말한다. 하느님은 세계법칙에 귀속하는 어떤 한 경우가 아니라, 그 세계법칙의 전제다. 인간은 이 전제를 직접 기술할 수 없고 직접적인 대상으로 대할 수가 없다. 유한한 인간이 인식을 벗어나는 실재에 관해서 말하는 자체가 모순이다. 그러나 인간은 겨우 간접적이긴 하지만, 유한한 자가 지향하는 무한자로서 하느님을 형용할 수가 있다. 파악할 수 없고 제어할 수 없는 실재의 충만을 주제화되지 않고 대상화되지 않은 형태로나마 깨닫는다는 것은 중요한 의미를 지닌다. 인간은 완전한 행복을 상상하고 기대하면서 현실의 불편을 넘어선다. 이 완전함을 향한 기대, 축복에 대한 예지로 인생의 현실을 초월하도

---

39) H-P. 헴펠, 『하이데거와 선』, 이기상, 추기연 역, 민음사 1995, 70.

40) Joseph Möller, "Die Gottesfrage in der europäischen Geistesgeschichte", W. Kern, H.J. Pottmeier, M. Seckler(Hg.), *Handbuch der Fundamentaltheologie 1*, Freiburg im Bre. 1985, 73-94, 85; D. Bonhoeffer, *Akt und Sein*, München 1956, 52.

41) Josef Finkenzeller, "Der Gott der Offenbarung, Probleme und Möglichkeiten der Verkündigung in unserer Zeit", W. Kern(Hg.), *Aufklärung und Gottesglaube*, Düsseldorf 1981, 133-160, 155.

록 이끄는 것이 종교인 것이다. 그리하여 비록 인간이 수동적이고 또 그의 인식이 비명시적이기는 하나 초월적 존재를 상정하고 수용하는 일, 이른바 자연적 인식은 가능한 것이다.

하느님의 '은폐성'은 삶의 끝에 당도하지 못한 유한한 인간이 '아직은 다 알고 있지 못하다는 것' 이상의 의미를 지닌다. 그것은 하느님의 숨어 계심을 부각하는 동시 인간의 무지에 대한 고백을 함축하는 언어다. 여기서 하느님의 은폐성에 관한 유한한 인간의 진실한 고백은 곧 하느님의 계시를 이해하는 한 방식이라고 말할 수 있다. "하느님이 '우리 인간의 인식을 통해 지금까지 그분에 대해 알고 있는 것' 이상의 분이라는 사실을 우리가 알고 있을 뿐 아니라, 또 그분이 말씀하시거나 침묵하실 수 있는 분이라는 사실도 알고 있을 때, 비로소 우리는 실제로 하느님의 말씀이 주어지면 그것은 인간이 그 앞에 경배하며 무릎 꿇는 '하느님의 인격적 사랑'에서 나오는 예측할 길 없는 행동이라고 '있는 그대로' 그 말씀을 이해할 수 있게 된다."[42] 하느님의 은폐성이란 인식론의 명제가 아니라 신학의 명제, 인식의 마지막 단어가 아니라 신앙의 첫 단어다. 하느님의 은폐성은 인간이 마지막으로 도달하는 그 어떤 지점, 혹은 저 멀리 그 어디엔가 설정되어있는 인식 상의 방화벽이 아니다. 그것은 소극적으로 하느님에 관한 진술을 중지할 것을 명하는 말이 아니라 변증법적으로 상승하여 적극적으로 진술할 것을 지원하는 말이고[43], 침묵할 것을 선고하는 단어가 아니라 하느님을 웅변하고 찬미하며 칭송하고 사모하며 힘차게 기리라고 격려하는 단어이

---

42) 칼 라너, 『말씀의 청자』, 김진태 역, 가톨릭대학교출판부, 2004, 110-111.
43) 참조: Nikolaus von Kues, *Der verborgene Gott*, Übertragung und Nachwort von Fritz Stippel, Kraulling vor München, 1941, 52f.

다. 하느님이 자신의 원리가 되도록 개방한 신앙인에게 '하느님'은 그가 자기 자신을 신뢰할 수 없는 처지에서도 가지게 되는 신뢰의 근거요, 그가 가지지 않은 데도 발휘되는 놀라운 힘이며, 그가 진리 안에서 자유롭게 되도록 꼼짝없이 구속하는 신비를 일컫는 '이름'이 된다. 신비는 말 없는 침묵의 비밀이 아니다. 그것은 말하는 비밀, 인간에게 말을 걸고 또 우리가 말을 건넬 수 있는 비밀이다. 그러기에 우리는 하느님 인식은 은총에 의한 인식인 동시에 자연적인 인식이라고, 계시를 받고 신앙에 의해서 이루어진 인식이라고 말하게 된다. 믿기로 결단한 신앙인에게 하느님의 은폐성은 지나가는 소나기와 같다. 신앙인은 그분이 자신에게서 멀리 떨어져 있는 그 모든 것보다도 더 멀리 계시면서도 동시에 자신보다도 더 가까이 계심을 알고 있다.[44] 이 신비를 체험하는 신앙인은 한층 고양된 빛 속에서 그 어떤 책임감마저 경험한다. 여기서 하느님의 이름은 세상의 그 모든 '아니오' 앞에서도 '예'하게 하는 말씀과 행동의 보증이 된다(탈출 4,10-17; 예레 1,6-10; 마태 10,16-25 참조). 이 영감이 일으킨 용기로 순교자들은 죽음마저 두려워하지 않았다. 예수 그리스도의 하느님은 그의 형제들, 특별히 가난하고 비천하며 병들고 박해받으며 죽어가는(마태 25,31-46) 형제들 안에 현존한다. 그러니까 하느님의 은폐성은 저 멀리 떨어진 피안의 절대자가 아니라 소외 한 가운데에 현존하는 계시의 신(Deus revelatus)을 지칭하는 말이다.

부정의 길은 긍정의 길과 함께 유일하고 동일한 하느님을 인식하는 데에 이바지하는 하느님의 초대 방식이다. 그것은 일부 종교인의 광신적

---

44) 참조: Erich Przywara, "Gott", *Schriften Band II*, Einsiedeln, 1926, 28; H. Zahrnt, "Einführung", *Auf der Suche nach dem unfaßbaren Gott, Christlicher Glaube in moderner Gesellschaft 37*, Freiburg, 1984, 15-28.

신앙과 기복적 호기심을 염려하면서, 그리고 하느님께 가까이 가는 사람이 정직하게 체험하는 두려움을 염두에 두고서 의도적으로 신 체험의 이면을 강조함으로써 교정을 가하는 신학의 길이다. 중요한 것은 균형에 관한 통찰이다. 부정신학은 올바른 신앙으로 이끈다. 하느님이 숨어계신다는 말은 하느님을 임의로 조종하려는 이들이 함부로 들어가 능욕하지 못하게 문을 지키는 초소 역을 수행한다. 그러기에 그것은 견제의 말인 동시 은총의 말이다. 그것이 견제의 말인 까닭은 인간이 하느님을 임의로 제어할 수 없다는 사실을 단호히 말하기 때문이다. 그런 의미에서 '하느님의 은폐성'은 하느님처럼 되려는(창세 3,5 참조) 인간의 불손을 견제한다. 그러나 그것은 동시에 선행과 친절 그리고 은총의 언어이기도 하다. 하느님의 은폐성은 인간 자신의 실적을 통한 구원의 경주를 만류하고 복음과 은총에 기대어 자유로울 것을 권고하기 때문이다. 그것은 부실이나 공허를 가리키는 말이 아니라 반대로 바닥이 드러나지 않을 충만을 소망하는 말, 형언키 어려운 하느님이 밝히 드러나도록 돕는 말이다.[45] 그것은 인간을 좌절하게 하는 아득한 금령이 아니라, 자애 넘치게 다가와 가슴 떨리게 자극하는 하느님의 신비를 가리킨다. 신약성경은 하느님의 은폐성을 사랑의 발로라고 정의한다. "지금까지 하느님을 본 사람은 없습니다. 그러나 우리가 서로 사랑하면, 하느님께서 우리 안에 머무르시고 그분 사랑이 우리에게서 완성됩니다."(1요한 4,12)

---

45) 참조: H. Fries, *Abschied von Gott?*, München, 1979⁶, 80; G. Hasenhüttl, 『하느님 - 과학시대를 위한 신론 입문』, 심상태 역, 서울, 1983, 279, 286 이하.

맺음말

중세의 인문 체계가 근대에 들어 어떻게 해체되고 다시 구축되었는지를 살펴보았다. 중세기의 스콜라학은 갖가지 도덕과 교리를 포용하면서 하단에서 꼭대기에 이르기까지 정묘(精妙)하게 쌓아 올린 건축물과 같았다. 신앙과 이성의 균형, 질서 지향의 가치관, 그 결실인 삶의 안정화는 중세 전체의 특징이고 자랑이었다. 그러나 무게추를 이성에 둔 근대에 와서는 과거에 대한 전반적인 검토와 더불어 중세를 '계몽'의 대상으로 삼는 흐름이 우세해졌다. 미몽에서 깨어나는 것, 자기의식을 지니고 모든 것에 대해 의심하는 것, 그것은 이제 죄목이 아니라 덕목이 되었다. 이에 힘입어 갈수록 날카로워진 철학의 눈은 구축보다는 분해를, 조화보다는 비판을, 전체보다는 부분을 주목하고, 각 분야의 전문성을 중시하게 되었다. 이로써 조각난 관점과 열정은 학문과 종교의 독립, 제국과 인종들의 분열과 경쟁을 불러왔고, 어느 한 부분의 개선이 아니라 전체의 재건축을 다시 요구하는 데까지 이어졌다. 과연 많은 분야가 변했다. 근대의 의심과 비판의 극성은 무신론을 대중화하는 데까지 치달았다. 종교로 인해 인생을 짐처럼 짊어져야 했던 이들, 산업의 역군으로서 자부심은커녕 착취당하고 신음하던 이들, 종교적 강박에 속병을 앓던 이들, 저세상의 행복을 위해 이 세상의 축제를 외면하며 낙담하던 사람들에게 종교를 비판하는 이들의 웅변은 빛나고 호소하는 바가 컸다. 이들은 인간애를 발휘하여 그들을 변호하고 지키려 했다. 이 사실을 잊을 수 없다. 어떻게 잊을 수 있나. 무신론자들이 제기하는 비판의 여진이 여전히 고통을 주건만 피할 수가 없다. 그들의 물음은 교회의 논의와 설명을, 그리고 입장표명을 요구하였다. 실제로 교회는 파문으로부터 대화, 그리고 개별화된 신학적 대응에 이르기까지 방법과 내용에 있어 여러 길을 모색하였고, 특수하고도 첨예한 시각을 갖추고 각 위기를 극복해왔다.

그리스도교를 비판하는 이들은 그리스도교가 이원론의 전통에 잠겨 세상과 육신을 억압해 왔으며, 신에 관하여 너무나 순진하게 속단해 왔음을 올바로 폭로하였다. 세상의 신비를 해명하기 위한 가설로서의 신, 겁주고 협박하는 신, 사회악에 맞서기보다 순응하거나 도피하는 이들의 위안처로서의 신을 떨쳐내고 세상 한가운데서 함께 하는 신에 주목하게 한 것이다. 그들의 비판은 관념주의와 개인주의에 치우치기 쉬운 그리스도교의 신학과 교회가 실제적, 심리적, 사회적 차원을 간과하지 않도록 강력하게 일깨웠고, 인간존재의 육신 차원과 역사성을 잊지 않도록 경종을 울려주었다. 그들은 그리스도교 본연의 모습을 되찾도록 권고하고 교회의 선포와 프로그램의 정화 및 심화를 요구하였다. 물론 현대의 신학과 그리스도교는 이들이 이해하던 문자 그대로의 이원론에서는 벗어나 있다. 많은 점을 고려할 때 전체적으로 무신론이 여러 가지 전망 하에 신학 안에 수용되었다고 말할 수 있다. 때로는 무신론 자체를 승인함으로써 의미심장한 해법이, 그러나 동시에 소요가 일어났던 경우도 있었다. 그로 말미암아서 신학 내외에 새로운 위험이 생겨나기도 했다. 그러나 이로부터 현대에 하느님에 관하여 새롭게 말할 가능성이 개진되었음은 환영할 일이다. 포이어바흐는 자기의 사상이 언젠가 인류의 재산이 되리라고 장담하였다. 그의 말은 실제가 되었다. 니체는 "나를 죽이지 못하는 것은 나를 강하게 한다."라고 하였다. 그의 말은 역으로 그리스도교에 적용될 만하다. 무신론적 자극 덕분에 그리스도교가 더욱 그리스도교다워졌기 때문이다. 실제로 지난 세기 신학계를 강타한 탈 신화화의 노력에서, 인간학적 전환에서, '지금 여기'를 주목하는 시선에서 그 입김이 여실히 드러나고 있었다. 신학이 새삼 들여다보는 이 세상은 얼마나 밝고 기쁜 곳인가, 다시 발견하는 이 현세는 얼마나 눈부시게 빛나고 있는가! 결과적으로 무신론은 신학에 공헌도 했다. 서구의 무신론적 사고와 비판은 하느님의 참모습과 신학 본연의 정신을 가려내기 위해 함께 경주한 '부정적인 길'이었다.

신학은 교회가 역사를 형성해온 전체 과정에서 오히려 역사에 유혹되고 굴복함으로써 스캔들이 될 만한 외모를 지녔었음을, 완결된 적이 없이 힘겹게 성장하고 있었음을, 그래서 거룩하고도 죄 많은 순례자임을 자각하도록 일깨워 왔다. 신학은 '신자들의 불신'(참조: 마르 9,24)을 신중히 고려하고, 동시에 "무신론적 사고방식에 숨어 있는 보다 깊은 이유를"(「사목헌장」 21항) 찾고 대화하기를 교회에 권고하였다. "무신론 역시 실제로는 인간이 신에 대한 물음에 임하는 하나의 형태이며 심지어는 이 문제에 대한 정열의 표현"(랏씽어)일 수 있다. 그것은 축복을 받고자 하느님을 놓아주지 않으려 벌인 야곱의 씨름(창세 32,27)과 같은 것이다. "하느님을 모독하는 악담

조차 그분을 향한 관심의 표출"(헤셸)이다. 신학은 비판적 입장을 피력하는 무신론자들의 정당한 취지와 아울러 이러한 무신론에 올바로 대처하기 위해 교회의 존재 방식이 인격적 제도적으로 변화되어야 함을 절실히 각성하고 실제 쇄신하고 있다. 무신론은 교회와 신학의 건강을 진단하는 시료이고 자산이다. 무신론은 비록 흠을 지니고 있지만, 진리를 전체적으로 드러내는 데 있어 쓰임새 좋은 모자이크 부분이라 하겠다. 오늘날 무신론은 신학에 낯설지 않다. 무신론이 외부의 이물이 아니라 이미 신학 내부의 한 주제요 본연의 과제로 인식되기 때문이다. 그렇다면, '부정신학'과 '사신 신학'이 신학 안에 고유하게 자리를 잡고 이름을 갖고 있듯이 '무신론 신학'이라고 그리 안 될 이유가 있을까?

참고 문헌

1차 문헌

KANT, Immanuel, "Beantwortung der Frage: Was ist Aufklärung?", *Kants Werke*, Königlich Preußischen Akademie der Wissenschaften(Hg.), Bd. VIII, Berlin, 1912-1913(Nachdruck: Berlin 1968).

_____, *Kritik der praktischen Vernunft*, 특히 단원 "'über die Postulate der reinen praktischen Vernunft überhaupt'", Philos. Bibl. Bd. 38, Hamburg, 1967.

_____, *Religion innerhalb der Grenzen der bloßen Vernunft*, 1793. Akad. -Ausgabe, Bd. VI. -Philos. Bibl., Bd. 45, Hamburg, 1978.

칸트, 임마누엘, 『별이 총총한 하늘 아래 약동하는 자유』, 빌헬름 바이셰델 엮음, 손동현 김수배 역, 이학사, 2006.

HEGEL, Georg Wilhelm Friedrich, *Glauben und Wissen oder die Reflexionsphilosophie der Subjektivität, in der Vollständigkeit ihrer Formen, als Kantische, Jakobische und Fichtesche Philosophie*, 1802, Werke I.

_____, *Vorlesungen zur Geschichte der Philosophie*, Werke(Jubileumsausgabe von Glockner) Bd. XIX.

_____, *Vorlesungen über die Philosophie der Geschichte*, Theorie Werkausgabe in zwanzig Bänden, Redaktion von Eva Moldenhauer und Karl Markus, Ffm., 1969ff.

_____, Vorlesungsmanuskripte I(1816-1831), W. Jaeschke(Hg.), Duesseldorf, 1987, Gesammelte Werke in Verbindung mit der Deutschen Forschungsgemeinschaft, der Rheinisch-Westfaelschen Akademie der Wissenschaften(Hg.), Hamburg, 1968 ff.

헤겔, 『종교철학』, 최신한 역, 지식산업사, 1999,

KIERKEGAARD, Søren Aabye, *Gesammelte Werke*, Düsseldorf/Köln, 4부 1950.

_____, *Philosophische Brocken*, De ommnibus dubitandum est, 10. Abteilung 1952.

_____, "The Sickness unto Death", *Fear and Trembling and the Sickness unto Death*, Walter Lowrie(tr.), Princeton Univ. Pr., 2013(235-468).

FEUERBACH, Ludwig, *Notwendigkeit einer Reform der Philosophie*, 1842, W. Bolin, F. Jodl, Zweitaufl. H.-M.Sass(Hg.), Sämtliche Werke, Bd.II, Stuttgart, 1904.

_____, *Grundsätze der Philosophie der Zukunft*, 1843, W. Bolin, F. Jodl, Zweitaufl. H.-M. Sass(Hg.), Sämtliche Werke, Bd.II, Stuttgart, 1904.

_____, *Wesen des Christentums*, W. Schuffenhauer(Hg.), Gesammelte Werke, Bd. V, Berlin, 1973(포이어바흐, 루드비히,『기독교의 본질』, 강대성 격, 한길사, 2008).

_____, *Vorlesungen über das Wesen der Religion*(gehalten 1848/49 in Heidelberg), W. Schuffenhauer(Hg.), Gesammelte Werke Bd. VI, Berlin, 1967.(포이어바흐, 루드비히,『종교의 본질에 대하여』, 강대성 역, 한길사, 2006).

MARX, Karl, "Brief an A. Ruge", *MEGA*, I/1/2.

_____, "Brief an L.Feuerbach"(11.8.1844.), *MEW Bd. 27*.

_____, *Deutsche Ideologie*, MEW 3, Berlin Dietz, 1990

_____, *Kritik der Hegelschen Rechtsphilosophie*, Werke I.

_____, *Ökonomisch-philosophische Manuskripte*(1844), *MEW 40*.

_____, "Thesen über Feuerbach", *Werke II*.

_____, *Zur Kritik der politischen Ökonomie*, MEW Bd. 13.

MARX, Karl, ENGELS, Friedrich, *Die Deutsche Ideologie*, Werke II, 5-655.

_____, *Manifest der Kommunistischen Partei*, MEW 4(Werke II).

NIETZSCHE, Friedrich Wilhelm, *Der Antichrist*, G. Colli·M. Montinari(Hg.), weitergeführt W.Müller-Lauter, Kritische Gesamtausgabe, K.Pestallozzi, Berlin/New York, 1967, II(니체, F.,『안티크리스트』, 박찬국 역, 아카넷, 2013).

_____, *Die fröhliche Wissenschaft*, K.Schlechta(Hg.), Werke Bd. II, München 1955.

_____, *Ecce homo*, G. Colli·M. Montinari(Hg.), weitergeführt W.Müller-Lauter, K. Pestallozzi, Kritische Gesamtausgabe, Berlin/New York, 1967, II(니체, F.,『이

사람을 보라』, 박찬국 역, 아카넷, 2022.)

_____, *Jenseits von Gut und Böse*, G. Colli·M. Montinari(Hg.), weitergeführt W. Müller-Lauter, K. Pestallozzi, Kritische Gesamtausgabe, Berlin/New York, 1967, II(니체, F., 선악의 저편, 박찬국 역, 아카넷 2018).

_____, *Menschliches Allzumenschliches*, G. Colli·M. Montinari(Hg.), weitergeführt W. Müller-Lauter, K. Pestallozzi, Kritische Gesamtausgabe, Berlin/New York, 1967, I(니체, F.,『인간적인 너무나 인간적인』, 김미기 역, 책세상, 2020).

_____, *Morgenröthe*, G. Colli·M. Montinari(Hg.), weitergeführt W. Müller-Lauter, K. Pestallozzi, Kritische Gesamtausgabe, Berlin/New York, 1967, I(니체, F.,『아침놀』, 박찬국 역, 책세상, 2004.).

_____, *Nachgelassene Werke. Unveröffentlichtes aus der Zeit der Fröhlichen Wissenschaft und des Zarathustra* (Aus der Zeit der Fröhlichen Wissenschaft 1881/82), Nietzsches Werke Bd. XII, Leipzig, 1901.

FREUD, Sigmund, *"Totem und Tabu. Einige Übereinstimmungen im Seelenleben der Wilden und Neurotiker"*, 1912, Studienausgabe IX(프로이트, 지그문트, "토템과 터부"『종교의 기원』, 이윤기 역, 열린책들, 2022²).

프로이트, 지그문트,『정신분석 입문』, 우리글발전소 역, 오늘의 책, 2022

2차 문헌

1) 저서

그레사케, G.,『은총-선사된 자유』, 심상태 역, 성바오로출판사, 1979.
기링, R.,『기로에 선 그리스도교 신앙』, 이세형 역, 한국기독교연구소, 2005.
기하라 부이치,『철학으로부터의 메시지』, 최시림 역, 서울, 1991.
김권일,『키르케고르와 그리스도교』, 대전가톨릭대학교출판부, 2020.

김균진, 『헤겔철학과 현대 신학』, 대한기독교출판사, 1980.

김균진, 『현대 신학사상』, 새물결플러스, 2014.

라너, K., 『그리스도교 신앙 입문』, 이봉우 역, 분도출판사, 1994.

라이프니츠, G.B., 『변신론』, 이근세 역, 아카넷, 2014.

로흐만, J.M., 『그리스도냐 프로메테우스냐』, 손규태 역, 대한기독교서회. 1975.

뢰비트, K., 『헤겔에서 니체에로』, 강학철 역, 민음사, 1985.

마르크스·엥겔스 저작선. 김재기 편역, 거름신서 33, 1988.

매킨토쉬, H.R., 『현대신학의 선구자들』, 김재준 역, 대한기독교서회, 1973.

맥거번, A.F., 『마르크시즘과 기독교』, 강문구 역, 서울, 1989².

맥렐란, D., 『청년 헤겔운동』, 홍윤기 역, 학민사, 1984.

몰트만, J., 『십자가에 달리신 하나님』, 김균진 역, 한국신학연구소, 1979.

바티스타 몬딘, 『성토마스 개념사전』, 이재룡·안소근·윤주현 역, 한국성토마스연구소, 2020.

박봉랑, 『신의 세속화』, 대한기독교출판사, 1983.

박찬국, 『니체와 하이데거』, 그린비, 2018.

박찬국(편), 『언어, 진실을 전달하는가 왜곡하는가』, 운주사, 2023.

배영호, 『신학의 주제로서의 맑스주의』, 가톨릭대학교출판부, 2000.

백훈승, 『헤겔과 변증법』, 서광사, 2022.

백종현, 『칸트와 헤겔의 철학』, 아카넷, 2010.

서공석, "하느님에 대한 말", 『사목』 175, 97-126.

슈텍마이어, W., 『니체 입문』, 홍사현 역, 책세상, 2020.

스펙, J., 『근대 독일철학』, 원승룡 역, 서울, 1988².

신상희, 『하이데거와 신』, 철학과 현실사, 2007.

심상태, 『한국교회와 신학』, 성바오로출판사, 1988.

안현수, 『인간적 유물론』, 서울, 1991.

알렌, D., 『신학을 위한 철학』, 정재현 역, 대한기독교서회, 1997.

야스퍼스, K., 『철학에 직면한 계시 신앙』, 구옥희 변선환 역, 분도출판사, 1989.

엔스, W.·큉, H.,『문학과 종교』, 김주연 역, 문학과 지성사, 2019.

오경웅,『선의 황금시대』, 류시화 역, 경서원, 1986.

윌디어스, N.M.,『세계관과 신학』, 배영호 역, 수원가톨릭대학교출판부, 1998.

이찬수,『인간은 신의 암호』, 분도출판사, 1999.

정동호,『니체』, 책세상, 2014.

정의채,『존재의 근거문제』, 성바오로출판사, 1981.

최재희,『헤겔의 철학사상』, 정음사, 1983².

카스퍼, W.,『현재와 미래를 위한 신앙』, 심상태 역, 바오로출판사, 1979.

카프라, F.,『현대 물리학과 동양사상』, 이성범, 김용정 역, 범양사, 1989².

코레트, E.,『전통 형이상학의 현대적 이해』, 김진태 역, 가톨릭대학 출판부, 2000.

쿠사누스 니콜라우스,『다른 것이 아닌 것』, 조규홍 역, 나남, 2007.

쿠사누스 니콜라우스,『박학한 무지』, 조규홍 역, 지식을 만드는 지식, 2023.

큉, H.,『그리스도교 본질과 역사』, 이종한 역, 분도출판사, 2002.

큉, H.,『프로이트와 신의 문제』, 손진욱 역, 하나의학사, 2003.

틸리히, P.,『프로테스탄트 사상사』, 송기득 역, 한국신학연구소, 1980.

폭스, M.,『마이스터 에카르트는 이렇게 말했다』, 김순현 역, 분도출판사, 2006.

푈만, H.G.,『교의학』, 이신건 역, 한국신학연구소, 1989.

프롬, E.,『너희도 신처럼 되리라』, 이종훈 역, 휴.

피퍼, J.,『중세 스콜라 철학, 신앙과 이성 사이의 조화와 갈등』, 김진태 역, 가톨릭대학 교출판부, 2003.

피퍼, J.,『성 토마스의 침묵』, 이재룡 역, 한국성토마스연구소, 2023.

하센휫틀, G.,『하느님 - 과학시대를 위한 신론 입문』, 심상태 역, 바오로출판사, 1983.

하이데거, M.,『니체와 니힐리즘』, 박찬국 역, 지성의 샘, 1996.

하이데거, M.,『숲길』, 신상희 역, 나남, 2021².

한수영 외,『철학강의』, 이성과 현실, 1989.

헤셸, A.J.,『사람은 혼자가 아니다』, 이현주 역, 한국기독교연구소, 2007.

헴펠, H-P., 『하이데거와 선』, 이기상, 추기연 역, 민음사, 1995.

화이트헤드, A.N., 『과학과 근대세계』, 오영환 역, 서광사, 1989.

ADORNO, Th.W., HORKHEIMER, M, *Dialektik der Aufklärung*(1944), Frankfurt a.M. 1969(『계몽의 변증법』, 김유동, 주경식, 이상훈 역, 문예출판사, 1995).

BARTH, K., *Der Römerbrief*, Zürich, 1921², 1978¹ ².

_____, *Die protestantische Theologie im 19. Jahrhundert*, Zollikon-Zürich, 1946. 1952².

BONHOEFFER, D., *Akt und Sein*, München, 1956.

_____, *Widerstand und Ergebung. Briefe und Aufzeichnungen aus der Heft*, E. Betheke(Hg.), Hamburg, Siebenstern Taschenbuch Verlag, 1974³.

BOYLE, R., *The Works of the Honourable Robert Boyle*, T. Birch(ed.), London, 1772.

COLLINS, A., *A Discourse of Free-Thingking*, London 1713(Nachdruck: Stuttgart, 1965).

CONQUEST, R., *Religion in the U.S.S.R.*, New York, 1968.

CORETH, E., SCHÖNDORF, H., *Philosophie des 17. und 18. Jahrhunderts*, Stuttgart/Berlin/Köln/Mainz, 1983.

DAECKE, S.M., *Der Mythos vom Tode Gottes*, Hamburg, 1969.

EBELING, G., *Wort und Glaube* (I), Tübingen, 1967³.

EICHER, P., *Die anthropologische Wende*, Freiburg, 1970.

FETSCHER, I., *Karl Marx und der Marxismus. Von der Philosophie des Proletariats zur proletarischen Weltanschauung*, München, 1967.

FIGL, J., *Atheismus als theologisches Problem, Modelle der Auseinandersetzung in der Theologie der Gegenwart*, Mainz, 1977.

FRANKL, V.E., *Der Unbewußte Gott, Psychotherapie und Religion*, 1947.

FREEMAN, K., *Ancilla to the Pre-Socratic Philosophers*, Oxford, 1952.

FRIES, H., *Abschied von Gott?*, München, 1979⁶.

_____, *Fundamentaltheologie*, Graz/Wien/Köln, 1985.

GADAMER, H-G., *Mythos und Vernunft*(1954), Gesammelte Werke, Bd. 8, 1993.

GOLLWITZER, H., *Krümmes Holz - aufrechter Gang. Zur Frage nach dem Sinn des Lebens*, München, 1970.

_____, *Die marxistische Religionskritik und der christliche Glaube*, Hamburg, 1971⁴.

GUARDUINI, R., *Christliches Bewußtsein. Versuche über Pascal*, München, 1956³.

HARTMANN, E.v., *Geschichte der Metaphysik* Bd.I-II, Leipzig 1900(Neudruck Darmstadt, 1969, II).

HEIDEGGER, M., *Holzwege*, 1950, Frankfurt am Main, 1972⁵.

_____, *Identität und Differenz*, Pfuliingen, 1957³.

_____, *Nietzsche* II, Pfullingen, 1961.

HERBERT, E., *De veritate, prout distinguitur a revelatione, a verisimili, a possibili et a falso*, London, 1645; Nachdruck, Stuttgart, 1966.

HOCHSTAFFL, J., *Negative Theologie. Ein Versuch zur Vermittlung des patristischen Begriffs*, München, 1976.

HOLZ, H., *Transzendentalphilosophie und Metaphysik. Studie über Tendenzen in der heutigen philosophischen Grundlagenproblematik*, Mainz, 1966.

HÜBNER, E., *Evangelische Theologie in unserer Zeit*, Bremen, 1969³.

JASPERS, K., *Vernunft und Widervernunft in unserer Zeit*(『현대의 이성과 반이성』, 황문수 역, 문예출판, 1974).

JÜNGEL, E., *Gott als Geheimnis der Welt*, Tübingen, 1982.

KERN, W., *Atheismus-Marxismus- Christentum*, Innsbruck, 1979(『무신론 마르크스주의 그리스도교』, 김진태 역, 가톨릭대학교출판부, 2009).

KIERKEGAARD, S., Abschmitt "Soeren Kierkegaard", *Die Hegelsche Linke*, K. Löwith(Hg.), Stuttgart Bad-Cannstatt, 1962.

KLAUSNITZER, W., *Glaube und Wissen*, Regensburg, Verlag Friedrich Pustet, 1999.

KÖNIG, F., *Der Mensch ist für die Zukunft angelegt*, Wien, 1975.

KÜNG, H., *Credo*, München/Zürich, Piper, 1992(큉, H., 『믿나이다』, 이종한 역, 분도출판사 1999.

_____, *Die Kirche*, München/Zürich, Piper, 1980(큉, H., 『교회란 무엇인가』, 이홍근 역, 분도출판

사, 1978).

_____, *Existiert Gott? Antwort auf die Gottesfrage der Neuzeit*, München/Zürich, Piper, 1978(큉, H., 『신은 존재하는가?』, 성염 역, 분도출판사, 1994).

LEMKE, D., *Die Theologie Epikurs*, München, 1973.

LENIN, V.I., *Materialismus und Empiriokritizismus*, Werke Bd. 14, Berlin, 1968.

_____, *Selected Works*, Vol. XI, London, 1939.

_____, *Über die Religion. Eine Sammlung ausgewählter Aufsätze und Reden*, Berlin, 1956.

LOCKE, J., *An Essay Concerning Human Understanding*, London, 1690.

LÖWITH, K., *Hegels Aufhebung der christlichen Religion*, Hegel-Studien, Beiheft I, Bonn, 1964.

MARCUSE, H., *Der eindimensionale Mensch*, 1967.

MITTELSTRASS, J., *Neuzeit und Aufklärung. Studien zur Entstehung der neuzeitlichen Wissenschaft und Philosophie*, Berlin/New York, 1970, Teil 1.

MOLTMANN, J., *Theologie der Hoffnung*, München, 1966[6].

MUCK, O., *Die transzendentale Methode in der scholastischen Philosophie der Gegenwart*, Innsbruck, 1964.

MÜHLEN, H., *Die abendländische Seinsfrage als der Tod Gottes und der Aufgang einer neuen Gotteserfahrung*, Paderborn, 1968[2].

MÜLLER, M., *Existenzphilosophie im geistigen Leben der Gegenwart*, Heidelberg, 1964[3].

NESTLE, W., *Vom Mythos zum Logos*, Stuttgart, 1940.

NIKOLAUS von Kues(Übertragung und Nachwort von Fritz Stippel), *Der verborgene Gott*, Kraulling vor München, 1941.

PADINGER, F., *Das Verhältnis des kirchlichen Lehramtes zum Atheismus*, Wien-Salzburg (Geyer-Edition) 1975.

PANNENBERG, W., *Das Glaubensbekenntnis ausgelegt und verantwortet vor den Fragen der Gegenwart*, Hamburg, 1972.

_____, *Gottesgedanke und menschliche Freiheit*, Göttingen, 1972.

_____, *Grundfragen systematischer Theologie*, Gözttingen, 1971.

PÖHLMANN, H.G., *Der Atheismus oder der Streit um Gott*, Gütersloh, 1979.

PRZYWARA, E., *Gott, Schriften Band II*, Einsiedeln, 1926.

_____, *Was ist Gott?*, Nürnberg 1953².

RAHNER, K., *Geist in Welt. Zur Metaphysik der endlichen Erkenntnis bei Thomas Aquin*, 2.Aufl., überarb. v. J.B.Metz, München, 1957.

_____, *Hörer des Wortes. Zur Grundlegung einer Religionsphilosophie*. Neu bearb. v. J.B.Metz, München, 1963(칼 라너, 말씀의 청자, 김진태 역, 가톨릭대학교출판부, 2004).

_____, *Schriften zur Theologie, Bd. VIII*, Einsiedeln, 1967.

REIMARUS, H.S., *Apologie oder Schutzschrift für die vernünftigen Verehrer Gottes*, 2Bde, G.Alexander(Hg.), Frankfurt, 1972.

ROSENKRANZ, K., *G.W.F. Hegels Leben. Supplement zu Hegels Werken*, Berlin 1844; Nachdruck Darmstadt, 1963.

SCHMUCKER, J., *Die primären Quellen des Gottesglaubens*, Freiburg, 1967.

SÖLLE, D., Schmidt, K.(Hg.), *Christentum und Sozialismus. Vom Dialog zum Bündnis, Bd.I-II*, Stuttgart, 1974-1975.

STEPHAN, H., SCHMIDT, M., *Geschichte der evangelischen Theologie in Deutschland seit dem Idealismus*, Berlin, 1973³.

STÖRICH, H.J., *Kleine Weltgeschichte der Philosophie*, Stuttgart, 1974.

SUZUKI, D.T., 강영계 역, 주류.일념, 1992⁵.

THIELICKE, H., *Glauben und Denken in der Neuzeit - Die großen Systeme der Theologie und Religionsphilosophie*, Tübingen 1983.

TINDAL, M., *Christianity as Old as the Creation*, London 1730(Nachdruck: Stuttgart, 1967.)

TOLAND, J., *Christianity not mysterious*, London, 1696(Nachdruck: Stuttgart, 1964.)

TZLOR, E.B., *Primitive Culture. Researches into the Development of Mythology, Philosophy, Religion, Art, and Custom, Bd. I-II*, London, 1871.

VERWEYEN, H., *Ontologische Voraussetzungen des Glaubensaktes*, Düsseldorf, 1969.

VORGRIMLER, H., *Karl Rahner. Leben-Denken-Werke*, München, 1963.

WELTE, B., *Zeit und Geheimnis. Philosophische Abhandlungen zur Sache Gottes in der Zeit der Welt*, Freiburg/Br., 1975.

WINDELBAND, W., HEIMSOETH, H., *Lehrbuch der Geschichte der Philosophie*, Tübingen, 1957[15].

ZAHRNT, H., *Stammt Gott vom Menschen ab?*, Zürich/Einsiedeln/Köln, 1986.

2) 논문

강영계, "마이스터 에크하르트의 신비주의 사상", 『중세철학 입문』, 에띠엔느 질송, 강영계 역, 서광사, 1987³, 108-167.

박찬국, "권력에의 의지의 철학과 존재의 철학", 『니체가 뒤흔든 철학 100년』, 김삼환 외, 민음사, 2000.

배영호, "무신론에 대한 종파별 신학적 진술", 가톨릭신학, 한국가톨릭신학학회, 2002.

백승영, "니체 철학, 무엇이 문제인가", 『니체가 뒤흔든 철학 100년』, 김삼환 외, 민음사, 2000, 64-143.

오창선, "무의 빛 - B.Welte의 종교철학적 해석", 『가톨릭 신학과 사상 11호』, 가톨릭대학, 1994, 104-139.

윤평중, "윤리의 역사에 대한 계보학적 아포리즘", 『니체가 뒤흔든 철학 100년』, 김삼환 외, 민음사, 2000, 317-336.

이종희, "西洋哲學史에 나타난 無", 『신학전망 103호』, 광주가톨릭대학, 1993, 86-116.

이창재, "계보학과 정신분석학", 『니체가 뒤흔든 철학 100년』, 김삼환 외, 민음사, 2000, 64-143, 201-243.

정의채, "현대 무신론의 존재론적 고찰", 『현대 무신론』, 그리스도교 철학연구소(편), 분도출판사, 1982.

BAUMGARTNER, H.M., "Einführung in die Diskussion", W. Oelmüller(Hg.), *Normen und*

Geschichte *(Materialien zur Normendiskussion*, Bd. 3), Paderborn, 1979.

BAUER, B., "Die Posaunen des jüngsten Gerichts über Hegel, den Atheisten und Antichristen, K. Löwith(eingeleitet), Die Hegelschen Linke, Stuttgart-Bad Cannstadt, 1962, 123-225.

BRAUN, H., "Gottes Existenz und meine Geschichtlichkeit im Neuen Testament. Eine Antwort an Helmut Gollwitzer", E. Dinkler(Hg.), *Zeit und Geschichte(FS R.Bultmann)*, Tübingen, 1964.

BROX, N., "Zum Vorwurf des Atheismus gegen die alte Kirche", *Trierer Theologische Zeitschrift*, Jg.75, 1966, 274-281.

BULTMANN, R., "Neues Testament und Mythologie"(1941), *Kerygma und Mythos I*, 15-48.

DANTINE, W., "Der Tod Gottes und das Bekenntnis zum Schöpfer", B. Bosnjak, W. Dantine, Y. Calvez(Hg.), *Marxistisches und christliches Weltverständnis*, Wien/Freiburg, 1966, 65-136.

FIGL, J., "Der Atheismus", W. Kern, H.J. Pottmeyer, M. Seckler(Hg.), *Handbuch der Fundamentaltheologie I*, Freiburg, 1985, 95-116.

_____, "Philosophische und theologische Argumentationsfiguren gegenüber dem Atheismus, Zur Bedeutung religiöser und philosophischer Gotteserkenntnis für das Gespräch mit den Nichtglaubenden", A.K. Wucherer, J. Figl, S. Mühlberger(Hg.), *Weltphänomen Atheismus*, Wien, 1979, 157-176.

FINKENZELLER, J., "Der Gott der Offenbarung, Probleme und Möglichkeiten der Verkündigung in unserer Zeit", W. Kern(Hg.), *Aufklärung und Gottesglaube*, Düsseldorf 1981, 133-160.

GOLLWITZER, H., "Die Revolution des Reiches Gottes und die Gesellschaft", P. Neuenzeit (Hg.), *Die Funktion der Theologie in Kirche und Gesellschaft*, München, 1969.

JUNG, C.G., "Über die Beziehung der Psychotherapie zur Seelsorge"(1932), *Psychologie und Religion*, Olten 1971, 129-152

KERN, W., KASPER, W., "Atheismus und Gottes Verborgenheit", Franz Böckle, Franz-Xaver Kaufmann, Karl Rahner, Bernhard Welte(Hg.), *Christlicher Glaube in moderner*

Gesellschaft 22, Freiburg/Basel/Wien, 1982, 5-57.

_____, "Über den humanistischen Atheismus", K. Rahner(Hg.), *Ist Gott noch gefragt?*, Düsseldorf, 1973, 9-55.

LEHMANN, K., Art. "Transzendentalphilosophie", LThK. X.

LÜTHI, K., "Emanzipatorische Theologie als Alternative zu atheistischen Lebensentwürfen", A.K. Wucherer, J. Figl, S.Möhlberger(Hg.), *Weltphänomen Atheismus*, Wien, 1979.

METZ, J.B., "Freiheit", *Handbuch theologischer Grundbegriffe*, München, 1970, II.

MÖLLER, J., "Die Gottesfrage in der europäischen Geistesgeschichte", W. Kern, H.J. Pottmeier, M. Seckler(Hg.) *Handbuch der Fundamentaltheologie 1*, Freiburg im Bre. 1985, 73-94.

MÜHLEN, H., "Das unbegrenzte Du", *Wahrheit und Verkündigung* (FS Schmaus), Bd. I, München, 1967.

MÜLLER, G.L., "Der Aufgang Gottes im anthropozentrischen Bewußtsein", A.J. Buch, H. Fries(Hg.), *Die Frage nach Gott als Frage nach dem Menschen*, Düsseldorf, 1981, 24-50.

PHILIPP, W., "Neuthomismus", *RGG3* IV 1441.

PICHT, G., "Was heißt aufgeklärtes Denken?", *Zeitschrift für evangelische Ethik II*, 1967, 218-230.

_____, "Aufklärung und Offenbarung"(1966), Picht, G.(Hg.), *Wahrheit, Vernunft, Verantwortung. Philosophische Studien*, Stuttgart, 1969.

POEHLMANN, H.G., "Barth, K.", Poehlmann, H.G.(ed.), *Gottes Denker*, Reinbeck bei Hamburg, Rowohlt, 1984, 28-54.

RAHNER, K., "Grundsätzliche Überlegungen zur Anthropologie und Protologie im Rahmen der Theologie", *Mysterium Salutis II*.

RICOEUR, P., "The Atheism of Freudian Psychoanalysis", *Concilium*, June 1966, 31-37.

SARTRE, J.P., "Bei geschlossenen Türen", *Gesammelte Dramen*, Reinbeck, 1969.

SCHULTE, R., "Schöpfungsglaube und naturwissenschaftliches Weltbild", G. Pöltner, H.Vetter(Hg.), *Naturwissenschaft und Glaube*, Wien/München, 1984, 25-35.

SCHMUCKER, J., "Die Problematik der Gottesbeweise und 'das schöpferische Prinzip der Religion'", *Trierer Theologische Zeitschrift 75*, 1966.

SCHÜLTER, D., "Der Atheismus der Gegenwart", *Die neue Ordnung 19*, 1965.

SECKLER, M., "Aufklärung und Offenbarung", F. Böckle, F-X. Kaufmann, K. Rahner, B. Welte(Hg.), *Christlicher Glaube in moderner Gesellschaft, Bd.21*, 5-78.

_____, "Das Wort Gott", *Theolog. Quartalschrift 153*, 1973.

SEMMELROTH, O., "Atheismus - eine echte Möglichkeit?", *Theologische Akademie IV*, 1967.

SÖLLE, D., "Gibt es ein atheistisches Christentum?", Merkur, 23, 1969, 33-44.

STEFFES, J.P., "Aufklärung", H. Sacher(Hg.), *Staatslexikon I*, 19265, 423-430.

STUKE, H., "Aufklärung", O. Brunner, W. Conze, R. Koselleck(Hg.), *Geschichtliche Grundbegriffe. Historisches Lexikon zur politisch-sozialen Sprache in Deutschland I*, Stuttgart, 1972.

TRILLHAAS, W., "Die evangelische Theologie im 20. Jahrhundert", *Bilanz der Theologie im 20. Jahrhundert*, Bd. II, 101f.

WEISCHEDELl, W., "Was heißt Wirklichkeit?", G. Ebeling, F. Jüngel, G. Schunack(Hg.), *Festschrift für Ernst Fuchs*, Tübingen, 1973, 337-345.

WELTE, B., "Die philosophische Gotteserkenntnis und die Möglichkeit des Atheismus", *Concilium 2*, 1966, 399-406.

WIELAND, W., "Ontologie", *RGG3 IV*, 1635.

WUCHERER-HULDENFELD, A.K., FIGL, J., "Der Atheismus", W. Kern, H.J. Pottmeyer, M. Seckler(Hg.), *Handbuch der Fundamentaltheologie 1*, Freiburg/Basel/Wien, 1985, 95-116.

ZAHRNT, H., "Einführung", *Auf der Suche nach dem unfaßbaren Gott, Christlicher Glaube in moderner Gesellschaft 37*, Freiburg, 1984, 15-28.